美育学概论

MEIYUXUE GAILUN

主　编　杜　卫
副主编　樊美筠　王德胜　李永燊
编　著　(按姓氏笔画为序)
　　　　王德胜　叶　碧　刘顺利
　　　　杜　卫　李永燊　李西建
　　　　宋　民　周跃良　贾　涛
　　　　龚　钢　樊美筠

河南大学出版社
·郑州·

图书在版编目（CIP）数据

美育学概论/杜卫主编. —郑州：河南大学出版社，2013.5
ISBN 978-7-5649-1232-1

Ⅰ.①美… Ⅱ.①杜… Ⅲ.①美育—概论 Ⅳ.①G40-014

中国版本图书馆CIP数据核字（2012）第113299号

责任编辑	纪庆芳			
责任校对	辛　媛			
封面设计	郭　灿			

出版发行	河南大学出版社			
	地址：郑州市郑东新区商务外环中华大厦2401号		邮编：450046	
	电话：0371-86059712（高等教育出版分社）			
	0371-86059713（营销部）		网址：www.hupress.com	
排　版	郑州市今日文教印制有限公司			
印　刷	郑州市今日文教印制有限公司			
版　次	2013年8月第1版		印　次	2013年8月第1次印刷
开　本	787mm×1092mm　1/16		印　张	14
字　数	332千字		定　价	36.00元

（本书如有印装质量问题，请与河南大学出版社营销部联系调换）

目　录

绪　论 ……………………………………………………………………（ 1 ）

第一章　美育的性质 ……………………………………………（ 17 ）
　　第一节　作为感性教育的美育 ………………………………（ 18 ）
　　第二节　作为趣味教育的美育 ………………………………（ 22 ）
　　第三节　作为人格教育的美育 ………………………………（ 25 ）

第二章　美育的功能 ……………………………………………（ 31 ）
　　第一节　美育与教育 …………………………………………（ 32 ）
　　第二节　美育的社会功能 ……………………………………（ 37 ）
　　第三节　美育与现代文明 ……………………………………（ 42 ）

第三章　美育的任务 ……………………………………………（ 47 ）
　　第一节　满足和提高审美需要 ………………………………（ 48 ）
　　第二节　发展审美能力 ………………………………………（ 50 ）
　　第三节　塑造审美意识 ………………………………………（ 56 ）
　　第四节　促进审美创造 ………………………………………（ 59 ）
　　第五节　引导审美生活 ………………………………………（ 61 ）

第四章　美育的实施原则 ………………………………………（ 65 ）
　　第一节　体验原则 ……………………………………………（ 66 ）
　　第二节　交流原则 ……………………………………………（ 70 ）
　　第三节　个性化原则 …………………………………………（ 74 ）
　　第四节　阶段性原则 …………………………………………（ 78 ）
　　第五节　多样化原则 …………………………………………（ 82 ）

第五章　不同审美形态的美育 …………………………………（ 86 ）
　　第一节　优美及其美育特性 …………………………………（ 87 ）
　　第二节　崇高、悲剧及其美育特性 …………………………（ 90 ）
　　第三节　喜剧及其美育特性 …………………………………（ 95 ）
　　第四节　丑、荒诞及其美育特性 ……………………………（ 99 ）

第六章　艺术美育 ………………………………………………（104）
　　第一节　艺术的美育功能 ……………………………………（105）
　　第二节　艺术美育的特性 ……………………………………（109）
　　第三节　艺术美育的类型 ……………………………………（113）

第七章　景观美育 …………………………………………………… (126)
第一节　景观的审美意义 ………………………………………… (126)
第二节　自然景观的美育 ………………………………………… (129)
第三节　人文景观的美育 ………………………………………… (134)

第八章　人文学科的美育 ………………………………………… (139)
第一节　人文学科教育的特征和价值 …………………………… (140)
第二节　人文学科教育与美育的关系 …………………………… (142)
第三节　人文学科美育的途径和方法 …………………………… (144)

第九章　自然学科的美育 ………………………………………… (150)
第一节　自然学科教育的特征和价值 …………………………… (151)
第二节　自然学科教育与美育的关系 …………………………… (153)
第三节　自然学科美育的途径和方法 …………………………… (156)

第十章　校园文化的美育 ………………………………………… (161)
第一节　校园文化的内涵与特征 ………………………………… (161)
第二节　校园文化中的审美文化 ………………………………… (166)
第三节　校园文化的美育实践 …………………………………… (172)

第十一章　青少年的审美发展 …………………………………… (190)
第一节　个体发展与审美发展 …………………………………… (191)
第二节　青少年审美发展的特征 ………………………………… (194)
第三节　青少年审美发展的规律 ………………………………… (198)

第十二章　教师的审美修养 ……………………………………… (202)
第一节　教师审美修养的内涵与价值 …………………………… (203)
第二节　教师审美修养的本质与原则 …………………………… (206)
第三节　教师审美修养的目标与途径 …………………………… (210)

后　　记 …………………………………………………………… (218)

绪　论

【学习目标】

了解美育学发展的历史和现状，认识我国美育理论的特点、存在的问题、难题和不足。

理解保持人的感性自发性，维护人与自然的和谐关系，促进个体在感知、情感、想象、无意识和创造性等方面的发展，一直是发达国家美育学理论的价值基点。

掌握美育学的研究对象和理论结构，掌握美育学的学科特点和学科依据，认识美育学的理论核心问题是探讨美育活动的特殊性和规律性。

【内容概要】

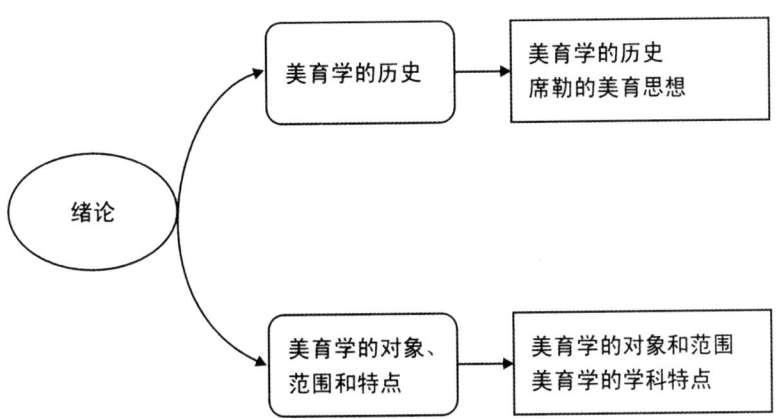

美育学在我国是一门新兴的边缘学科，它的理论框架和范畴体系正处在创建和完善阶段。作为一门关于审美育人的学科，美育学主要探讨审美教育的性质、功能、任务、方法和途径，具有服务于完整人格塑造和素质教育的人文性和应用性。而"绪论"所要论述的则主要是有关美育学这门学科自身的一些问题，它们包括美育学的历史和现状、美育学的学科性质和理论依据。

一、美育学的历史与现状

(一)美育学的历史

虽然较系统的美育学理论诞生于18世纪末的德国,但美育学的思想在东西方都有着悠久的历史。

在中国,从周代开始就产生了文武兼备的教育思想,周成王有所谓"文武俱行,威德乃成"[1]的思想;东周时期出现了"六艺"教育,即礼、乐、射、御、书、数,包含了如今所说的德、智、体、美等教育因素,其中"乐"和"书"就不同程度地包含着美育成分。孔子及其以后的儒家学说更是蕴含着丰富的美育思想。例如,孔子说:"文质彬彬,然后君子"[2],把情与理平和协调,内在修养与外在表现和谐一致的人作为理想人物;他还说:"兴于诗,立于礼,成于乐"[3],把"诗"、"乐"作为人的修养达到较高境界的重要途径。

儒家一贯主张"礼"、"乐"并举,以"礼"规范人们的言行举止和人际关系,用"乐"来陶冶人们的性情,影响社会风尚。荀子明确指出了乐教的作用:"夫声乐之入人也深,其化人也速。"[4]所谓"入人也深"是指乐教能影响到人的内心深处,"化人也速"是指乐教能直接地、较快地使人得到教化,这是我国古代对于美育特殊性的一种真知灼见。从历史上看,重视审美的教化功能、情感泄导功能和怡情养性功能,把艺术活动与生活的乐趣、人生境界的升华紧密联系在一起,要求教育内容中应包含艺文的修养等等,是我国古代美育思想的一个重要人文传统。

在古代的欧洲,古希腊和罗马时期,与灿烂辉煌的古典艺术创造相适应,美育是当时教育活动的一个重要组成部分,古希腊哲学家柏拉图、亚里士多德都对美育有过较深刻的论述,古罗马哲学家贺拉斯曾提出"寓教于乐"的著名命题。此后,无论是在中世纪,还是在文艺复兴、启蒙运动时期,审美和艺术的育人价值被从不同角度加以一再肯定和阐发。

然而,现代意义上的美育理论则是在现代工业文明兴起后才形成的。18世纪以后,理性主义、科学主义发展迅速,成为西方文明的主导力量,社会分工进一步细密,劳动和教育也愈来愈专门化。因此,人的某些理智潜能得到了较为充分的发展,人的生存方式也更多地受理性规范的支配。但是,人是有血有肉的活生生的整体,单方面的理性教育和理性发展必然会导致人性的扭曲和人格的分裂。西方现代美育理论正是在这种现实背景下提出的,它具有鲜明的时代性和现实性。

(二)席勒的美育思想

1793年,德国诗人、哲学家席勒以书信体形式写成了《美育书简》(全称为《关于人的审美教育的书信》),它第一次系统阐述了美育的性质、功能和意义,是最早全面提出美育

---

[1] 《说苑·君道》。
[2] 《论语·雍也》。
[3] 《论语·泰伯》。
[4] 《荀子·乐论》。

理论的著作。

在《美育书简》中，席勒从人性的完整全面理想出发，从文化的角度指出了"现时代"的一些弊病："欲求占了统治地位……利益成了时代的伟大偶像……哲学家的探索精神把想象力也撕成了碎片，艺术的领域在逐渐缩小，而科学的范围却在扩大"；现代人的人性被分解，"成了碎片"，"无法发展他生存的和谐……把自己仅仅变成他的职业和科学知识的一种标志"①。再进一步，席勒试图揭示造成上述状况的原因，他指出，"正是教养本身给现代人性造成了这种创伤"，其要害是理性的过度扩张和等级、职业的严格区分，从而使得人的本性的内在纽带断裂，"致命的冲突使人性的和谐力量分裂开来"②。他写道："心灵的感受性就程度而论与想象的活泼性相关，就范围而论与想象的丰富性相关。分析能力占主导地位必定剥夺了想象的激发和威力，对象领域的进一步限制必定减少了他们的丰富性。爱抽象思维的人往往具有一颗冷漠的心，因为他们把印象分解了，而印象只有作为一个整体才能打动人的心灵。专业的人往往具有一颗狭隘的心，因为他的想象力限制在他的单调的职业圈子里，而不能扩大到陌生的表现方式中。"③同时，席勒又从历史必然性的角度分析了造成上述人性分裂状况的深层原因。他说，他所描述的现代人性分裂状况也适用于处于"文明进程中"的任何民族，"因为所有民族在通过理性回归自然之前，都无一例外地会由于理智的过度敏感性而远离自然"④，其结果是"我们的本性成了文化的牺牲品"⑤。

 拓展阅读

《美育书简》是德国古典美学家席勒的代表作，由作者写给丹麦王子克里斯谦公爵的27封信出版而成，是希勒美育思想的集中体现，建议详加研读。

这里有一个我们理解席勒美育理论的关键点：席勒之所以提出美育是因为他认为：在工业文明和理性主义兴起的时代，文化问题的要害是感性的缺席或被压抑，导致人丧失了天然具有的和谐本性。他提出美育问题的着眼点是：在理性占主导的世界里，恢复和确认感性的地位，重建与理性相协调的感性世界。所以，他更多地从对过度、片面理性的批判入手来引出美育的话题。他指出，理性对人有过分的要求，它为了精神性的追求而剥夺了人的自然本性，为了统一的人格而抽去了具体生存状态里人性的多样性和丰富性。这其实就是启蒙理性的片面性所在，而美育正是为了纠正启蒙理性的片面性而为时代所需要。他写道："认为一切知性启蒙所以值得重视只是在于它对于性格的反作用，这是不够的。在一定程度上这种启蒙还要由性格出发，因为必须经过心灵才能打开通向头脑的道路。感受性的培养是时代最急迫的需要，这不仅因为它是一种改善人生洞察力的手段，而且因为它本身就会唤起洞察力的改善。"⑥这就是说，席勒在承认启蒙理性的合理性的同时，着

---

① 席勒：《美育书简》（徐恒醇译），中国文联出版公司1984年版，第37～38页，第57页。
② 席勒：《美育书简》（徐恒醇译），中国文联出版公司1984年版，第50～51页。
③ 席勒：《美育书简》（徐恒醇译），中国文联出版公司1984年版，第53页。
④ 席勒：《美育书简》（R·斯乃尔英译本），佛利德里克·翁加出版公司1965年版，第37页。
⑤ 席勒：《美育书简》（徐恒醇译），中国文联出版公司1984年版，第48页。
⑥ 席勒：《美育书简》（R·斯乃尔英译本），佛利德里克·翁加出版公司1965年版，第50页。此处译文参考了徐译本。

重揭示和批判了它的弊病和危害,并认为要用一种新的文化策略来修正文化发展的方向,使之朝着更合乎人性的方向平衡协调地发展。所以他写道:"理性消除了感性的迷误和欺诈的诡辩,曾经使我们背弃自然的哲学本身又在大声急切地召唤我们回到自然的怀抱。"①

席勒在他的《美育书简》中,从感性与理性、肉体与精神和谐统一的完整人性理想出发,有针对性地倡导偏重感性、情感、趣味的美育,试图以此来同偏重于理性的教育相配合,恢复人格的完整性和全面发展。此后几百年,保持人的感性自发性和活泼的原创性,维护人与自然的和谐关系,促进个体在感知、情感、想象、无意识和创造性等方面的发展,一直是工业发达国家美育学理论的价值基点。由此也可见席勒美育思想的深远影响力。

(三) 我国现代美育思想

我国的现代美育思想是20世纪初期,由王国维、蔡元培、梁启超、朱光潜等吸收西方美学、美育思想,结合本土文化传统而建立起来的。

"美育"(又译"审美教育"、"美感教育")这个术语是20世纪初从西语中译出,②并同席勒的美育理论一起被译介到我国的。王国维的《论教育之宗旨》(1906年)、蔡元培的《对于教育方针的意见》(1912年)和《以美育代宗教说》(1917年)等论文,都把美育界定为情感的教育,并且把美育与德育、智育、体育一起作为全面教育的四个基本要素,强调美育对于培育完整人格的不可缺少的作用。

 拓展阅读

蔡元培在中国现代史上倡导美育影响最大,他不仅把美育和德育、智育、体育并举,而且还提出了"以美育代宗教"的著名命题。

王国维、蔡元培等人提出一系列的美育问题是有其独特问题域的,对这种问题域的分析有助于我们深入而准确地把握他们所提出的理论内涵的独特思想意义。

进入20世纪的中国知识界,在相当长的历史时期里,"启蒙和救亡"是占据着重要地位的两大主题③。然而,在当时绝大多数人文知识分子心目中,这两大主题并不完全对立,而是处于不同层次的;而且,启蒙是更为基础的工作:启蒙是救亡的思想文化基础和先决条件,而启蒙的目的归根到底也无外乎抵御外敌和国富民强。这种思路,按林毓生的说法,源自中国的儒家传统,形成于康有为、谭嗣同、梁启超等近代知识分子,概括地说,就是"借思想文化作为解决问题的途径"。林毓生具体界说了这种思路:"借思想文化作为解决问题的途径,是一种强调必须先进行思想和文化改造然后才能实现社会和政治改革的研

---

① 席勒:《美育书简》(徐恒醇译),中国文联出版公司1984年版,第59页。
② 《教育世界》杂志1904年第1期刊有《孔子的美育主义》一文,佚名。经佛维先生考证,此文系王国维所作。在该文中,王国维从文德尔班的《哲学史》中译出"美育"这个术语,以此来阐发孔子的教育思想。该文是国内较早使用美育这一术语的文献。
③ 李泽厚:《启蒙与救亡的双重变奏》,《中国现代思想史论》,东方出版社1987年版,第7~49页。但是,李泽厚认为,启蒙的主要特征是反传统;还认为,"五四"以后的中国现代思想史总是救亡压倒了启蒙。这些观点是值得商榷的。

究问题的基本设定。"①他还具体分析了这个"思想文化"的两个意义层面:第一个层面是"世界观",第二个层面是"符号、价值和信仰系统"②。这种思想文化的改造实际上是一个启蒙的过程,无论是介绍西方思想和学术或批判中国传统思想文化,还是通过出书办刊、兴办教育乃至写作小说以传播新学,归根到底都是批判旧思想、旧文化,宣传新思想、新文化,启发国人心智,促使国人于愚昧中猛醒。

中国现代美育思想正是在这种初始的现代学术语境中诞生的,它所面对的问题也是启蒙,而不是简单的审美能力、审美意识培养的问题。但是,选择美育来进行启蒙,还有其独特的本土意义。

林毓生曾深入分析了这种思路的思想根源在于传统"心学"。他认为,儒家的思想模式的最主要特征是"强调心的内在的道德功能,或强调心的内在思想经验的功能",经过宋明理学的发展,形成了经典儒学以后文化的一种偏爱,"那就是一元论和唯智论的思想模式,它强调以基本思想的力量和优先地位来研究道德和政治问题"。他进而指出:辛亥革命前后两代知识分子所主张的借思想文化作为解决问题的途径,主要是受到经典儒学以后思想模式的影响。③ 有意思的是,王国维、蔡元培等人不仅接过了这种思想模式,而且还追溯到先秦经典儒学那里,从乐教和诗教引发出比"心"更为内在的"情"的命题,而这个命题恰恰与美育是相契合的。而这种对于乐教和诗教传统的发掘直接受到西方审美主义和生命哲学的启示,从而形成了以"情"为本、关注国人心理本体重建的感性(审美)启蒙思路。这是中国现代美育理论不同于近代以来激进知识分子的改良思路之处。王国维关注国人的"欲",蔡元培关注国人的"专己性",朱光潜关注国人受现实利害关系束缚的"俗",并几乎一致地提出要以"无利害性"的美、审美、艺术来消除国人心中的"私欲"、"物欲"、"利害计较",显然是延续着从先秦儒学到宋明理学的思想模式,而其传统的立足点,还是先秦儒学的乐教和诗教。这可以在王国维的《孔子之美育主义》、朱光潜的《乐的精神与礼的精神》等发掘中国传统美育思想资源的文章中见出。

而且,这种思想模式在这几位美学家那里,还同孔子的教育目的及其治国策略相一致,在他们看来,思想文化问题的解决需要以教育为更基础性的途径。王国维就曾指出:"孔子教育之目的,可从两方面观察之:一、修己之德以锻成意志,而为完全之人物,以达高尚之仁;二、锻炼意志修德而治平天下。故前为纯粹之道德家,后为道德的政事家。以修德为第一义,治人为第二义。"④这就是说,以孔子为代表的先秦儒家是要求先修人,再治国;思想文化的优先性于是也具体表现为教育的优先性。王国维自己也提出要用美育来改造国人的生活嗜好,认为这是解决吸食鸦片这个社会痼疾的根本所在。蔡元培、朱光潜在这个问题上也持基本相同的主张,而且表达得更为明确。

但是,这并不意味着他们不关心现实的变革和社会的改造,只不过他们主张现实社会的改造要从人的改造做起,而人的改造要从更为内在和基础的情感做起。所以他们都注

---

① 林毓生:《中国意识的危机》,贵州人民出版社1986年版,第45页。
② 林毓生:《中国意识的危机》,贵州人民出版社1986年版,第44页。
③ 林毓生:《中国意识的危机》,贵州人民出版社1986年版,第64~73页。
④ 王国维:《孔子之学说》,《王国维文集》第三卷,中国文史出版社1997年版,第146页。

重以启蒙为最终目的的教育,并倡导作为这种新型教育的重要组成部分的美育。即使是竭力主张哲学和艺术独立的王国维,也提出要以艺术来改造国人的生活"嗜好";即使是反复强调审美超脱的朱光潜,也主张以"谈美"来洗刷人心,从而达到清洁社会的现实目的。这同样是延续着"借思想文化以解决问题的途径"的思路。但是,在这几位美学家那里,所谓的"思想文化"重建的问题首先是"人心"的重建问题,而"心"的重建要从"情"入手,归根到底还是要通过审美(感性)教育而使人的世界观、价值观以及信仰等等得到转换,然后才可能达到改造社会的目的。这就意味着,启蒙的要求往往要通过新型的启蒙教育来实现。只不过他们倾向于从"情"入手来洗涤人心,使人高尚纯洁,并由此达到改造社会的现实目标,所以他们从审美的角度切入问题,更倾向于以美育为途径,这正是他们提出美育问题的出发点和归宿。

这种以美育来实现思想文化重建的意向既有传统思想的来源,又有西方美学思想的来源。从传统上讲,儒家重乐教和诗教的传统特别受到这三位美学家的关注,王国维就在《孔子之美育主义》里讲,孔子育人是把美育作为出发点和归宿;蔡元培以儒家的乐教来参证美育的价值,肯定了传统美育思想中注重陶冶性情的观念;朱光潜在《乐的精神与礼的精神》里讲,"乐"为"礼"之本,儒家育人讲求从"性情"这个人的根本处入手,所以,"情"是"理"的内在性。而这些对中国传统思想资源的发掘显然受到西方现代美学的启示,甚至可以说部分地是应用西方现代美学理论对中国传统美学思想材料进行阐发的结果。康德、席勒、叔本华、尼采这些西方现代美学的重要代表人物分别对这三位美学家的理论产生了深刻影响,其中又以王国维、朱光潜受非理性的审美主义影响最深。叔本华、尼采等怀疑理性、反对唯理论、标举直观、主张感性、生命优先等思想,为以美育来实现思想文化重建的思路的形成起了重要的推动作用。

直至今日,这种以提升人的情感境界为直接目标的现代美学思想仍对我国的美育学内涵和美育实践具有明显而深刻的影响。

著名美学家朱光潜在《谈美感教育》(1940年)一文中,不仅强调"美感教育的功用就在怡情养性",而且罕见地提出了美育的解放功能。他认为美育的解放功能具体有三:第一是本能冲动和情感的解放,就是通过审美、艺术活动,让人的本能欲望得到释放,并通过这种释放使感性生命得到升华;第二是"眼界的解放",就是使人通过审美教育培养一种创造力,能够在平凡的生活中创造生命情趣,使人生更有活力;第三是"自然限制的解放",就是使人在审美活动中"脱俗",把人生提高到更高境界。[①]朱光潜关于美育的解放功能的观点概括起来就是:美育使人的感性素质达到开发和提升,从而使他具有活泼的生命活力、创造动力和高尚的精神境界。这样,美育的意义就扩展了。

美,有狭义和广义之分。狭义的美仅指优美,广义的美则包含优美、崇高、悲剧和喜剧等等。因此,美育也必然呈现出各种形态。蔡元培对此有所论及,指出优美的教育能使人超越利害关系,而且"崇宏之美"能破"利害得丧之见","悲剧之美"能破"吾人贪恋幸福之思想","滑稽之美"有讽刺作用等等。而且,蔡元培还根据不同的对象和儿童的不同年龄阶段,采用不同审美形态的美育。例如,对孕妇实施胎教时,"陈列雕刻图画,都取优美一

---

① 朱光潜:《谈修养》,《朱光潜全集》第四卷,安徽教育出版社1987年版,第147～151页。

派";对儿童,"到中学时代,他们自主力渐强,表现个性的冲动渐渐发展;选取的文字美术,可以复杂一点,悲壮、滑稽的著作,都可应用了"①。此外,蔡元培还从家庭、学校和社会三个方面提出了美育的实施方法,开启了我国美育方法论研究的先河。

综上所述,20世纪前半期我国美育理论研究显示了鲜明的本土意识、人文价值取向和实践精神,虽无大部头的美育专著,但对美育的性质、地位、功能、形态、范围和方法都有所涉及,形成了以美育功能论为主干的美育理论框架,为后来美育学的建设打下了基础。

新中国成立以后,在前30年,美育理论研究没有大的进展。从20世纪80年代开始,美育理论研究得到了空前的发展,并且与我国以前的美育理论相比,呈现出以下几个特点:

第一,自觉地把马克思主义关于人的全面发展学说作为美育理论的哲学基础,着力阐述美育在培养全面发展的新人方面所应发挥的积极作用。许多论者从"发展审美能力"、"实现完美人格"、"树立正确的审美观"、"促进个体审美发展"等不同角度,论述美育与德、智、体诸育一样,是培养全面发展人格的一个必不可少的方面。同时,一些论者还把美育的倡导和研究纳入社会主义精神文明建设的系统工程,强调美育在提高民族的文化素质、改善人们的生活方式和社会风气方面所能起的作用。

第二,美育理论趋于系统化,出现了一批概述美育基本理论的著作。这些著作各有特色,也有许多共同之处,那就是以美育本体论、美育功能论、美育过程论、美育实施论、美育方法论等几个方面构成美育理论的基本框架。在美育本体论中,美育的性质和特征被从不同角度得到阐发,其中美育是"情感教育"或"审美情感教育"的界说较为普遍。这种美育观虽与前期美育观有相似之处,但对"情感教育"的内涵却有了更丰富、更具体的规定。美育功能论主要从两个方面展开:一是阐述美育的特殊功能,即体现在促进人的审美发展方面;二是阐述美育的一般功能,即体现在对道德发展、智力发展、体质发展等等的促进作用上。美育过程论主要阐述了美育的手段、途径和美育活动中教育者与受教育者之间的相互关系。美育实施论主要从美育材料的范围和美育实施范围两方面展开,前者包括艺术美、社会美和自然美,后者包括家庭、学校和社会。美育方法论着重探讨美育活动的方法论原则。以上几个方面的论述,使我国的美育理论向深、广两个维度伸展,并形成了偏重审美意识和审美观培养、偏重美育与德育相联系的民族特色。

第三,各类专题研究的兴起不仅把美育理论研究引向深入,而且也强化了理论的应用性。从美育对象上分类,幼儿美育、儿童美育、青少年美育、青年美育、大学生美育等专题研究都出现了专著,还有大量论文。从美育途径来分类,出现了艺术教育概论、各艺术门类的美育、语文美育、体育美育、旅游美育、自然美育以及家庭美育、企业美育、城市美育、文化美育等一大批研究成果。

第四,从21世纪初开始,在基础教育实施课程改革的大背景下,中小学艺术教育的研究得到了很大发展,出现了一批音乐、美术课程研究的成果,为中小学各科艺术教育的改革提供了理论和实验的支持。

总之,与前一时期相比,这30年来的美育理论研究在数量和质量上都取得了长足的进步,具有我国自己特色的美育学体系正在形成之中。

---

① 蔡元培:《美育实施的方法》,《蔡元培美学文选》,北京大学出版社1983年版,第154~155页。

然而,我国的美育理论研究还存在一些问题、难题和不足。例如,对美育的审美育人的特征、特殊规律、特殊任务和方法等问题的研究尚缺乏应有的深度,美育理论与我国当前的美育实践联系不够紧密,美育理论界虽然一致认为美育的基本任务是培养人们较高的审美能力和正确的审美观念,但对审美能力和审美观念的研究还很薄弱。这些不足直接引出的后果之一是当前的美育理论存在着一定程度的空泛性和抽象性,严重制约着美育理论的深入发展和对美育实践的有效指导作用。

美育和德育的关系是美育基础理论中的难题之一。如前所述,注重美育和德育的联系是我国美育理论和实践的传统和特色。从理论上讲,美育确实与德育有着特别密切的内在联系,正如对美与善这两种价值难以硬加分割一样。在提高人格素质、滋养高尚情操、促进人的全面发展等方面,美育和德育有殊途同归之功、互助互补之利。另外,美育和德育又有许多差异,倘若把美育简单地归属于德育,作为德育的一部分或德育的手段,就势必忽视美育自身不可替代的审美育人的特殊性,影响对美育的特殊规律、任务和方法的深入探索。

在我国社会和文化发生新的变化和重大发展的今天,我们对美育和美育理论也应有一种新的理解。前面已谈到以席勒的《美育书简》为代表的现代美育理论是对工业文明兴起及其隐含着的文化危机的关注和批判的产物。我们的前辈学者对现代美育理论具有的现代性和文化批判品格认识或重视不够是可以理解的;但对于处在现代化中后期的中国,面对科技发展以及商业化对人们生活的全面渗透以及学校教育出现重科技、轻人文,重物质、轻精神的严重倾斜的当代美育研究者来说,前人的这种不足是应该克服的。如何发挥美育理论特有的"文化批判"功能,如何认识和估价美育在当今社会对于保持科技与人文、物质和精神、感性与理性、感觉与思维相对平衡所能发挥的作用,是摆在我国美育理论界面前的重要课题。

美育不同于艺术教育,但艺术教育是美育最基本、最有效,也最具可操作性的方面。虽然近30年来,我国艺术教育研究有了较大发展,但总体上还比较薄弱。这主要体现为:第一,对作为普通教育的艺术教育的系统研究不足,对于艺术教育的美育性质、艺术教育过程中如何贯彻美育原则以使之发挥应有的美育效果、艺术教育的美育任务和方法等研究不深入;第二,对各类艺术教育的分类研究也不够,特别是对音乐、美术、文学、戏剧和影视的美育功能、任务、规律和方法缺少深入细致的理论和实验研究;第三,对艺术教育所应达到的美育目标研究不够具体。事实上,对于艺术教育研究不够终将影响美育研究水平的提高。

美育理论既有思想性,又有很强的实践性。但是,当前我国美育理论的实践性还比较弱。除了前述对艺术教育的研究不够之外,对美育任务和方法这两个方面的研究不足,是其重要原因所在。美育最直接的任务是促进人的审美发展,具体地说,审美发展主要是审美能力和审美意识的发展。然而,我国目前对审美能力和审美意识各自的结构要素、发展规律以及它们的可教育方面研究不够。而且,这项研究还需要与调查、实验相结合,需要及时从理论上总结和概括美育实践的成功经验,以建立既符合美育特殊规律又贴近我国美育实践的美育方法论。

中国是美育思想传统源远流长的国家,从古代到近现代都有丰富的美育思想,但是目前我们对于本土思想传统的研究不够,特别是对近现代美育思想的创造性继承研究不足,需要后来者不断努力。

二、美育学的对象、范围和特点

(一)美育学的对象和范围

每一门学科都有它自己相对特殊和稳定的研究和论述对象,而美育学的对象就是美育的性质、功能、任务、方法和途径,以及受教育者的审美发展和教育者的审美修养等等。美育学涵盖了美育活动的整个过程和范围,探讨其中带有普遍性的理论和实践问题。

美育活动作为一种独特的教育形态,有它自己的特殊性质和规律,这正是美育学的学科立足点。所谓美育活动的特殊性就是指美育活动区别于其他教育形态的特点。例如,美育也是育人的活动之一,它也服务于促进学生全面发展和素质的全面提高,这是它的一般属性。但是,美育主要是从感性、情感的层面对人进行教育的,它是通过促进学生的审美发展来服务于学生的全面发展和素质的全面提高的,这就是美育的特殊性。美育的规律性是指美育活动必须遵循的客观性原则,例如,要想促进学生的审美发展,就必须用生动形象的审美材料来引导学生积极、主动地参与到美育活动中来,教师和学生之间必须展开真诚的情感交流等等。对美育活动特殊性和规律性的探讨使美育学真正具备了它自己的特殊和稳定的对象,这种探讨贯彻于对美育活动的性质、功能、任务、方法和途径以及学生审美发展和教师审美修养等一切方面。因此,探讨美育活动的特殊性和规律性是美育学的理论核心。

关于美育学的范围,目前我国学术界尚无一致的看法。本书大致可分为三部分:第一部分由第一、二、三、四章构成,主要论述美育的基础理论问题;第二部分由第五、六、七、八、九、十章构成,主要根据美育所采用的不同审美材料,论述美育的各种途径;第三部分由第十一、十二章构成,主要论述美育活动的两个方面——学生与教师。

第一部分的四章是层层递进的逻辑关系,美育的性质是逻辑起点,由此展开论述美育的功能、美育的任务,而美育的性质、功能和任务又具体地体现和落实于美育的方法论,即操作原则。

第二部分的六章以美育的形态和途径为依据,对美育活动进行分类论述。它是一个扇形展开的结构,其中也有交叉,特别是第五章"不同审美形态的美育",是关于美育形态的质的分析,它具体地包含和渗透在其他五章之中。这一部分是第一部分的具体化,更贴近应用或操作层面。

第三部分的两章分别论述学生(青少年)审美发展的特点、机制和条件,教师作为一般教育者和美育实施者所应具备的各种审美修养。如果说,第二部分是对美育活动的过程作具体论述的话,那么,这一部分是对美育过程中的教与学这两个能动因素的探讨。

从广义上说,美育学还有一些分支,除美育学概论研究和论述美育的基本理论外,还有诸如美育心理学、美育史、美育思想史,以及美育学概论的分类论述,如艺术美育论、景观美育论、社会美育论等等。

(二)美育学的学科特点

1. 人文性

作为本学科的一个特点,人文性是指美育学的价值追求,它始终围绕人这个中心,始终贯穿着对人的成长和培养的关切,体现出以人性完善为内在目的的精神态度。也就是说,美育学所关心的焦点是使人通过一定的教养而成为相对完善的人,它以人性的理想为出发点和归宿,把美育活动看做一个促进和引导学生步入理想境界的过程。

美育学的人文性是建立在这一学科的哲学、美学和教育学基础之上的。人的全面发展学说,作为生存范畴的审美价值论和素质教育思想都集中地体现了人性完善的理想,美育活动正是在具体的教育实践中实现这一理想的途径之一。

基于上述人文意识,美育学重视把美育活动看作是一个以优秀的人文传统影响、熏陶、滋养和陶冶学生的过程,也是学生在自由的审美和艺术活动中情感得到抒发、个性得到表现、精神得到升华的过程。从本质上讲,美育所采用的审美材料是以人性、人情为核心的,而教学过程中教师与学生也主要是体现为一种审美化了的人际关系。因此,美育活动亦可看做是人与人之间心灵对话、理解和融合的过程。这是美育活动人文性的集中体现,也就是说,美育是一种人文教育。

2. 应用性

美育学的应用性是指本学科对美育的实际操作提供原则性的指导。美育学不仅要回答美育是什么、为什么等理论问题,而且要给出如何实施美育、从哪些方面入手完成美育任务的操作性原则。

这些应用原则一方面是受美育的性质、功能、任务的规定和制约的,另一方面,它又是对一些美育实践经验的规律性总结和理论性升华,能够为美育的实施工作提供一定的指导。

美育学的人文性和应用性是不矛盾的。美育是一种育人的实践,它具体地落实在每一节课、每次活动或人与环境的交往之中,因此,美育学光有人文精神是不够的,还应该探讨实现这种人文精神的具体实践过程。另外,美育学的应用性又受到其人文性的指引和规范,也就是说,关于美育操作原则和实施途径的论述总是贯穿着促进人性完善的价值追求的。它们的关系可以被形象地描述为脑和手的关系:人文性是脑,应用性是手。

3. 交叉性

美育学不是一门边界分明的独立学科,而是一个多学科探讨的领域,涉及教育学、美学、伦理学、社会学等,由这些学科的一部分交叉综合起来构成一个学科,这就是所谓的"交叉性"。这里的"交叉"是指几个学科交错重叠的意思。

交叉学科的兴起是20世纪以来学术研究的一大特点和强劲趋势,因为事物是普遍联系和发展的,学科的界定也不能是固定不变的。美育作为审美教育,既涉及审美又涉及教育活动,它还同道德活动、心理活动和社会活动等有不可分割的联系,因此,对美育的研究必定涉及多种学科。而且,美育理论具有应用性,具体的美育活动是错综复杂的,不可能像单学科那样纯粹。所以,面向实践的美育学必然要采用多学科的知识和方法。当然,美育学并不是几门学科生硬的拼凑,而是以教育学和美学的有机融合为主体的多学科知识和方法的综合。美育学的学习和研究需要有较广阔的知识面和灵活的多学科研究方法。

(三)美育学的学科依据

1. 马克思主义关于人的全面发展学说是美育学的哲学基础

美育学必须以马克思主义作为最根本的指导思想。但是,马克思主义的学说内容丰富、领域广泛,因此,除了运用马克思主义的基本原理和方法来指导理论研究之外,还应寻求各学科与马克思主义理论的某一部分之间的相关性,以此作为理论研究的最切近的出发点,这是正确而有效地运用马克思主义指导理论研究的重要环节。在马克思主义的经典著述中,与美育学关系最密切、对美育学的研究最具有直接指导意义的,是关于人的全面发展的学说。马克思主义的创始人在论述美学和教育学的基本问题时,常常是从人的全面发展观出发的。例如,马克思关于审美活动是人通过感觉对其本质力量的直接而全面地占有的论述,关于从人类生产活动的整体性质引出"人也按照美的规律来塑造"的思想,关于人类以思维、艺术、宗教和精神实践的方法把握世界的论述;恩格斯关于在共产主义社会,通过教育使年轻人摆脱社会分工造成的片面性的思想等等,都贯穿着人的全面发展的红线。这些都为美育学的研究提供了直接的指导思想和方法论。

马克思主义是从逻辑和历史两个方面来论述"人的全面发展"的内涵的。

首先,马克思主义对于人的"全面"、"完整"的理解是从人与动物相区别的本质特征入手的。人与动物的根本区别在于人能够在实践活动中自觉地认识和掌握客观规律以实现自己的目的。从这个意义上说,自由自觉的活动是人的基本特质。活动是主体的活动,活动主体有两个最基本要素:需要与能力。需要是活动的内在动力,能力是人从事活动、满足需要(即实现目的)的本质力量;能力在活动中创造出需要的对象并使主体与对象联系起来,使需要得到满足与发展。由此可见,需要和能力是人类活动发生与发展的主体根据。人在实践活动中所体现出来的各种需要与能力的总和,构成了人的本性的基本内涵,也就是人的"全面"、"完整"的基本内容。因此,人的全面发展的第一个逻辑规定是人的需要与能力的全面发展。

然而,人的需要与能力不是凭空产生的,而是在一定的社会活动中发展起来的,社会活动无时无刻不受人与对象的各种关系的制约与规定,因此,人的需要与能力的全面发展又必须以人与自然、个体与社会的关系的协调为前提。"个人的全面性不是想象的或设想的全面性,而是他的现实关系和观念关系的全面性。"[①]只有在人与自然、个体与社会的协调和谐关系真正形成的理想社会,人的全面发展才可能充分实现。这就是对人的全面发展的第二个逻辑规定。

人类的发展是一个历史过程。一方面,人的潜能的丰富性和全面性是无限的;另一方面,人的发展又总被限定在一定的历史水平上。所以,人的全面发展是无限与有限的辩证统一。在一定的历史条件下,人的全面发展程度是有限的,人们对"全面发展"的理解也总是以人类总体的需要和能力的发展水平为根据的。要对人的全面发展问题作出具体的界定,并使之与实践相结合,就必须从历史的观点出发,对人的全面发展赋予历史的规定性。

---

① 马克思:《政治经济学批判》,《马克思恩格斯全集》第46卷(下册),人民出版社1980年版,第36页。

在这方面,马克思主义也为我们提供了可资运用的方法论。

我国处于社会主义的初级阶段,一方面已消灭了剥削制度,实现了人与人关系的革命性转化;另一方面,分工仍是必要的,工业化的社会大生产不仅存在,而且还要发展。因此,现阶段人的全面发展不可能达到马克思主义所描述的理想水平,但又有了一定的现实条件。根据马克思主义关于个体的需要和能力与社会总体的需要和能力相统一的全面发展方向,我们应努力使二者尽可能地趋于一致。不能认为人的全面发展只有在共产主义阶段才能实现,而在目前情况下只是一种理想。事实上,马克思主义创始人也曾对历史上的某个时代或某些人物的发展水平极为赞赏,肯定了人的全面发展在某种程度或某种范围内实现的可能性。例如,马克思称古希腊为人类"发展得最完美的"时代①;恩格斯称文艺复兴时代是需要和产生了"在思维能力、热情和性格方面,在多才多艺和学识渊博方面的巨人的时代"②。

据此,我们可以说,虽然在人类发展的现阶段,人的全面发展只是阶段性和局部的,水平也不很高;但是,如果我们把共产主义看做是人类为摆脱各种对人的全面发展的束缚而争取自由解放的过程,把人的全面发展的彻底实现理解为人类在不同历史时期不懈努力、艰苦奋斗的结果,那么,在不同历史时期里,个体需要和能力与社会总体的需要和能力之间矛盾、分裂的减缓,在不同程度上具有人的全面发展的意义。在我们的学校中,以"全面发展"为指针,促进学生在德、智、体、美、劳多方面全面发展,对于提高民族素质、提高人们的生活质量具有十分重要的意义。

马克思主义关于人的全面发展学说也为我们批判继承前人的美育理论提供了理论指导。纵观人类思想史与教育实践,美育总是同各种关于人的全面发展的理想息息相关,紧密相连的。任何思考人类自身生存与发展问题的理论,总是不同程度地涉及审美(或艺术)的人生价值,涉及美育的哲学问题;一切旨在全面开发受教育者各种潜能的教育,总把美育置于相当重要的地位。文艺复兴时期,人文主义教育以培养"全人"为理想,十分重视开发人的艺术潜能,强调美育的作用。空想共产主义者也从人的全面发展观出发,肯定美育的重要价值,认为要为社会培养出适应和谐制度生活的全面发展的公民,就要发展美育。更值得注意的是席勒,他的人本主义立场使他由对近代社会的批判和对完整人格的追求而进入美育学的思考,并以人的全面和谐发展为基点提出了较为完整的美育理论,对美育的本质特征和功能价值作出了空前深入和系统的阐述。但是,上述美育思想又都是从抽象的和空想的全面发展理论发展而来的。因此,有必要以马克思主义的科学和历史的全面发展学说为指导,对它们作批判地吸取,以建立马克思主义的现代美育观。

强调以马克思主义关于人的全面发展学说作为美育学的哲学基础,对我们正确认识美育的本质特征与功能价值都具有十分重要的意义。美育所关注的是人的生存与发展,它以人的需要与能力可以而且应该得到全面发展为宗旨,其基本的价值在于:满足和提高人的审美需要,提高人的精神能力,使人的审美生活成为可能。它的价值取向首先在于人

---

① 马克思:《〈政治经济学批判〉导言》,《马克思恩格斯选集》第2卷,人民出版社1972年版,第114页。

② 恩格斯:《自然辩证法》,《马克思恩格斯选集》第3卷,人民出版社1972年版,第445页。

自身,在于人的生存发展的充分可能与完满。在此意义上,我们可以说,美育的目的与人的全面发展理想是根本一致的。所以,从马克思主义关于人的全面发展学说出发来认识和研究美育,是把握美育基本性质与功能的必要前提。

2. 作为生存范畴的审美价值论是美育学的美学基础

美育学是关于审美育人的学科,必然以审美的人生价值为理论出发点之一。审美是一个广阔的领域,可以从认识、伦理、实践、文化等多种角度去把握它。但是,从最根本的意义上说,审美是人的基本生存方式之一,也是人格的内在要素之一,其最终价值就在于它的人生价值。

把审美(艺术)当做人的一种生存状况,一种崭新的人生境界,这是中国美学的一大特点。传统美学一直与人生哲学内在联系着,其核心问题不是美为何物,而是审美对人生有何意义。在中国美学中,审美根本上是一个生存范畴。

孔子曾说:"知之者不如好之者,好之者不如乐之者。"① 过去的诠释者大都把知、好、乐解作道德与知识修养的三个阶段,所谓"知"即懂得道理,"好"即喜爱,"乐"即以此为快乐。的确,孔子要求把道德内化为个体的自发要求,使人从内心深处向往仁义,自发地实践伦理原则,并以此为乐,达到"从心所欲不逾矩"的地步。他所说的"乐"就包含这层意思。然而,"乐"又不仅仅对社会而言,它同时也具有个体生存的意义。"知"与"好"均外在于个体生命,只有外在价值;唯有"乐",才是个体生命得以实现的生存状态。所以,孔子又说:"兴于诗,立于礼,成于乐。"② 所谓"成于乐"便是个体在与社会的和谐融洽之中实现的生存完满。孔子讲"诗",重在"兴观群怨";讲"礼",重在约束个体的一套政治和伦理秩序。这虽然也是必要的,但主要是外在于个体生存的社会价值。而"乐"却是"尽善尽美"的,是情理融合的,它的本质是"仁",又具有作用于个体情感的感性形式。只有"乐"才能使个体的本质("仁")得以实现,而这种实现的方式是心理愉悦,即"乐"(lè)。因此,"乐"具有内在价值,"成于乐"在本质上是一种以"仁"为核心的审美化、情感性的人生境界,是自由闲适的生存状态。所以,孔子还说:"志于道,据于德,依于仁,游于艺。"③ 这个"游"不正是"从心所欲不逾矩"的自由状态吗?

在孔子那里,个体审美化生存(即"乐")的境界可以在许多方面得以实现。闻韶乐"三月不知肉味",是从艺术欣赏中得之;"浴乎沂,风乎舞雩,咏而归","知者乐水,仁者乐山"是从自然、游历中得之;"一箪食,一瓢饮,在陋巷,人不堪其忧,回也不改其乐……"④ 则是从日常生活中得之。

中国古代另一位重要美学家庄子则追求"逍遥游"。这种"游"的实质在于"体道",实现"道"。"道"是"无为而无不为",用康德的话来说,便是"无目的的合目的性",不过,庄子的重点落在人生自由境界之上。"道"无所依凭,无所作为,无所欲求,却又是由此而有所得,即在个体内心里敞开一个境界,一种自由自在、澄明透彻的心境。它是最美妙的生存

---

① 《论语·雍也》。
② 《论语·泰伯》。
③ 《论语·述而》。
④ 分别见《论语》的《述而》、《先进》、《雍也》。

状态,同时,它又类似于由审美态度、审美观照、审美体验、审美愉悦等综合构成的审美心境。值得注意的是,庄子不是从对美或艺术的分析中,而是从对人生意义的探求中达到这种境界的。他把目光集中于宇宙生命本体,集中于理想人生,集中于个体内心体验的极致。他发现,只有以一种类似于审美的态度去观照万物,体察人生,才能体悟到生命的真正意义,才能实现个体的自由生存。就这样,庄子从人生哲学出发,创立了属于生存论范畴的审美学,深刻揭示了宇宙的诗意和审美的人生价值。

孔子和庄子的上述思想几乎影响了他们身后的整个中国美学和艺术创作实践。执著于宇宙生命情调之发现,追求生活之艺术化,强调艺术的人生价值已成为中国美学与艺术的主导精神。写诗作画的真正意义在于创造一种神情飞扬、气韵生动的心灵境界,审美欣赏的美妙之处在于"澄怀"、"畅神",使个体精神跃入自由闲适的状态。审美的最根本价值不是外在的,而是内在的,在于对人生的感受与体悟,在于为个体生存开创一个新境界。而且,在中国人的生活中,审美境界不仅得之于艺术活动,而且得之于日常生活,来源于生活的艺术化。这种生活的艺术化主要也不是外在的修饰,而在于用洒脱的审美态度来待人接物。于是,王羲之发现了山阴的山水之美;阮籍独自驾车狂奔,又为"穷途"痛哭而返;支道林放鹤归林;王子猷乘兴访友,至门前而返……[①]平淡的生活由此脱俗而放异彩,个体的生存于是充满诗意。

总之,中国传统哲学与美学充满着温暖的人文关怀,它追求审美的人生价值,追求人生境界与审美境界的高度一致。这种传统为我们建立美育学提供了有益的思想和丰富的资源。另外,传统美学中的人生观、审美观与当代有很大差异,这要求我们在继承的同时要加以批判性地阐发和创造性地转化。

3. 素质教育思想是美育学的教育学基础

教育,就其特殊性来说,是有目的、有组织、有计划地培养人的一种社会实践。在现代社会,教育以这种特殊本质和功能,获得了十分重要的地位,成为推动经济、社会、文化发展和人类进步的主要力量。

培养人也就是最大限度地把受教育者的发展潜能变为现实。用中国传统哲学的术语来讲,这就是"尽性",即把人所具有的求知、向善、爱美和健康成长的潜能加以开发,使它们得到充分协调的发展。素质教育思想既是对传统教育观的创造性发展,也是马克思主义关于人的全面发展学说在教育观念和教育体系上的具体体现。

"素质"原本是生理学和心理学的概念,指个人先天具有的解剖生理特点,它由遗传获得,故又称"遗传素质"。而现代教育学范畴中的"素质"既包括了人的这种先天性禀赋,又包括了人在社会、文化等方面的发展可能性。因此,我们现在讲素质,就是指人可能而且应该实现的发展潜能的总和。它既包括先天因素,又含有后天习得因素;既是相对稳定的,又是发展变化的,可再塑造的;既是个体成长的需要,又是一定社会的普遍要求;既可分为生理素质、心理素质、社会文化素质等多种层面,又是一个综合性的整体。素质教育思想是适应我国全面开展现代化建设、提高整个民族素质的历史性任务而提出的,它主要包括以下几方面的内容:首先,素质教育把全面提高受教育者的综合素质作为教育的最基

[①] 均见《世说新语》。

本的任务,以促进学生在德、智、体、美、劳诸方面全面发展为目的。教育不仅是为了传授知识、培养能力及应付考试,更重要的是使学生多方面的素质得到整体性提高。其次,素质教育十分注重学生在教育过程中的主体性地位,强调面向全体学生,使学生能创造性地学习,主动地发展。再次,素质教育把学生健康成长作为教育的重要价值指向。教育不能只培养能从事劳动的机器,而是应该培养身心健康、能为社会创造物质和精神财富的个性丰满的人。因此,学生不仅要有知识和技能,而且要有更好的身体素质、道德素质、审美素质、心理素质和人文素质,它们是更为基础性的。最后,在推进现代化的今天,素质教育还应包括通过教育促进人的现代化的内容。因此,素质教育的具体指标还应以人的现代化为尺度,使学生具备适应现代社会和建设现代化国家的相应素质。

以现代素质教育思想为美育学的教育学基础,可以使我们进一步明确美育的目的、任务和价值指向。在从应试教育向素质教育转轨的过程中,美育具有不可低估的意义,因此,我们对美育的认识和理解首先要结合我国教育改革的大背景,重视美育、实施美育是全面贯彻我国教育方针的基本内容之一。要全面开发学生的各种潜能,就包含着促进学生审美方面的发展;要提高学生的总体素质,就不能丢弃培养学生良好审美素质的任务;要提高学生的道德素质、心理素质和人文素质,就离不开美育。一句话,只有真正重视素质教育,才能真正重视美育;只有全面、深入地理解素质教育,才能认清美育的性质、功能和任务。我们把美育界定为感性教育、趣味教育和人格教育,正是从素质教育思想出发的。同时,提高对美育的认识,也有助于我们更全面地把握素质教育的内涵和范围。审美素质是现代人的素质结构中基础性的要素之一,它既具有相对独立性,又能对道德、心理、人文等素质要素的提高产生影响。因此,没有美育的素质教育就是不完整、不全面的。

本章小结

美育学是研究和论述美育的性质、功能、任务、方法和途径以及学生的审美发展和教师的审美修养的学科。虽然美育学理论的系统阐述出现得较晚,但美育的思想却早在公元前就产生了。美育学具有鲜明的人文价值指向,又具有应用性;同时,它是多学科综合的边缘学科。这一学科的哲学基础是马克思主义关于人的全面发展学说,美学基础是作为生存范畴的审美价值论,教育学基础是现代素质教育思想。

思考练习

1. 如何认识我国现代美育理论的本土特征?
2. 从美育学哲学基础和美学基础看美育学的人文性。
3. 预习第一章,谈谈美育同素质教育的关系。

参考书目

1. 聂振斌:《中国美育思想述要》,暨南大学出版社1993年版。
2. 席勒:《美育书简》,中国文联出版公司1984年版。

第一章　美育的性质

【学习目标】

认识美育是感性与理性、情感与理智相协调的教育,但美育比较偏重于感性和情感。掌握感性泄导和感性升华是美育特性具体体现的两个方面。

理解美育与感性教育、趣味教育和人格教育的关系,掌握在审美教育中感性教育是基础,趣味教育是中介,人格教育是目的。

【内容概要】

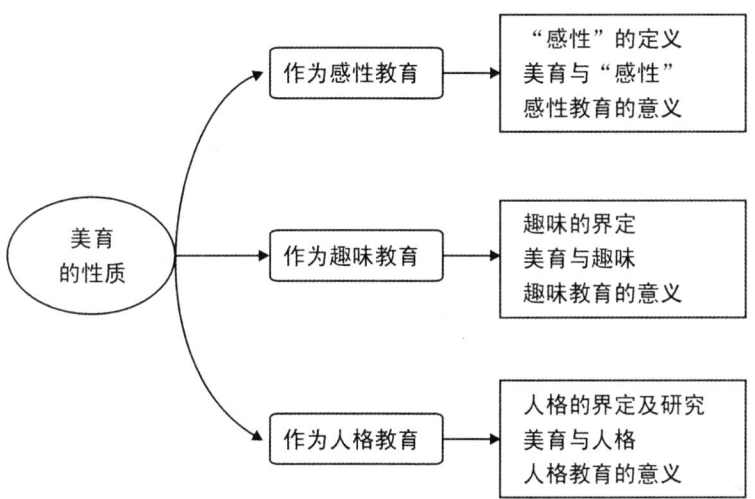

美育作为一种教育形式,它何以能够存在?何以能够具有独立的品格?这显然和美育本身的性质密切相关,与不同时代人们对美育的认识密切相关。应该说,美育发展至今,已有两千多年的历史,但只是在今天,美育才摆脱了自己长期的依附性,从其他学科中脱胎而出。其中复杂的原因,涉及社会、历史、心理、艺术、科技、文化多方面,也正是考虑到我们今天这个时代的种种特质,我们在这里将美育定义为感性教育、趣味教育和人格教育。与以往的美育观念相比,我们对美育的上述规定不是单一的、平面的和抽象的,我们认为,美育也是一个有机体,是一个综合的系统工程,它担负着严肃的时代使命,体现在人类生活的各个方面,和每一个人的日常生活及人类的命运都息息相关。

第一节　作为感性教育的美育

一、"感性"的定义

审美教育和人的"感性"有着既直接又内在的关联。要了解审美教育是什么,如果不首先对"感性"有所了解,是难以想象的。

在古代汉语中,"感"的基本含义有两层,其一是:"格也,触也。"即人的第一信号系统对外物的感知;其二是:"感者,动人心也。"即感就是心有所动。这里,"感"既是一个生理过程,又是一个心理过程。"性"的含义则很复杂。作为一个哲学范畴,"性"在中国主要指本能、欲望和情感,所以,古人说:"生之谓性。"[1]"凡性者,天之就也。"[2]"生之所以然者谓之性。"[3]又说:"食色,性也。"[4]"天地之所生,谓之性情……情亦性……"[5]除此之外,汉语中的"性"还有这样的意思:指人的本质特征,即人之所以为人者,人之所以异于禽兽者。孟子和宋儒谈这种"性"谈得最多,称之为"极本穷原之性",它既是整个宇宙的本根,也是万物存在的根据,更是人生的根据,是人之所以为人的本质特征。

至于"感"和"性"合而为"感性"一词,古代汉语中没有这种用法,它是一个来源于日语的借词,大约在本世纪初进入现代汉语,主要指感性认识,即认识的初级阶段,与理性认识相对。

在西方,英语中"感性"(sensuousness)与"肉欲"(sensuality)具有相同的词根(sens);在德文中,"感性"与"肉欲"仍是同一个术语 Sinnlichkeit,它既指本能的(特别是性欲的)满足,也指感性知觉和表象(即感觉),它是一种低级的、混乱的、含糊的认识。

综上所述,所谓"感性"即人生之所以然者,它包括人的本能、欲望、感觉和情感,它是人性的一个重要方面。

二、美育与"感性"

"美育"是从德语"asthetiche erziehung"或英语"aesthetic education"译过来的,其中"asthetiche"和"aesthetic"的本义是感性的、情感的,这就是说,"美育"的本来含义是感性、情感的教育。虽然美育这个词的内涵在西方和中国都有了发展、变化,变得更为丰富

---

[1] 《孟子·告子》。
[2] 《荀子·性恶》。
[3] 《荀子·正名》。
[4] 《孟子·告子》。
[5] 董仲舒语。转引自张岱年:《中国哲学大纲》,中国社会科学出版社1982年版,第202页。

了,但"感性教育"仍是它最基本、最有特征性的含义。

从总体上说,审美是感性与理性相平衡的,美育也是感性与理性、情感与理智相协调的教育。但是,在各种教育形态中相对而言,美育比较偏重于感性和情感,它的性质、功能和规律的特殊性以及它在现代科学技术和工业化时代的特殊价值都植根于这一点。在科学主义和理性主义的支配下,我们的教育理论、发展心理学等都往往把个体的成长描述成一个由感性向理性、从具象感知到抽象思维的过程,从而形成一种错觉,似乎教育的任务就是促进人的理性发展、开发人的思维潜能。这种流布甚广的教育观念显然是片面的。的确,个体的成长有一个从感性到理性发展的轨迹,教育的重要任务之一就是提高人的理性能力。但是,人是感性与理性、肉体与精神的统一体,人的发展应该以全面的、整体的发展为目标,教育在培养人的理性能力时不应忽视或抛弃感性能力(如直觉、想象、感受等能力)的培养。从这一基本原则出发,教育就应该既有理性方面,又有感性方面。但是,在目前的学校教育领域,感觉力的敏锐化、直觉力的发展、想象力的培养、感受力的深化等等被严重忽视,美育也被忽视,或者,把本来偏于感性、情感的美育也归入强化理智的教育轨道,这恐怕是不尽符合美育的特殊性的。

作为感性教育,美育既是对人的感性方面进行教育,是理性教育(如德育、智育)不可缺少的补充;同时,它又是运用形象化的手段来对人进行教育,始终保持着感性的生动性和直接性。更为重要的是,美育是一种通过解放和提升人的感性来塑造健康人格,改善人们的生存质量,推动社会、文化健康地走向现代化的教育。美育的这种特性又具体体现在感性泄导和感性升华两个方面。

所谓"感性泄导",就是在美育过程中引导受教育者在文明、健康的途径中释放感性,使它得到自由。

人生而就有耳目之欲,就有感知外物的欲望,这是人和外界、和世界乃至整个宇宙联系的唯一桥梁,也是人情所不能免。荀子说:"故人之情,口好味而臭味莫美焉;耳好声而声乐莫大焉;目好色而文章致繁,妇女莫众焉;形体好佚而安重闲静莫愉焉;心好利而谷禄莫厚焉。"①《吕氏春秋·仲春纪》指出:"故耳之欲五声,目之欲五色,口之欲五味,情也。"相反,如果不让人去感知,将之"囚之于冥室之中,虽养之以刍豢,衣之以绮绣,不能乐也:以目之无见,耳之无闻"②。可见,不满足人的合理的耳目之欲,不满足感性所提出的合理需求,是不符合人性的。然而,人的欲望常常是无止境的,也是盲目的。如果任其自由地表现,不仅对社会,甚至对整个人类都是十分危险的。先秦的荀子说:"人生而有欲,欲而不得,则不能无求;求而无度量分界,则不能不争;争则乱,乱则穷。"③荀子在这里明确指出,盲目地追求欲望的满足,是国家穷乱的根源。汉代的《淮南子》也看到了这个危险,其中《精神训》一篇写道:"耳目淫于声色之乐,则五藏摇动而不定矣。五藏摇动而不定,则血气滔荡而不休矣。血气滔荡而不休,则精神驰骋于外而不守矣。精神驰骋于外而不守,则祸福之至,虽如山丘,无由识之矣。"

---

① 《荀子·王霸》。
② 北京大学哲学系美学室编:《中国美学史资料汇编》上,中华书局1980年版,第96~97页。
③ 《荀子·礼论》。

总之,对于人的感性,既不能否认其合理要求,又不能任其放纵。一味地禁欲,断然排斥人们合理的感性欲求都是不应该的。要想使受教育者健康成长,就不能简单地压抑人的感性,而是应该让它得到正当的抒发,得到健康的发展。美育要做的,正是要把人的感性从过分强调理性压制、忽视感性发展的状态下解放出来,将许多人的感性从麻木、迟钝的病态中解放出来,重新恢复它的敏感、生动和丰富。

美育之所以能够做到这一点,和它的特殊功能有关。早在我国古代,人们就已经意识到审美和艺术具有"兴"的功能。所谓"兴",就是"兴发"、"激发",即审美和艺术可以激发人们的感情。美育以人们对对象的直接感知为基础,以人的感性不断敏感和丰富为目的。科学上有"用进废退"的原理,其实,这一原理也适合于审美领域。它告诉我们,人的感官如果长期不去感知,就将变得迟钝,就将逐渐退化。而美育作为一种感性教育,恰恰为人

拓展阅读

《文心雕龙》是中国南朝文学理论家刘勰创作的一部文学理论著作,它是中国文学理论史上第一部文学理论专著。

的感官提供了一片广阔的感知天地,在这片天地里,"春秋代序,阴阳惨舒"①,杨柳之貌,日出之容,雨雪之状,春风春鸟,秋月秋蝉,夏云暑雨,冬月祁寒,"岁有其物,物有其容"②,莫不使人悟以物色,应物斯感,并进而"心亦摇焉","辞以情发"③。在此基础上,人们"神与物游"④,"联类不穷,流连万象之际,沈吟视听之区;写气图貌,既随物以宛转;属采附声,亦与心徘徊"⑤,"思接千载","视通万里"。这里,不只是人的感官由于外界的刺激而保持了鲜活的生命并日益敏感起来,而且人的感情也被不断地激发,人的想象也不断地丰富起来。

另外,美育通过健康的审美活动、高雅的艺术作品来引导感性的抒发,使之汇入文明之途。从心理学角度看,感性是一种心理能量,它不可能单靠压抑而消除。压抑只能使它暂时被管束起来,这是必要的;但压抑太甚、太久,却会造成心理疾病。对于青少年来说,一方面要加强道德教育,使他们能正确地管束自己内心的本能欲望;另一方面又要为他们提供转移心理能量的健康途径,使他们学会感性抒发的正当方法。实践证明,美育是引导人们抒发感性的一种良好途径,在活泼生动的审美活动中,人们的感性得到激发,并且能以文明、高雅的方式得到抒发。优秀的文艺作品使人们特别是青少年的一部分心理能量得到转移,满足人们的感性要求。

所谓"感性升华"是指将人的感性从无意识的深处提升到表层,更是指将人的感性从兽性的层面提升到人性的层面,从生物学的水平提升到社会学的水平,使感性真正成为人的感性。只有在这种提升的基础上,人性才能放射出光芒。

为什么审美教育能够升华人的感性呢?

---

① 《文心雕龙·物色篇》。
② 《文心雕龙·物色篇》。
③ 《文心雕龙·物色篇》。
④ 《文心雕龙·神思篇》。
⑤ 《文心雕龙·物色篇》。

一个首要前提就是它是超功利的、超实用的,也就是说,它对人的感官的触发、它对人的情感的激发、它对人的想象的开启,并不将它们引向实际的对象,而引向该对象的某种使用价值之上。欣赏凡·高的《向日葵》,并不是让人联想到这株向日葵可以结多少瓜子,它结的瓜子好吃不好吃;参观一座古代建筑,也不是要人觉得它是否方便实用。相反,动物的感官则不能摆脱其生理本能的约束,它对对象的感知,总是与自己的生存目的直接相关。而在审美感知中,则暂时割断了主客体之间的这一实用关系,使人对对象的感知获得一定的自由度和深度,具有人性内涵,成为真正人的感知。这就是人的感性从兽性的水平升华到人性的水平的基本含义。这种升华之所以可能,正与美育所具有的这一特征密切相关。

在中国古代美学中,美学家们在谈到"审美感兴"时,曾提到美育对人的这种"升华"作用,清代王夫之指出:"能兴即谓之豪杰。兴者,性之生乎气者也。拖沓委顿,当世之然而然,不然而不然,终日劳而不能度越于禄位田宅妻子之中,数米计薪,日以挫其志气,仰视天而不知其高,俯视地而不知其厚,虽觉如梦,虽视如盲,虽勤动四体而心不灵,惟不兴故也。圣人以诗教以荡涤其浊心,震其暮气,纳之于豪杰而后期之以圣贤,此救人道于乱世之大权也。"[①]这里,王夫之将美育升华人的感性谈得很清楚,它对人的精神起着一种感发、激励、升华的作用,使人摆脱昏庸猥琐的境地,成为一个有志气、有作为的朝气蓬勃的人,从而上升到豪杰、圣贤的境界。

三、感性教育的意义

今天,我们强调美育作为感性教育的一面,具有特别重要的意义,这主要体现在以下两个方面。

首先,进入工业化社会以来,人性分裂已经遍及人类社会的诸多领域。在现代艺术家的笔下,我们更可以看到这种片面、病态人格令人触目惊心的奇形怪状。在杰克梅弟的"九个人像的构成"中,我们看到,人已经失去了自己曾经有过的丰富性与整体性,失去了自己的血肉,而被抽象成为火柴棍式的人物;在杜桑的"走下楼梯的裸女"中,人的形象仅仅是依稀可见,转瞬即逝,人已经没有固定的形体可以把握。这种现象在立体主义等的艺术作品中,更发展到登峰造极的地步,活生生的个人被肢解成一个个碎片,东一片西一片地堆积在画面上。总之,在众多现代西方艺术作品中,再也无法找到一个完整的、清晰的人的形象了,我们不再知道自己是什么,像什么。在这里,人不只是一无遮蔽,而且被剥了皮,被碎尸万段,身体的各部分被摔得到处都是。

于是,各种精神疾病由此而生,并且成为困扰现代西方社会的严重问题之一。这里,人性的分裂已经开始危及人类的发展前景,已经成为实现现代化的一大障碍,如果任其下去,不只是现代化不可能真正实现,人类本身的前景也将十分暗淡。

当然,人性分裂是多种原因造成的,但不能否认的是,感性教育的长期缺乏是其中的一个很重要的因素。所以,要弥合人性分裂的这种深刻创伤,不有意识地、自觉地进行感

---

① 转引自叶朗:《中国美学史大纲》,上海人民出版社1985年版,第52页。

性教育,也就是审美教育,是不行的。

其次,感性教育的长期缺乏还造成另一个严重的恶果,这就是,一旦理性的控制减弱,感性获得宽松的表现空间时,由于感性不能正确地抒发和表现自己,它就很容易出现蜕化、物化的倾向,陷入感性沉沦的误区。也就是说,在建设具有中国特色的社会主义精神文明中,仅仅有感性的解放与宣泄是远远不够的,在解放和宣泄感性的同时,还必须要有感性的升华,一句话,也就是要有审美教育。

第二节 作为趣味教育的美育

美育不仅是感性教育,而且还是一种趣味教育,它在今天还应该承担起也能够承担起引导趣味的时代使命。

一、"趣味"的界定

我国古代很早就出现了用味觉来类比审美感受的说法。例如,春秋时代的晏婴就用羹来讨论"同"与"和"的区别,并认为"声亦如味",各种音乐要素"相成"、"相济",如"水火醯醢盐梅,以烹鱼肉"那样,达到五声之"和"。① 魏晋之后,"味"、"滋味"、"韵味"等概念被用来形容艺术作品的某种审美特性和风格类型。同时,审美欣赏也具有了咀嚼品味的意义。审美既为品味,必有不同的偏好。例如,钟嵘首推五言诗:"五言居文词之要,是众作之有滋味者也。"②这体现了对某种文体的偏爱;司空图虽列出了"二十四诗品",但他最推崇的是"冲淡"一类,体现了追求淡远、含蓄、于自然平和中见深邃意蕴的审美趣味,这也就是他所追求的"韵外之致"、"味外之旨"。所以,他提出"辨于味,而后可以言诗"③,不仅是要求对诗作审美的品位,而且意谓着追求一种独特的审美类型或风格。至此,"味"、"滋味"、"品味",作为一种审美的概念,已不同于单纯的味觉意义了。

在西方,作为美学概念的"趣味"(德文 geschm.ack,英文 traste)一直具有审美鉴赏力的含义,意指一种辨别、选择、判断与享受审美对象的能力。朱光潜曾指出,从罗马时代开始,西方一向把审美能力称为趣味④,特别是在十七八世纪,西方人谈"趣味"几乎成为风尚。概括起来,这个美学概念有这样两个含义:一方面指审美的偏爱或风尚。例如,法国的伏尔泰曾指出欧洲一些民族"鉴赏趣味的差别"体现为不同的文学风格:"意大利语的柔和和甜蜜在不知不觉中渗入到意大利作家的资质中去。……辞藻的华丽、隐喻的运用、风格的庄严,通常标志着西班牙作家的特点。对于英国人来说,他们更加讲究作品的力量、

---

① 参见《左传·昭公二十年》。
② 钟嵘:《诗品》。
③ 司空图:《与李生论诗书》。
④ 详见《朱光潜美学文集》第三卷,上海文艺出版社1983年版,第414页。

活力和雄浑,他们爱讽喻和明喻甚于一切。法国人则具有明彻、严密和幽雅的风格……"①这种鉴赏趣味的差异也就是审美的不同偏爱,从而造成了各个民族在审美选择与评价上的相互错位、排斥,甚至轻视。英国的休谟也曾指出,青年人与老年人的趣味往往有差异:"情绪旺盛的青年比较容易受到恋慕和柔情等描写的感染;年龄老、大的人则比较喜爱有关持身处世和克制情欲的至理名言。"而且,对于各种文学体裁,也会有各种趣味差异:"喜剧、悲剧、讽刺诗,颂诗各有其拥护者,人人都认为自己所偏嗜的体裁高于其他体裁。"②很显然,休谟这里讲的趣味就是一种审美的偏爱。正因为它是一种偏爱,所以休谟认为批评家不应局限于某一种趣味,而应去寻求某种普遍的或共同的审美趣味标准。另一方面指审美能力。这里又有两层含义,一层含义是指对美的辨别力或敏感性,另一层含义是指审美地判定对象的态度或意向。伏尔泰说:"精微的鉴赏趣味在于对瑕中之瑜和瑜中之瑕的一种敏锐的感受力。"③休谟说:"迅速而敏锐的审美感也正标志着精神趣味发达到了完美境界。"④康德则明确注明:"鉴赏(即 geschmack,又译趣味——引者注)乃是判断美的一种能力。"同时,他把审美判断称作"趣味判断",这种判断的第一个"契机"便是与对象的无利害观念的关系。在这里,"趣味"又意味着一种审美态度,即对对象的"纯粹的观照",而对"事物的存在绝不感兴趣"⑤。

上述趣味概念虽有几种意义,但这些意义又是相互联系的,它们分别揭示了趣味的不同侧面的性质与功能。首先,审美偏爱与审美能力是相通的。审美判断是一种情感评价,对某一对象能够作出审美判断,这本身就意味着对它产生了情感的肯定性评价,体现了一种审美的倾向性与选择性。另外,由于主体对某一类审美对象有审美的心理定势,主体才可能对它倾注高度的注意力,使之进入审美视野,在反复的体味中,达到深入的理解。在审美活动中,审美趣味以一种直感的方式,迅速地对事物作出选择和评价,在此意义上讲,它本身也是审美能力的一部分。不过,细分起来,审美趣味侧重于审美价值取向,审美能力侧重于实现审美价值的功能,前者更具有观念意识的内容,后者更具有心理活动的形式。司空图所谓的"辨于味"也显然侧重于价值评判的意义。其次,审美态度与审美偏爱也是相通的。审美趣味不仅具有对审美价值高低的评价功能,而且具有区分审美价值与非审美价值的功能。严羽讲"诗有别趣",就体现了一种审美的价值取向,作为一种审美的趣味,它要求区分诗的审美意义与非审美意义,使读者关注于诗的"言有尽而意无穷"的审美特征。⑥ 此时,审美偏爱体现为追求事物的审美价值、关注对象的审美特征的审美态度。

总之,我们把趣味看做是人在审美活动中表现出来的心理定势,它以喜爱或不喜爱的情感评价形式决定对事物的取舍。它具体表现为个体的审美偏爱或选择,也可体现为一

---

① 转引自《西方文论选》上卷,上海译文出版社 1979 年版,第 323 页。
② 转引自《古典文艺理论译丛》第五册,人民文学出版社 1963 年版,第 14 页。
③ 转引自韦勒克:《近代文学批评史》,上海译文出版社 1987 年版,第 51 页。
④ 转引自《古典文艺理论译丛》第五册,人民文学出版社 1963 年版,第 8 页。
⑤ 详见康德:《判断力批判》上卷,第 39~47 页。
⑥ 见严羽:《沧浪诗话·诗辨》。

定群体共同的审美倾向。从更广泛的意义上讲,趣味并不严格限于审美活动;实质上,一个人的趣味与他的生活态度和人生价值直接有关,前者是后者的具体表现形式:一个人喜爱和排斥什么,是由他的基本生活价值取向所决定的。因此,趣味教育也是一种人生教育。

二、美育与"趣味"

所谓"趣味教育",就是指针对人的趣味所做的引导工作,即将人的趣味从低级引向高级。在这个意义上,审美教育与人的趣味之间存在着十分密切的关系。

从上面对"趣味"的剖析中,可知"趣味"与人的感性有关,没有真情实感,就不可能产生趣味。那种患有"不感症"的人,就绝不可能是一个有趣味的人;那种感觉迟钝或粗俗的人,多半就是一个低级趣味的人。因此,趣味的引导,也要从它的根基做起,即从感性做起。如果感性停留在兽性的水平上,停留在生物学的水平上,那么,人的趣味也就只能是一种低级趣味。梁启超有一段话说得好:"审美本能,是我们人人都有的。但感觉器官不常用或不会用,久而久之麻木了。……美术的功用,在把这种麻木状态恢复过来,令没趣变为有趣。"[1]所以,美育作为一种感性教育,同时也就是一种趣味教育。

事实也已经证明,趣味的引导,单纯依靠行政命令和道德教化不能达到预期的目的。梁启超指出:"用理解来引导人,顶多只能叫人知道那件事应该做,那件事怎样做法,却是被引导的人到底去做不去做,没有什么关系,有时所知的越多,所做的倒越发少。用情感来激发人,好像磁力吸铁一般,有多大分量的磁,便引多大分量的铁。"[2]为什么行政命令和道德教化不能很好地引导人的趣味呢?关键就在于它们主要是针对人的理性的,只能对趣味发生间接的作用,而无直接作用。在这个意义上,趣味教育当然首先就是一种感性教育。

其次,趣味作为一种鉴赏力或美感,对它的引导与教化实际上就是对人的审美鉴赏力的培养,而这正是一种狭义的审美教育。

三、趣味教育的意义

今天强调美育是趣味教育,有重要的现实意义。

首先,从趣味的形成来看,趣味从来就不是天生的,它是环境的产物、文化的产物。美学家朱光潜说:"趣味无可争辩,但是可以修养。"[3]

其次,从趣味的性质来看,它也有高下之分、美丑之分、善恶之分,正如梁启超所指出:"趣味的性质,不见得都是好的。"[4]"不能说他都是善的都是美的。他也有很恶的方面,他

---

[1] 梁启超:《美术与生活》,《饮冰室文集》卷三十九。
[2] 梁启超:《中国韵文里头所表现的情感》,《饮冰室文集》卷三十七。
[3] 转引自《二十世纪中国文化名人散文精品》,贵州人民出版社1994年版,第152页。
[4] 梁启超:《趣味教育与教育趣味》,《饮冰室文集》卷三十八。

也有很丑的方面。他是盲目的,到处乱碰乱进,好起来好得可爱,坏起来也坏得可怕。"①因此,趣味也很有教育和引导的必要。

再从趣味的作用来看,趣味与人生有很重要的关联。趣味能够影响到人们的生活品质以及他们对生活的评价。好的趣味能使人对生活产生幸福快乐的评价,反之,则使人对生活做出负面的评价。因此,趣味也是人生必不可缺的一种因素。梁启超也对趣味有很高的评价,认为它是生活的原动力。他说:"趣味是活动的源泉。趣味干竭,活动便跟着停止。好像机器房里没有燃料,发不出蒸汽来,任凭他多大的机器,总要停摆。停摆过后,机器还在生锈,产生许多毒害的物质哩!人类若要把趣味丧失掉的时候,老实说,便是生活得不耐烦,那人虽然勉强留在世间,也不过行尸走肉,倘若全个社会如此,那社会便是痨病的社会,早已被医生宣告死刑。"②又说:"趣味是生活的原动力。趣味丧失掉,生活便成了无意义。"③朱光潜先生也说,趣味的功用"不仅在消愁解闷,不仅是替有闲阶级添一件奢侈,还在于它使人到处都可以觉得人生世相新鲜有趣,到处可以吸收维持和推展生命的活力"④。可见,在那些具有真知灼见的思想家那里,趣味于人生是非常重要的。趣味教育对人生的青少年阶段尤其重要,因为"人生在幼年青年期,趣味是最浓的,成天价乱碰乱进,若不引他到高等趣味上,他们便非流入下等趣味不可"⑤。

近年来,随着大众文化的兴起和发展,某些庸俗、无聊的文化消费品也有发展的趋势,这对人们特别是青少年趣味的养成有消极影响。概括地说,当前审美趣味方面的负面发展有享乐化和肉体化的特点。所谓"享乐化"就是指把享乐当做人生的唯一目标,只追求尘世的、当今的快乐,对精神性的、超越性的东西不屑一顾;对物质生活需求强烈,对精神生活需求淡漠;更多地关注外表,忽视内心修养等等。所谓"肉体化"就是一味追求感官的刺激和满足,这种趣味明显地停留在生理层面,只要发泄,不讲精神性的升华,文化生活被降低到单纯本能欲望满足的水平。这些消极影响对人们趣味水平的提高是有害的。因此,加强美育,加强趣味教育在当前也显得尤为紧迫和重要。

建议与思考

大众文化对青少年情感发展的影响是什么?大众文化时代加强美育的特殊意义是是什么?

第三节 作为人格教育的美育

"人格"是一个心理学概念,它包含着复杂的内容,那种将人格片面地归结于人性某一

---

① 梁启超:《中国韵文里头所表现的情感》,《饮冰室文集》卷三十七。
② 转引自梁启超:《趣味教育与教育趣味》,《饮冰室文集》卷三十八。
③ 转引自梁启超:《趣味教育与教育趣味》,《饮冰室文集》卷三十八。
④ 转引自《二十世纪中国文化名人散文精品》,贵州人民出版社1994年版,第158页。
⑤ 转引自梁启超:《趣味教育与教育趣味》,《饮冰室文集》卷三十八。

机能的做法不仅在理论上,而且在实践中都是错误的和有害的。对"健康人格"而言,它无论具有多少模式,都必然具有整体性、协调性、创造性和丰富的情感内涵。正是在这里,审美教育切入了"健康人格"的塑造过程,成为其中一个必不可少的重要环节。所以,我们提出,审美教育在今天还有一个重要方面,即人格教育。

一、"人格"的界定及研究

作为一个心理学范畴,"人格"主要是指人的各种心理特征的综合。

但是,不同的心理学家对"人格"的理解也迥然不同,而在西方深受理性主义熏陶的心理学家那里,人就是一个理性的人。在这种对"人格"的理解中,显然存在着一个明显的倾向,即在人格的形成中,理性的发展(或是伦理理性的发展,或是认知理性的发展)至关重要,理性成为人格中最重要的因素,而排斥了人格中的感性因素。

进入 20 世纪以后,人们开始意识到,理性并不是构成人格的唯一因素。精神分析学家弗洛伊德就曾经指出,人格由本我、自我与超我三部分组成。而在另一个精神分析学家荣格那里,人格也由三个独立而又相互作用着的体系组成:自我、个人的无意识、集体的无意识。其中,集体无意识是人格中最重要的成分。荣格明确地说:"仅仅按照理性的原则去生活,这就阻碍我们完美人性的成长。""我们应该永远不使我们的自我等同于理性。因为人不是、而且永远也不会是理性独自的创造物。"[①]这里,精神分析学家们看到了完美人性并不等同于理性(这是非常正确的);然而,他们对人格的研究由于更多地针对着病态人格来进行,以至于得出一些非理性的、悲观的结论,这是其不足之处。

正是在这种思想背景下,人本主义心理学派提出了"健康人格"的概念,表示了他们对理性人、机器人和病态人的强烈不满。他们认为,心理学只有依靠研究最健康的人格,才能发现人类究竟能够把自己的能力延伸和发展到怎样的程度。因此,"关于健康人格的研究应当是心理学最基本的中心"[②]。

那么,什么是"健康人格"呢?我们认为,"健康人格"是一个统一的、和谐的、具有协调能力、富有创造性和丰富情感内涵的自我有机体。它具有以下几个基本特征:

1. 整体性

健康人格是一种整体性的人格。首先,整体意味着全面,也就是说,健康人格是人格诸要素尽可能充分发展的结果,而不是只有某一方面特别突出、占统治地位的片面人格。其次,整体意味着人格诸要素的有机统一,逻辑思维的发展不仅不压制形象思维的发展,而且促进它的发展;情感的丰富不仅不冲击理智的严密,而且使理智更富于创造性;道德的提高不仅不限制想象的丰富,而且使想象更深厚。这就是说,整体性的健康人格内部是和谐的,而不是分裂的。

2. 协调性

健康人格具有正确处理自己与他人、社会、自然相互关系的态度和能力。爱,则是处

---

① 转引自舒尔兹:《成长心理学》,三联书店 1988 年版,第 196 页。
② 转引自舒尔兹:《成长心理学》,三联书店 1988 年版,第 18 页。

理上述诸种关系的一个基本方式。爱是追求与外部世界（包括自然与人）相互协调的态度，它类似于审美态度，是无私的、热忱的、开放的。爱又是健康人格的一种内心需要，具有健康人格的人倾向于与人对话和交流，保持着对万物的"仁爱"之心和宽容的态度，把爱的实现作为一种无私的快乐，把爱的过程作为目的本身，从不以爱来索取什么。

3. 创造性

健康人格是一种能够持久并具有创造性的人格。创造性一般可分为两个层面：一是指专门的创造能力和技能，如在理论上提出新问题和新观点、在实践中发明和制作新事物的能力；二是指不断实现和更新生命与生活的自觉意识和能力，是一种活泼的生命活力。后一个层面是前者的基础，是健康人格的基本特征。

4. 情感性

健康人格是一种情感丰富、深刻和审美化的人格。首先，健康人格的情感丰富而灵敏，对自我和环境有着独特的情感体验。其次，健康人格的情感体验不仅仅是直感式的，而且是回味式的，也就是说，它能对自己的某些情感经验作再体验，从而使情感上升到"沉思"的水平。再次，健康人格具有良好的审美鉴赏力和表现力，它能把握较高雅的艺术作品，又有能力把自己的内心生活恰如其分地表现出来。因此，具有健康人格的人，时常"反复地欣赏，带着新奇和天真去体验人生的天伦之乐……如每一次日落，每一朵花，每一个婴儿，每一个人"①，在生活中获得无穷的乐趣。

二、美育与"人格"

从上面对"健康人格"的种种描述中，我们不难得出这样一个结论：所谓健康人格即完整的人格，在这个意义上，它的塑造显然与审美教育密切相关。

首先，审美教育通过促进人的感性发展而切入到健康人格的塑造中来。

作为一个现代概念，"健康人格"是对此前所有片面的人格的超越，是对理性人的超越，是对道德人的超越，是对感性人的超越，它是一种感性和理性相协调、相统一的完整人格。也就是说，对于健康人格来说，光有理性的发展是远远不够的，光有感性的发展也是远远不够的，人的感性和理性都必须同时得到发展，才能构成健康的人格。

正是在这里，审美教育切入了健康人格的塑造工作。这主要是因为，与德育和智育相比，美育具有一种感性的品格，它偏重于人的感知与情感，是针对人的感性和情感而进行的。而在人格教育中，在健康人格的造就之中，正如我们上面所说，显然不能缺少感性的维度，也就是说，不能缺少美育的维度。

如果审美教育长期缺乏，人的感性和情感得不到正确的培养和发展，他就会失去与外界进行情感交流的能力，不得不躲进小楼成一统，将自己封闭在自己所熟悉的狭窄的圈子里，而根本看不到这个圈子以外的更广阔的天空。达尔文曾经以自己的亲身经历为我们现身说法。达尔文青年时代对文学艺术非常感兴趣，但长期的科学研究却使他对莎士比亚的诗感到乏味和厌烦，对绘画与音乐的兴趣也开始丧失，他痛苦地感到："我的思想似乎

---

① 转引自悉尼·乔拉德等：《健康人格》，华夏出版社1990年版，第5页。

已经变成了一种机器,它只是机械地从无数事实和原料中剔取出一般规律。我真的不明白为什么对艺术的爱好的丧失会引起心灵的另一部分能力——能够产生更高级的意识状态的那一部分能力——的衰退。我在想,一个具有比我更高级和更为全面统一的意识的人是断然不会像我现在这样的。假如我能够从头再活一次,我一定要给自己规定这样一个原则:一星期之内一定要抽出一定的时间去读诗和听音乐。只有这样,我现在业已退化的那一部分能力才能在持续不断地使用中保持下来。事实上,失去这种趣味和能力就意味着失去了幸福,而且还能进一步损害理智,甚至可能会因为本性中情感成分的退化而危及道德心。"①这位大科学家的自述说明,感性方面机能的衰退会导致生活质量的下降,还会导致思维的创造性水平和道德水平的下降。这就从反面印证了健康人格的整体统一,以及美育在培养健康人格方面的重要意义。美育作为一种人格教育,它不仅从发展人的感性方面参与健康人格的塑造,而且,它还在一些感性与理性交叉的非智力因素培养上,促进着健康人格的形成。例如,美育能够培养受教育者爱的态度、能力和需求,能够培养追求生活高品位的价值观,还能促进创造性的发展和情感的丰富,这些都属于塑造健康人格的内容。

其次,审美教育通过促进理性和感性的协调发展而切入到健康人格的塑造中来。

如前所述,健康人格的建构,不仅要有理性的参与,而且也要有感性加入,更要两者的有机结合。在这里,美育与其他教育形式相比,具有独特性。这主要是因为,美育不只是具有感性品格,不只是促进人的感性和情感的发展,而更重要的是,它是沟通人的感性和理性的桥梁。美育的这一品格,很多美学家都曾经指出过。德国美学家席勒就曾经明确地说:"有促进健康的教育,有促进认识的教育,有促进道德的教育,还有促进鉴赏力和美的教育。这最后一种教育的目的在于,培养我们的感性和精神力量的整体达到尽可能和谐。"②"在紧张的人身上恢复和谐,在松弛的人身上恢复能力,并以此方式按照人的本性使局限状态返回到绝对状态,使人成为自身完美的整体"③,这正是美育的目的。

拓展阅读

弗里德里希·席勒,德国18世纪著名诗人、哲学家、历史学家和剧作家,德国启蒙文学的代表人物之一,其所著《美育书简》是现代性的审美批判的第一部纲领性文献,建议详加研读。

可见,美育并不只是发展人的感性,它既发展人的感性,同时又发展人的理性。一方面,它使人的感性人性化,从而避免感性泄导过程中容易出现的物化与蜕化的倾向;另一方面,它又使人的理性人性化,从而避免人的理性由于过分膨胀而导致的非理性化。这一切,既不是通过压抑感性来实现的,也不是通过压抑理性来实现的,而是通过种种特殊手段,使感性具有文明的内容,具有人性的内容,使理性得到滋润而一改其"灰色"的属性,理性因为有了感性的支撑而立足于坚实的根基之上,感性因为有了理性的提携而飞翔在文明的天空。也就是说,美育发展人的感性,同时也有利于人的理性的健康发展,并且最终目的就是使二者统一起来、协调起来,同步发展。所以,美育不仅与感性有关,而且还与理

---

① 转引自滕守尧:《审美心理描述》,中国社会科学出版社 1985 年版,第 351～352 页。
② 席勒:《美育书简》,中国文联出版公司 1984 年版,第 108 页。
③ 席勒:《美育书简》,中国文联出版公司 1984 年版,第 145 页。

性有关,正是美育的这一品格,使美育成为健康人格塑造中必不可少的手段。

可见,美育和其他教育形式一起参与了健康人格的塑造过程。并且,美育与其他教育形式又有所不同,在健康人格的塑造中,它具有特殊的作用。至此,我们完全有理由得出这样一个结论:在健康人格的塑造中,离不开审美教育。

三、人格教育的意义

在健康人格的塑造中离不开审美教育这样一个结论,在现代社会具有重要的意义。

先从西方的情况看。西方的现代化已经进行了多年,也取得了巨大成就,这些都是有目共睹的;同时,西方的现代化也暴露了一些弊病,这一切,也是任何一个有识之士有目共睹的。弗洛姆指出,在西方现代社会,与物质财富的丰富形成鲜明对比的,是精神贫困化的日趋严重。日本著名学者池田大作也指出了西方现代社会的这一奇观,他说:"'现代化'的时代之波,在物质上提高了人们的生活水平,却在精神上造成了空虚和格调低下的现象。总而言之,由于'现代化'把重点放在大量的物质生产、提高效率及合理分配上,所以,物质生活虽然得到提高,但为追求物质的丰富而牺牲精神文明,出现精神生活贫困化。"[①]池田大作还有一段话也说明了西方现代化进程中的这一弊病,他说,现代化对人性有两方面的影响,"一方面表现为富于理性、永不满足地追求真理。同时,在另一方面,则表现为对物质、对眼前欲望的追求,追求真理导致伤害大自然,丧失对自然万物构成的活生生节奏的敬畏之心。另外,欲望的追求使传统伦理树立的崇高人性的景仰和上进心荡然无存。其结果,正如过去或现在许多知识分子所指出的那样,不只人的精神尊严,连人类的继续生存也都濒临危险"[②]。这里,西方现代化进程中出现的危机,实际上是人自身的发展所出现的危机,是人的片面发展所带来的危机。这里,我们已经别无选择,如果我们要超越西方现代化,要建设具有中国特色的现代化,就必须对人的精神给予更多的关注,将更多的力量投入到健康人格的建构上,进行审美教育。

再从我国的情况看。改革开放以来,我国也开始了艰难而漫长的现代化进程,从而进入了一个对中华民族的生存和发展生死攸关的转型期。在这个特定时期,人自身的发展出现了一个真空地带:一方面,人们不能再以传统的人格理想来要求现代的人,因为它已远远不能适应现代人的发展要求了,传统人格的弊病在今天也愈来愈明显;另一方面,新的人格理想还在形成之中,一些人不知道该用什么标准对今天的人提出卓有成效的要求,人自身的发展缺乏明确、全面的目标体系,这使得我们教育过程中的人格培养还不够系统。这里,与物质文明的发展相比,人自身的状况显然更值得担忧。如果在我们的现代化进程中,没有对人自身状况的关注,没有对这一方面的投入,那么,我们的现代化就有可能重走西方现代化曾走过的某些弯路,就不是具有中国特色的现代化。可见,在我们的现代化中,在这个转型的时期,特别要重视健康人格的建构,并进而呼吁审美教育的参与,这具有重大而深远的意义!

---

① 池田大作、狄尔鲍拉夫:《走向二十一世纪的人与哲学》,北京大学出版社1992年版,第48页。
② 池田大作、狄尔鲍拉夫:《走向二十一世纪的人与哲学》,北京大学出版社1992年版,第86页。

本章小结

今天,美育之所以能够成立和独立,就在于它可以升华感性,引导趣味和完善人格。所以,美育不是单一的和平面的,它是一个综合的有机体,它既是感性教育,是趣味教育,又是人格教育。其中,感性教育是基础,趣味教育是中介,人格教育是目的,三者相辅相成,缺一不可。至此,我们可以得出这样一个结论:欲新人心,欲新人格,必兴美育。因此,今天的美育必然大有可为,也能够大有所为!

思考练习

1. 为什么说美育是感性教育?
2. 趣味与人生的关系如何?
3. "健康人格"的概念是如何提出来的?
4. 如何理解美育在今天的必要性?

参考书目

1. 蔡元培:《蔡元培美学文选》,北京大学出版社1983年版。
2. 舒尔兹:《成长心理学》,三联书店1988年版。
3. 席勒:《美育书简》,中国文联出版社1984年版。
4. 悉尼·乔拉德、特德·兰兹曼:《健康人格》,华夏出版社1990年版。
5. 池田大作、狄尔鲍拉夫:《走向二十一世纪的人与哲学》,北京大学出版社1992年版。

第二章　美育的功能

【学习目标】

认识美育与教育、德育、智育等的关系,明确它们之间的联系与区别,掌握美育的独特性。

了解美育的社会功能,以及美育在促进个体的发展和完善化方面的价值。

理解美育与现代物质文明、精神文明及科技文明的关系,掌握美育基本的社会文化功能。

【内容概要】

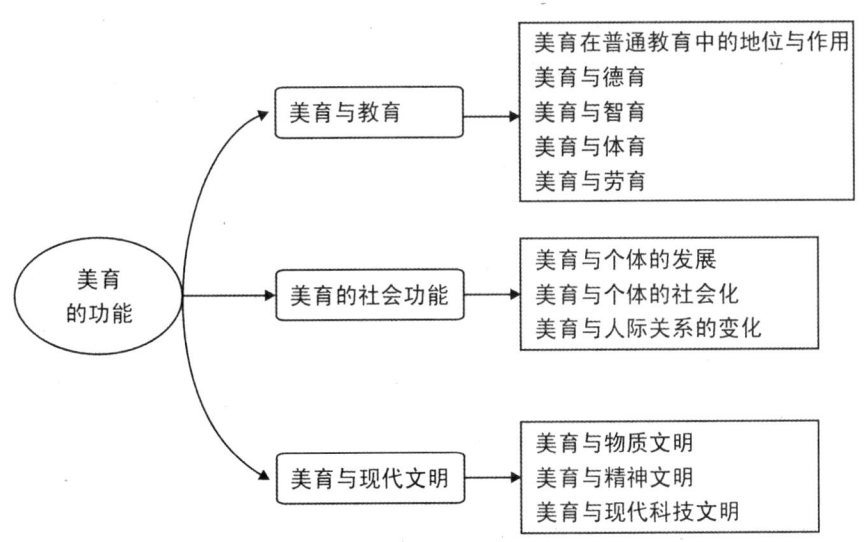

美育的功能由美育的本质和特征所决定。从最根本的意义讲,美育有不同于智力培养与思想教育的一般作用,它不是单纯的知识传授,也不仅仅专指艺术技巧的教育,而是以自觉的、潜移默化的方式,对人的整体生活态度与人生观念的培养,其最终目的就是为了造就一种健康人格。审美教育作为感性、趣味和人格的教育,以其形象、直观、和谐、有趣的施教方式,从整体上体现出对其他教育行为的积极的补充作用。美育的功能还具有广泛性,它影响到人类生活的各个方面。但美育功能的基础层面在个体,它体现为促成个体情感生命的成长,即在满足其情感生活要求的同时,形成和发展其审美的需要、能力和意识。由个体的发展开始,美育的功能由教育学的层面,不同程度地影响和延伸到社会生活实践和文化形态的不同领域,从而构成人类教育实践的必要环节,构成社会发展与文化进步的内在动力。

第一节　美育与教育

一、美育在普通教育中的地位与作用

美育是普通教育系统中的有机组成部分,任何以培养全面发展的个性为目标的教育,都不可缺少审美教育这种特殊的过程和行为。同时,美育又较为充分和直接地体现了现代教育的目标和宗旨,它把促进个体的平衡发展和健康成长作为自己的基本职能,以人格和情感的塑造为目的,并力图使人的各种潜能得到协调而和谐的发展,进而使这种作用自觉地渗透到不同的教育行为之中。所以说,美育是普通教育的特殊形态,它在普通教育中占有重要的基础地位。

从人类教育行为的发展历史看,中西方的早期教育,往往被看做是一种人文精神与艺术素质的培养与教育。如古希腊、罗马时代所推崇和实施的"七艺",中国先秦时期所倡导的六艺等,都体现出对人的综合素质与完整人格的塑造与培育,十分重视艺术教育对人的发展的促进作用。其实质在于,通过对人的感知、想象、情感、思维、表达、操作与体力等多种素质的锻炼和培养,以造就健全而典范的人格主体。由此可见,人类早期教育所推行和维护的,是以人的完整性和人的全面发展为内涵的原则和精神。其中艺术教育(即美育)承担了极其重要的协调功能和特殊使命,成为人类早期人文教育思想实施的重要手段与中介。从这种意义看,美育在普通教育中的基础地位,显然是指偏重于学生的艺术素质教育和综合能力教育,偏重于完整的人格状态和健全的情感结构的培养,并且在人文思想和精神的培养方面,有一种特殊的感知和引导的作用。

 拓展阅读

中国的"六艺"和西方的"七艺"。

西周以后,学校教育制度已经发展到比较全备的形式,建立了典型的政教合一的官学体系,形成以礼乐为中心的文武兼备的六艺教育。六艺由六门课程组成:礼、乐、射、御、书、数。

中世纪"古艺术"时期,法国于1170年创建了欧洲第一所大学——巴黎大学。大学的文科包括七门课程:逻辑、语法、修辞、数学、几何、天文、音乐,史称"七艺"。

如果再结合人类教育行为的发展及当代教育的现实状况来考虑,美育的基础地位就显得异常重要。众所周知,教育的职能具有二重性,它既是培养潜在的自由创造性主体的人文实践,又是培养社会后备劳动力的技能训练以及知识传授的活动(师范教育尤为如此)。但这两方面在教育发展史上并不平衡,自近代社会分工出现以来,古典教育的人文性传统被逐渐改变,纯粹的知识传授和专业性已成为现代教育最重要的特征;现代教育的应试性和专业性偏向,表现出对人的整体发展方向的排斥,教育的完整性受到挑战,学生的全面发展受到不同程度的分解。在我们目前的学校教育中,人的素质教育和健康人格状态的培养被严重忽视,学生个性情感的发展往往被排除在教育过程之外。因此,从哲学的高度来考虑，审美教育的职能不能仅仅归结为其他教育行为的方法和手段，也不能把它归结为思想政治教育的一部分，或者完全把它等同于艺术教育。审美教育是以情感为中心的综合教育，其基础地位应特别趋向弥补现行教育结构中人文素质培养的缺失，而承担起维护教育完整性的职能，即始终应当把人文思想和人文素质的教育渗透到不同教育行为的实施之中，以塑造比较健全、完整的现代人格主体。

由此看来，我们所讲的美育的人文性功能，其内涵是指审美教育应当从人的成长的全面性、人的发展的完整性出发，充分发挥审美理想和审美价值观的教育，通过培养正确的审美价值意识，帮助受教育者在关心物质利益的同时，也追求精神价值；在追求知识技能的同时，也重视内心世界的丰富与提高；在寻求个人需要满足的同时，也充分尊重社会与他人的需求。在某种意义上说，美育就是审美的人生价值的自觉发挥，是审美功能的自觉运用。它除了塑造完整而健全的人格、个性，使学生学会超越现实界限，跃入审美世界，开创新的人生境界之外，其人文性的本质涵义即在于，培养学生对人生与理想的自觉意识，建立他们作为未来公民所必需的道德责任感与价值观。这种教育精神和导向，无疑是整个社会健全均衡发展的最基本的文化条件之一，也是避免新的人性分裂和青少年单向发展的有力保证。

美育的人文性功能落实在教育层面上，就是指对教育职能完整性的强调，就是对人的全面发展的强调。与这种价值目标相联系，美育的人文性作用具体化为两大功能性原则，即整体协调原则和素质教育原则。所谓整体协调原则，是指如果从教育应当培养全面发展的个性来考虑的话，那么，美育为受教育者各种能力的充分发挥和平衡协调提供了基础。正如席勒所说，美育的目的不是单纯地促进某一种心理功能的发展，而是通过在内心中达到审美状态而使各种心理功能达到和谐，即通过美育使受教育者具有协调和谐的心理状态与人格状态，从而为各种能力的高度发展和充分协调提供基础。另外，美育的整体协调作用还在于，它与德、智、体三者之间有内在联系。美育向德育、智育和体育的渗透，以其综合协调性促进道德、智力和体质的发展，以增强不同教育行为的相互呼应与补充，最终体现现代教育职能完整性的实现。所谓素质教育原则，是指如果从教育应当开发人的各种潜能，使之充分而全面发展的意义上来考虑，美育则以其开发潜能的直接性和完整性成为教育的基础。美育过程涉及受教者整体人格的诸方面，并内在地包含着对个体心理功能与意识的全面开发，使人的感性与理性、意识与无意识、生理与心理、情感与精神，处在一种和谐统一与不断更新、创造的状态中。所以说，美育在当代教育工程中并非可有可无，它在实现人的现代化的过程中，同样负有十分重要的历史责任。

二、美育与德育

美育与德育虽然同是整个教育系统中的重要组成部分，但美育具有不同于道德实践的独特规律和价值。审美与道德的差别决定了美育与德育的差别。德育是培养学生思想政治观点与道德品质的教育，其特征和作用是将一定的社会行为准则和观念意识内化于受教者的思想、行为之中，以促进受教者自觉服从普遍的社会道德秩序和准则，使其成为一个有道德的人。德育同美育既有区别又有联系。从性质上说，德育是一种规范教育，它注重发展受教育者的意志约束力,带有一定的强制性;而美育则是一种自由的感性教育和人格教育,它注重发展受教育者的审美感受力、创造力,使个性得到和谐而自然的发展。从方式上说,德育是一种理性的说教和灌输,尽管也可以采取一些生动活泼的形式,但它终究是理性化的,受教者也基本上处于被动地认识与接受的位置;而美育则是一种感性的引导和诱发,主要靠受教育者的人生体验与领悟,从趣味满足中获得认同和教益。从功能意义看,德育偏重于培养社会人格,以铸造人的理性自觉和遵从意识;而美育则偏向于培养个性人格,发展个体丰富的情感结构,养成人的自发性与创造性。尽管德育与美育有不同的教育性能与目的,但是,二者之间也有一定的内在联系。由于美育包含审美理想和人生态度的教育,培养个体关于审美价值的自觉意识,在感性形式和趣味培养中包含有丰富的理性内容和人文意向,有助于人的审美判断力和文化鉴别力的提高。因此,在人的理想教育和人生观的形成方面,它与德育有着相同的价值内涵。更为重要的是,美育的实施过程更偏重于培养高度的道德自觉性,使他律转化为自律。孔子所说的"知之者不如好之者,好之者不如乐之者"①,正是要求把道德意识和修养转化为个体的自觉要求,使人从内心深处自发地实践伦理原则,以达到"从心所欲不逾矩"的境界。高尔基所说的"美学是未来的伦理学",席勒提出的"道德自由"的境界,正是对德育与美育内在价值统一性的充分揭示。

美育过程所内含的道德修养和理想教育的功能,对新的历史时期的德育实施来说,具有深刻的启发性和特殊的促进作用。从美育的角度去理解和思考德育,即如何把理性的灌输转化为理性的自觉,把德育实施中人格的被动接受转化为主体自觉的认同,似乎是当代德育实施的核心和

建议与思考

理解审美教育与道德教育的关系非常重要,建议:
1. 思考二者的共同性与区别,从理论上区分两个概念的不同涵义。
2. 能结合实例加以形象化引导。

难点所在。道德教育要适应新的时代要求,首先应当引进美育的情感体验机制,把德育也作为一个情感问题来对待,让受教者在情感的感染和熏陶下,不断增长对道德感的自觉意识,促使道德教育把一种普遍的社会道德要求逐渐转化为个体的情感要求。这样,就可以克服道德说教的强迫性和灌输性,克服道德教育在内容和形式方面的某些缺陷。人类的教育实践表明,只有建立在自觉接受和积极认同基础上的道德修养,才是比较全面和稳固的。其次,德育还应当引进美育的形象化和愉悦性机制,这样可以克服道德说教的枯燥与抽象的弊病。德育基本上是一种由外而内的灌输,旨在个体内心建立起道德的自觉和约束力,受教育者很容易处在一种被动接受的位置上,其心理状态常常是消极的。这就要求在德育过程中注意激发学生的兴趣和能动性,变消极被动为积极主动。在这方面,借助美育的手段,使学生在生动形象、愉悦有趣的活动过程中受到道德的教育,将大有可为。

---

① 孔子:《论语》。

三、美育与智育

美育与智育的差别在于,智育是促进智力的教育,包括知识的积累和智力的发展;美育则是情感教育,旨在培养审美能力,促进情感的表现和升华。从最基本的意义上说,二者的区别主要有以下两点:第一,教育的内容和目的不同。智育过程是知识的教学过程,它以概念—逻辑为特征的知识传授为依据,例如公式、定理、概念、定义、法则以及判断和推理等过程和环节,其目的在于促进学生掌握科学文化知识与技能,发展受教育者的智力结构。它与受教育者的生命要求和情感需要并无直接的关联。美育主要是一种培养审美能力,使学生的情感得到表现和升华的过程,它以感性的审美对象和审美形式为根据。美育也包含知识的教学,但这不是最主要的,其主要目的是培养审美能力、陶冶情感。由于美育过程以受教育者的自发性为基础,因此它能直接满足个性生命的发展要求。第二,智育的任务是促进观察力、想象力和思维力的发展,其中以促进逻辑思维能力的进步为核心。皮亚杰的认知发展理论比较深入地研究了逻辑思维能力的发展特征,这种研究的结果表明,逻辑思维能力的发展是一种抽象力的进步,是智力从具体表象向抽象逻辑的发展。这个过程与审美能力的发展有质的区别。美育始终不能脱离激发美感的感性世界,审美能力的发展虽然需要知识的辅助,但它在本质上不是由具体表象向抽象逻辑的发展,而是愈来愈深入到具体的感性形象中去。逻辑思维能力与审美能力的这种不同的发展方向,决定了智育与美育之间的重要差异。以发展逻辑思维能力为主要目的的智育,注重培养学生的逻辑判断和推理能力,有一个逐渐摆脱认识中的主观性、增进客观性的过程,它对情感和想象力的发展往往有抑制作用,而且,情感和感受力的退化还会危及理智本身。因此,无论是从智力的发展还是从个性的全面发展来说,美育与智育的结合是必不可少的。

美育对智育的促进作用,首先在于它能有效地协调人的认识能力和审美能力。在个体成长的过程中,审美能力的发展一方面内在地包含着认识能力的发展,另一方面也为认识能力的发展提供必要的基础和条件。因为从某种意义上说,审美能力本身也是一种认识能力,不过它不同于逻辑思维的认识,而是一种特殊的悟解能力。从实质上说,对于审美对象或艺术形式的体验,就是对情感本质的悟解。任何审美形式都是个性情感的创造性表现,通过审美形式的体验,我们可以直接领悟到其中的情感生命。智育的教育过程是对规律的认识,是对知识体系的认识,而美育则使我们认识到主观世界的情感和情绪,是对人生智慧的一种特殊体悟。由于美育的对象是感性的、形象化的体系,因而认识的结果是一种不可言喻的情感意味和价值。而智育的认识过程是普遍、抽象的东西,认识的结果便是一些科学的判断和定义。由此可见,审美创造和欣赏能力的发展,也意味着一种特殊的认识能力的发展。美育的这种功能对人的智力的发展有非常重要的意义。其次,美育所具有的培养创造性思维的功能,对智力的发展也有积极的促进作用。创造性思维能力是智力的一部分,但它不同于一般的智力,而是在既有知识和经验的基础上有所发现和创新的能力,它是智力的高级形式,是人类智慧的集中体现。创造性思维的发展虽然以长期的经验归纳、逻辑分析和知识积累为基础,但是,由于审美教育具有心理的综合体验和整体性的品质,是人的感知、想象、情感和理智等多种心理功能的统一,往往在感性直观的体验中能激发受教育者的思维,使其深入发现事物内部的本质联系,因而体现出整体性创造能力。所谓审美活动中的直觉思维,就是创造性思维能力的代名词。在智育课程的教学过程中,引进审美教育的形象性和趣味性,引进体验、启悟机制,引进审美教育的诸多方法,启发受教育者的观察力、想象力和体悟力,可以促进学生创造性思维能力的发展。

四、美育与体育

体育作为普通教育的一个组成部分,是培养全面发展的个性的一个重要方面。它的主要目的是通过身体的教育,增进健康,增强体质,发展体能。与德育、智育和美育相比,体育偏于身体方面,是促进身体发展的重要教育实践。"所以,一般都把德、智、美划为一类,称为心的教育,把体育单独列出来,称为身体的教育。近代学者王国维在《论教育之宗旨》一文中,便是如此分类的。但是,正如不能把身与心决然割裂一样,体育与德育、智育、美育是不能完全分离开来的。"① 在确认体育的独特性质和功能的同时,还应当看到身体发展与精神发展的联系,看到二者相互制约和相互促进的关系。体育不是无关精神的身体教育,它是包括身体在内的人的全面教育。自觉地把促进精神的发展作为体育的内在功能,有意识地把身体的发展与精神的发展有机结合起来,这是现代体育的发展趋向。体育与美育之间有许多共同之处。首先,体育与美育以活动本身为目的,即体育和美育的教育过程本身就是一种生命活动,它本身就是目的。如果说,道德活动和认识活动是以目的的实现为满足的话,那么,体育活动与审美活动的满足在于活动过程本身。其次,体育与美育都是人的身心全面投入的活动。在体育活动中,身体的运动促进着心理方面的发展和提高;在美育活动中,情感活动也有利于生理和心理的发展。身心全面协调发展的教育理想是体育与美育实践的基本前提和共同的基础,二者都直接体现了培养全面发展的个性的现代教育宗旨。

美育与体育的这种本质联系,决定了美育对体育有着重要的促进作用。其一,在体育中引进美育原则,注意发掘体育实践和教学过程中的美育因素,可以克服单纯身体锻炼的片面倾向,把身体的协调发展与心理的协调发展结合起来。例如,在人体塑造方面,就不仅仅是运动技能和能力的提高,还应当贯彻健与美相结合的原则,以有效而全面地促进人的健康发展与成长。其二,从体育教学过程来说,必要的审美能力的培养,是掌握某些运动技能与技术的重要前提。例如,通过音乐教育就十分有利于发展学生的节奏感,通过舞蹈教育能够有效地增强学生身体的协调性。总之,从美育的方式入手,发掘学生的美感潜力,可以为体育实践打下良好的基础。其三,美育可以促进生理与心理的和谐与平衡,这本身就具有增进健康的意义,而良好的心理素质与状态,也是体育运动的基础。无论是运动技能和技术的掌握,还是体育竞赛,都要求有稳定的心理素质。而美育所培养的心理状态,不是消沉、呆滞和麻木,而是活泼灵敏、自由和谐、富有激情与活力的心理状态。具有较高审美素养的人,往往能比较自如地调节内心的平衡,也能够使自己迅速地兴奋起来,

---

① 杜卫:《现代美育学导论》,暨南大学出版社1992年版,第187页。

这种心理能力正是体育运动非常需要的。

五、美育与劳育

马克思主义认为,人的各种素质归根到底是在实践过程中发展起来的。离开了亲身经历的各种实践活动,人类在道德、认识和审美等方面的发展是不可能的。因此可以说,审美发展的根本途径在于审美活动的实践,而对处在成长期的青少年来说,参与和从事某些实践性较强的活动,其意义尤为重要。从这种理解出发,劳动教育就是一种实践性突出的活动。

对于青少年的审美心理发展来说,劳育过程是一种重要的活动方式。它不同于日常性的物质生产劳动,而是一种物质与精神相协调、创造与制作相结合的活动;它也不同于一般的艺术观赏和体验,而是一种身体力行,强调参与与投入,突出亲历性和物质品格的活动。所以说,从全面发展的意义看,不应当把劳育作为简单的劳动实践如打扫卫生、布置环境等来对待,而应当在保持实践性的基础上,着重培养学生的创造性行为和艺术性趣味,启发学生丰富的想象力,并尽可能地调动学生以身心的投入和各种能力的全面发挥来参与。劳育过程中的设计、制作和自发性的创造,对于发展青少年脑与手的协调性,培养他们自觉的审美意识和审美感知能力,具有十分积极的作用。而且,劳动制作与青少年的学习和生活密切相关,他们从中能体验到创造的艰辛与快乐,也能观照到自己的智慧、情感和才能,直接地享受到自己劳动的成果。这对于激发他们的审美创造兴趣和热情,培养热爱生活和劳动的情操和情趣十分有利。

具体来说,劳育活动应充分利用和发挥美育的过程性特征,引导青少年在劳育过程中注意把握和体验某种丰富的意义内涵。一方面,激励学生能充分地表现和确证自己的能力与智慧,并逐渐掌握审美实践的内在规律,从而陶冶和培养新的审美能力;而审美能力的培养和形成,有助于个体创造性能力的完善。另一方面,劳育的过程性还要求学生的直接参与,突出实践的亲历性和内在感受性,只有这样,才能充分发挥学生的想象力、理解力和思维力,并促使学生建立起关于客观物体的感性形象与整体图式,不仅获得感受的直观性和体验性,也对培养学生整体造型能力和创造性思维有着十分重要的作用。

总之,当代教育已经发展到一个新的阶段和水平,而当代青少年的心理成长也表现出极为复杂的状态,青少年的审美发展和全面进步已成为一个极为重要的问题。美育应以自己特有的性质、功能、方式和手段,直接影响和改变传统的教育模式与结构,创造和建立一种新的教育思维,在基础教育中发挥应有的作用。

第二节 美育的社会功能

肯定美育在普通教育中的基础地位,是就美育较为广泛地体现了教育的性质和意义,对青少年的全面发展所具有的实际影响而言的。然而,青少年的成长并非学校教育本身所能完全代替,它与个体自身的成长规律,与个体赖以生存的社会环境密切相关,因而,了解美育对培育社会文化环境、完善人与人之间的关系所具有的特殊作用,无疑有利于学校美育的深入。

一、美育与个体的发展

一个社会整体的文明素质和文化水平的提高,是以个体的全面发展为基础的。没有促进个体情感生命成长的教育过程,便不会有社会关系的美化与审美文化创造的内在动力与自觉意识。因而,认识美育与个体发展的关系具有特殊意义。

美育对个体的内在教育功能主要体现为促进审美情感自我的成长。审美情感自我是个体生命的情感方面,是个性人格结构的一个组成部分。作为情感生命,它构成了人之为人的重要方面;作为个性自我,它呈现出我之为我的独特性质。因此,审美情感自我的成长对于个体的生存与发展,对于个性人格的形成均具有重要意义。依照这种理解,审美情感自我主要体现出下列内涵:(1)体现为审美需要的情感自我。它是一种动力状态,同时又是一种人格素质,其发展水平的高低直接关系到情感自我的质与量。(2)体现为审美能力的情感自我。它是情感自我得以实现与发展的重要手段,同时又是情感自我的一部分,作为个体的感受性,直接关系到生存感受的质与量。(3)体现为审美体验的情感自我。它是对自己感受的体验,具有对象性的反思特征,同时它也是一种自我感受。(4)体现为审美意识的情感自我。它是对情感自我的一种自我意识,包括价值定向和自我评价;但它是以情感判断的形式,而并非以概念、逻辑的形式进行评价的。

美育通过个性情感的解放促进情感自我的成长。美育活动为个性情感释放提供足够的和适当的文化手段,包括情感释放的机会、途径、能力和环境。在现代文明社会,特别是在以逻辑训练和知识积累为主导,又十分突出道德约束的教育体系中,个性情感的解放,就意味着超越道德自我和理智自我。道德自我总是把个性情感约束起来,使之服从普遍的现实原则;理智自我排斥个性情感,以抑制个体的情感,把对象的丰富性和个别性抽象掉。而在美育活动中,审美主体以感性个别的非概念形式为情感的充分表现提供了机会。美育过程对理智和道德自我的超越,是指消除或摆脱它们的压抑,而不是与它们对立。实质上审美的情感解放不仅对道德与理智无害,而且对它们的发展有利,真正健康而完善的审美情感自我,也是与道德自我和理智自我互相补充与互相协调的。

美育的另一基本功能是促进个性生存与发展的协调平衡。如果说德、智、体主要是发展人的相对独立的能力和素质,美育则通过审美情感的培养,使这些能力和素质处于协调平衡的状态。所谓"协调",就是克服彼此的对立或限制;所谓"平衡",就是克服顾此失彼的片面发展。美育的全面发展功能在于,一方面促进个体审美的发展,另一方面通过中介性的审美情感的发展,使个体的肉体与精神之间、诸心理功能之间处于协调状态。而人格的协调平衡状态,对人格的生存与发展具有极为重要的意义。就生存而言,协调平衡的状态能使人体验到生命的完美和人生的乐趣,保持心理的健康。生命是一个有机体,各种能力的发展是互为条件、相互促进的,因此,个体人格的全面发展应以各种能力的相互协调为前提,而审美心境为这种协调的实现提供了基础。这就是说,美育通过创造协调平衡的审美状态,可以对德、智、体三方面产生独特效应。

　　促进个体创造性的发展也是美育的一大基本功能。创造性可分为两个层面:一个层面是指专门的创造能力,如发现与解决问题的思维能力,发明与制作的实践能力等;另一个层面是指发展人的整体生命和生存状态的精神能力,这是创造性的最基本的内涵,也是前者的基础与源泉,其实质是指全面实现人的潜能的能力和状态,即发展和完善生命。美育对个体创造性的推动,主要在于激发学生的情感,丰富个体的生命,使之具有自发涌动的创造性欲望和动力、自觉的创造意识、高度灵敏与发达的创造性能力,并为个体创造性实践的发挥提供良好的素质和心理基础。个体创造性素质发展的一个重要阶段是青少年生长期,而美育的功能之一在于发展其心灵的独创性,使之不囿于陈规戒律,不满足于已知的世界,不断开拓和想象,对新事物怀有高度的敏感和浓厚的兴趣。美育活动也有利于促进青少年心灵综合能力的发展。综合能力是创造性的重要因素和方面,它是生命完整性的体现。许多有关创造性的研究结果表明,心灵的综合能力是具有创造力的一个先决条件。因此,以培养审美能力为主要任务的美育,内在地包含着发展个体创造性的作用。即使是成人,经常投入审美活动也有助于综合能力的发展。许多伟大的科学家都有浓厚的艺术兴趣和较高的艺术能力就是一个例证。如物理学家玻恩和普朗克善弹钢琴,爱因斯坦是小提琴手,他们还有文学、历史和其他人文学科等方面的知识,他们热爱艺术和审美,这些素质的合理发展,为他们在科学上的建树奠定了一个坚实的基础。

二、美育与个体的社会化

　　美育在促进个体全面发展的基础上,也促进个体社会性的发展,两种作用是有机统一的。事实上,任何个体的发展都是在与社会和自然的相互作用中进行的,个体人格中的个性方面与社会性方面,也是在相互作用中形成和不断完善的。因此,一种完整的审美教育,必须使这两种功能达到内在一致。

　　个性的审美表现寓于社会性的相互作用之中。作为人与社会的一种关系,社会情境是情感活动的场所,在社会情境中,个体的情感体验总是处于与他人相互作用的过程中。美育活动离开与社会生活的内在联系,个体审美能力的发展便失去存在的根基和活力。从这种意义上说,美育与社会生活之间的本质联系,在于促进个体社会性的形成与发展,其主要作用有如下几个方面:

　　首先,美育是自觉促进个体社会化角色实现的有效手段。在个体的发展历程中,社会意识的形成是从自我承认和自我肯定开始的,唯有在这种前提下,个体才能从意识中建立关于他人和社会的概念。而在幼儿的艺术活动中,存在着大量鼓励他们自我承认,对自己产生良好的自我感觉的机会。如幼儿画出的图形,即使是不成形状的线条,也是属于自我创造的标记。这意味着儿童自我意识的萌芽。从幼儿园的美育课开始,就给儿童创造了一个分享快乐和实现交流的机会。通过观察他人的创作,儿童既了解了别人,也获得了一种社会性的认同和理解。尤其是合作性的集体艺术活动,增长了儿童的集体观念,逐渐形成了儿童关于社会关系的自觉意识。从这种意义上说,以美育为任务的艺术课亦是一种社会交际课,在这种课程中,儿童开始学会如何与人交往及合作。特别是当处于青少年期的学生开始接触思想内涵异常丰富的文学、艺术作品，从中感受丰富多样的审美形态时，其社会化角色的实现就会获得质的转变。以文学、艺术为主导的美育活动，不仅给青少年的审美发展提供了一定的知识、营养和价值，也能满足他们社会心理发展与成熟的需要。后一种功能，将随着人类自身的发展越来越显得重要。美育的社会文化功能表现在，它能促进个体的心理和精神的平衡，传达普遍性的社会情感，实现人与人之间的交往关系，把个体不断地纳入到一种新的社会关系中，使人的心理素质、文化素养和社会化的人格状态都发生变化。许多文化学家都认为，社会文化是塑造人类行为模式的整合系统。如果依此看法，把人的行为区分为外显的和内隐的两种模式的话，美育的社会功能则表现为对个体内隐的行为模式的建构，并且把社会文化的"遗传"积淀于个体的行为模式之中，内在地推进个人与社会的发展和进步。

其次，美育与社会生活的内在联系，还表现在它能促进人与人之间的沟通和理解。在这方面，中国古代关于艺术功能和诗教作用的理论见解，有着十分丰富的思想资源。在孔子所推重的"兴、观、群、怨"这一整体的诗教功能中，所谓"群"，就是"群居相切磋"，互相启发，互相砥砺，即通过诗的中介作用建立人与人之间的特定社会关系。《礼记·乐记》中说："乐也者，圣人之所乐也，而可以善民心。其感人深，其移风民俗，故先王著其教焉。"这段话明确揭示了"乐"（广义的美育）的社会作用是以"感人"、"化人"和移风易俗为特点的。人的社会性的实现有多种途径，美育活动是一种较为深

> **关键术语**
>
> 兴、观、群、怨。孔子说："诗，可以兴，可以观，可以群，可以怨。迩之事父，远之事君，多识于鸟兽草木之名。"（《论语·阳货》）。这是孔子对诗的作用的分析，实际上可说是包含着对一切艺术作用的分析。"兴"指诗歌的具体艺术形象，可以抒发情感，引起联想、想象活动，在感情的涌动中获得审美享受。"观"是说通过诗歌可以了解社会政治与道德风尚，以及作者的思想倾向与感情状态。"群"是指诗歌可以使社会人群交流思想感情，统一认识，促进社会的和谐与团结。"怨"是强调诗歌可以表达对社会不合理现象的不满与批判。

入和有效的手段。现代人所面临的生存危机，在于人与人之间的沟通与理解变得愈来愈困难，由此导致新的生存压抑和孤独，也使社会失去应有的协调与平衡。寻求人与人之间的沟通与理解的途径，已成为社会文化发展的一个重要任务，在这方面，美育可以发挥其独特的作用。

再次，审美教育还为人与人之间的情感交流提供了广泛而多样的形式，这是一个加深感情联系、克服心理对立和对话障碍的内在教育过程。与日常生活中的情感交流不同，美育活动中的情感交流不仅真诚、自然和带有自发性的沟通倾向，而且能传达和体现出一定的审美评价定向。审美的情感世界突破了时间和空间方面的障碍，形成了一种特殊的社会关系氛围。这种关系是情感交流与对话的关系，并以相互间的沟通、理解、协调与融合为基本特征。在学校美育课中，人们彼此合作的精神得到充分体现。通过美育活动中丰富的情感形式的提供，美育发挥着使人与人加深理解的社会功能。这种功能不仅体现在一所学校、一个民族或一个国家的范围内，而且体现在广泛的人类文化现象中。在美育过程中引进世界各国、各地区的艺术作品，对促进学生的国际性交流与沟通，培养热爱世界

和平的精神有一定的促进作用。

三、美育与人际关系的美化

在社会范围内,通过艺术和审美的手段,不断促进人际关系的完善化和完美化,无疑是美育活动最显著的社会功能之一,它体现了"按照美的规律来塑造"的理想原则,符合人类发展的内在规定性。而要达到这一目的,应提倡和实施爱的教育。

审美的人际关系是一种爱的关系,美育过程中人与人之间的沟通与理解是爱的实现。爱作为一种社会关系,标志着人与人之间关系的和谐与协调,也充分体现了中国传统文化和审美特有的功能与性质。如孔子所强调的"仁",从审美教育的角度看,就是爱人和"仁爱"。实际上,爱的实现不仅在道德领域,而且在一切艺术活动领域内都有唤起人类爱心的可能。美育作为一种爱的教育,能自觉地培养青少年自爱与爱他以及爱团体、爱学校、爱社会、爱祖国、爱自然、爱人类、爱和平的情感态度。这种态度是一种积极进步的人生品质,它不仅包含有道德境界的升华,使人享受到极大的精神愉悦,即"仁"与"乐"相互沟通,从爱的体验中获得审美的共鸣和喜悦。而且,爱的实现也能达到一种"和"的境界,即建立人与人之间、人与天地万物之间的和谐。总之,美育所陶冶和培养的爱的态度,是一种注重心灵塑造,无直接功利目的的审美态度,它能克服因物质欲望和现实功利所带来的人际障碍,培养起个体的一种对生命、对社会、对自然更加挚爱的人生态度。在这种独特的体验中,爱的需要、爱的能力和爱的自觉意识可以得到发展和完善。所以,学校美育应加强关于爱的价值的审美引导,以更好地发挥美育的这种内在的功能。

爱的教育作为美育社会性功能的体现,也具有不同的形式和途径。从爱自己、爱他人、爱人类开始,促使人与人关系的完美化,这是美育的社会性功能实现的目标之一。爱的教育可以培养学生广义的同情心和爱心,有利于学生的相互依存、合作和交往等社会特征的形成。一种文化形态下人与人之间的关系状态如何,也决定了该文化的先进程度与文明程度,是一种理想的文化人格确立和实现的基本保证。随着我国市场经济的发展,人与人之间的关系也出现了不同程度的商品化倾向;现代生活方式的产生和发展,也大大减少了人与人之间的直接交往。因而,通过美育活动中爱的引导和教育,能够恢复人与人之间的友爱关系,培养和保护青少年爱的天性。从爱班级、爱学校、爱祖国开始,促使人与社会关系的完美化,也是实现美育社会性功能的重要内容。我们可以通过不同形式的美育活动,培养学生自觉的公民意识和权利,使他们从小建立关于社会、国家与集体的观念,克服极端的自我意识。此外,公民的责任感与义务感,爱国主义的思想与精神,民族的自豪感和自信心等,既需要从德育教学中去获得,也需要以审美的教育方式去实现。我们可以从爱动物、爱环境、爱大自然的一草一木开始,促使人与自然关系的美化,使青少年拥有对大自然的爱戴之心和平等意识,从小培养他们的"生态意识"。中国古代的美学家在自然万物面前,始终具有一种博大的胸怀,具有一种仁厚之心。张载说:"民吾同胞,物吾与也。"[①]人与自然之间关系之所以重要,不仅因为它构成了人类生活与生存所必须依赖的

---

① 张载:《正蒙·乾称篇》。

基本物质条件,而且也因为它构成了人类社会与人自身发展的基础性前提。审美教育的实施,也应当自觉地把自然界当做审美对象来看待,从对自然的观照、体验和感受中,激发人类对自然美的喜爱。"优美的山野令人心旷神怡,它使我们的精神从人生的忧愁中解脱出来,赋予我们勇气和希望。奔流不息的大河,使僵化思维活跃起来,得以扩展死板的思维范围。郁郁葱葱的大森林还诱发出对万象之源——生命的神秘,唤起对生命的尊重意识。"[①] 这意味着,人与自然关系的美化,对于培养人们的审美心胸和高尚情怀,对于人们健康人格的形成,具有一种不可替代的价值。

第三节 美育与现代文明

对美育与现代文明之间关系的理解,是对美育的文化功能的进一步探索。美育的人文性功能除了体现于普通教育和社会生活层面外,其核心层面在文化与文明领域。在当代文化情境中,文化价值的多元并存和大众传播的复杂状况,不同程度地使学校教育受到影响和熏染。而青少年的成长也更多地成为一种文化行为,尤其是和当代精神文明、现代科技文明与现代化问题密切相关。美育是文明建设的一条重要途径,其功能在于不仅以潜移默化的手段,自觉培养一种完整的个性和健全的人格,而且面对新的文化状态和要求,应特别注重对青少年审美评价能力和文化鉴别能力的培养,在分析、引导和批判的过程中,增强青少年的理性认知与判断,以建设一种理想、健康的新的文化人格。

一、美育与物质文明

物质文明是人类全部文明的基础,它是人类创造力及其成果的能动体现。人类的物质活动是一个无限发展的过程,这一活动系统的不断扩大与发展,影响了物质文明的不断变化,从而引起文化结构的不断更替和发展,整个物质活动的系统结构中蕴藏着向更高级的人类生活系统——艺术文化系统转化的内在动因。而现代物质文明形态的实现,紧紧依附于新的创造主体的生产。因此,当代学校教育除了完成科学知识的传授外,还应充分发挥美育的特殊功能,积极培养青少年的创造力、探索欲望和科学的好奇心,为物质文明的发展提供新的生产主体。

首先,美育对人的综合能力的整体性培养,正是现代物质文明发展所依赖的基础性条件之一。人的综合能力是指人的感觉、知觉、注意、记忆、想象、情感、理解等诸心理要素的集合。人的创造力水平和综合能力的关联非常密切,美育活动具有促进综合能力发展的积极作用。这表现于,美育是一种全面的活动,它内在地包含着对个性诸心理功能与意识的全面开发,并使它们处于相互协调平衡的状态,既涉及心理的感性方面,又涉及其理性方面。诚如席勒所说过的,所有其他训练都能给人一种特殊的技巧,由此也给人设置了一

[①] 池田大作、狄尔鲍拉夫:《走向二十一世纪的人学与哲学》,北京大学出版社1992年版,第49页。

种特殊的界限。只有审美的训练可以导致无限。如审美感受力的培养有助于人的创造力的敏锐性和细致化;审美知觉力的训练有助于主体对信息的选择和加工,培养对图式的整体构型能力;审美注意力的塑造有利于科学创造的定向性品质的培养;审美想象力的培养能激发科学创造的灵感和超越、探索精神;审美理解力的完善,能形成人的创造性思维。这就是所谓"以美启真"的规律与原则。美育本质上是一种"自由直观"的过程,但它能形成和发展人的自由创造精神,拥有突破现有思维格局和既定经验的巨大力量,爱因斯坦把它叫做"自由的创造"。美育活动的实施过程,无疑为物质文明的发展创造出主体方面的完善的条件,包括绘画、工艺和雕塑等形式在内的美育实践,都是一个手与脑、技巧与情感表现、工具操作和内心体验相互协调的过程,也是一个克服技术的外在性和强制性,使之与心理需要直接融合的过程。其中所形成的主体对客体和规律性的自由感受及把握,可能是开启对客观规律的科学发现和进行现代物质文明建设的强有力的途径。当代学校教育应更加注重美育在自然学科教育中的全面渗透,这是培养青少年的科学美感,为现代物质文明的创造发挥动力作用的一条有效途径。

其次,现代物质文明的实现有赖于人的创造力的高度发展和完善。在这方面,美育有积极的促进作用。美育促进创造性的发展主要在于对人的整体创造能力的培养,包括创造欲望、动力,创造性实践、技能及其意识和思维。这是由于美育是一种体验性与参与性高度融合的活动,是想象的、造型的、感性直观的、自由表现的、富于情感色彩的、专注和投入的、注重过程的和愉悦的。这些特征的实现,能自发地促进受教育者心理素质的协调发展,使人的各种能力、知识与技能得到全面发展。从某种意义上说,物质文明是一种以工具制造为中介手段的社会化过程,而工具制造孕育了人类的全部物质文明和精神文明。从石器、青铜器、铁器、蒸汽机到电子时代和信息时代,人类物质文明的发展,既是工具制造的发展,也是美感心理和美感形式的发展。所以说,物质文明的发展也直接依附于审美创造力的完善,它的发展程度及水平大体上是同美感心理同步的。人类不断提高自身的审美意识水平,是推动物质文明发展的内在动因之一。美育不仅激发了人类的巨大潜力,锻炼和发展了人类的技能,而且使人类的审美触角伸向了广阔的空间。

二、美育与精神文明

精神文化或文明,作为人类以意识、语言、想象和思维等观念形式对外部世界自觉反映和把握的结果,直接产生于人类的科学认识、意识形态以及审美活动和艺术生产等过程,其实质正体现了人类在追求真、善、美的过程中所积累起来的精神成果。它一方面表现为科学、哲学、伦理学、美学以及各种艺术作品等思想意识形态,另一方面也表现为一种广泛而普遍的社会观念形态与审美的理想和价值。精神文明建设绝不只是实现一般的社会性规范,追求物质文化形态的丰富多样,更重要和困难的是实现对人类发展的价值目标的自觉,是人在真善美方面的自觉成熟。就实现精神文明建设的根本目的而言,美育可以发挥出独特的功能与作用。

首先,美育具有一种明确的价值定向功能。美育满足人的精神和情感需要,促使人确立美的价值尺度和对审美理想的自觉追求,因而它指向一定的价值目标。这种价值目标从根本上说，是以人的精神的审美化为目的的，其作用在于形成人的健康丰富的审美需要、审美趣味和审美能力，帮助主体从价值意义上理解人类和自身，引导主体按照美的规律从不同方面自觉地塑造自己。所以，美育的定向功能主要体现在精神价值领域。美育的价值定向功能虽然有其存在的特殊性，但从它所体现的价值取向的内容看，仍然与整个社会文化系统保持着深刻的联系，并在历史发展的过程中，不同程度地吸取了其他文化要素的价值取向，如对科学价值、道德价值和艺术价值的合理吸收与利用。尤其重要的是，美育功能的实现方式，不是靠抽象的思想灌输，也不是靠理性的认同和接受，而是靠主体的自觉参与、认同与选择，是在主体的感性体验和情感评价过程中实现的，它应当归源于主体内部深刻的感性追求。所以，只有当美育内在地体现了人的生存所需要的价值意义，并且在许多方面唤起主体的情绪，为主体带来新的享受和体验时，其定向功能的实现才是可能的。

其次，美育对精神文明建设还表现出一种广泛的渗透功能。从本质上说，美育以自觉的、潜移默化的方式，对人的整体生存态度与生活观念进行培养，其最终目的就是为了造就一种健全、完美的人格。美育不仅能提供和创造人类自身发展所需要的知识、信息和价值，而且还能满足人类精神的内在需求和发展。在人类精神文明的发展历程中，人类对美的追求有突出的意义，而美育活动的价值在于为人的心理成长和精神发展提供一种内在的精神营养和文化价值，以提高人的精神性，加快人的成熟。我们可以肯定地说，审美教育也包含着人类精神文明的进步因子，它是一种带有主动意义的重构重建，也是一种发展青少年精神力量的重要的功能性环节。所以，作为学校的美育来说，要善于利用丰富的精神文明的成果，对学生实施精神文明的教育，以不断促进人生和人类关系的审美化。

三、美育与现代科技文明

科技是人类进步的手段，它的发展极大地改变了人类的生活方式与价值观念，也促进了人类审美活动和现代审美教育的变化。由于科学技术迅速转化为生产力，创造出新的生活方式，改变了人们的社会存在，给人类生活的各个方面打上了深深的烙印，因而逐渐形成了现代科技文明，它包括科学技术手段、方法、知识、思想、观念以及科学精神等要素。现代科技文明不仅引起人类一般文化结构的变化，也促进深层价值观念的转换，不断为人的现代化提供重要的基础和条件。现代科技文明的核心是现代化，而人的现代化是现代化的基础工程和前提。正是在这种基础工程和前提方面，美育有其自身的特殊作用。

人的现代化是指与现代经济发展相适应的人的文化心理结构和活动方式的全面更新，它是现代科技文明必不可少的构成因素。人的现代化也是从现代文化角度，从一个时代所达到的生产力的高度对人提出的特定要求。从历史发展看，现代化倾向本身就是人类传统文明的健康的继续和延伸，它一方面吸收了以往人类历史创造的一切物质和精神文明；另一方面又把人类文明推向新的高峰，不断加强人自身的塑造和建设，进而影响整个民族精神的培育。面对人的现代化趋势，美育的特性之一就是富有文化品性，富有在精神层面上塑造完整人格的能力。价值观念是现代化人格的核心和灵魂，美育活动能改变人的生存观念和态度。美育的全面性和它的"解放"效果，意味着对人的生存价值和理想的建构。

在现代科技文明日益成为人类文明的主流,并且不断左右着人们,影响着人们的生存方式的状况下,美育还具有一种极为重要的功能,这就是促进心理文化与技术文化的协调,维护人的完整的个性,培养人的人文素质和人文意识。

人类文明的发展具有一种悖论性质,这在现代技术文明时代体现得尤为突出。正如马克思所说:"在我们这个时代,每一种事物好像都包含有自己的反面。……我们的一切发现和进步,似乎结果是使物质力量成为有智慧的生命,而人的生命则化为愚钝的物质力量。"① 马克思这种辩证的文化批判,不仅适用于资本主义社会,而且在发展中国家,包括社会主义国家,技术文明的大规模产生,也直接带来了道德、情感、精神和生态环境的一系列负面效应。从普遍的意义上讲,现代科技文明的发展,造成了马克思所说的物质力量与理智力量的直接结合。这种结合造成对人的心理文化的强大挤压,破坏了它原有的完整性,抽掉了它原有的活泼的情感生命,使个体生命的内在性与丰富性受到损害和摧残。物质与理智结合的基本产物是技术,它给物质文明的发展提供了巨大的动力。但它本身所具有的模式化标准、程序与规则,与有差异的、丰富的、千变万化的个体生命格格不入。随着科技文化的全面渗透,人类文化出现了沦为机械系统的危机。而当代青少年人文素质偏低、艺术素养不足、重理轻文、高分低能等现象的存在,尤其是基础教育中忽视人文学科的现象,都不利于人的全面发展。我们认为,学校教育应当克服学科发展的片面化倾向,始终应把培养人文素质与人文意向作为教育发展的基本目标之一。

建议与思考

认识美育与现代科技文明的关系十分重要,当代社会已进入技术文明与网络文化的时代,建议教学中把握几个要点:

1. 审美意识与科技精神之间的关系,两者的共性与差异性的表现。

2. 如何利用现代科技文明、传播技术与网络手段促进审美教育的实施与开展,有个案说明最好。

针对有效克服科技文明的片面性而言,美育应发挥促进心理文化发展的功能。美育能促进人的审美发展,包括审美需要、审美能力和审美趣味等方面的发展,积极开发和拓展人的审美活动空间,增强人的精神成长的整体性与丰富性。美育活动还能给青少年提供大量适合他们发展水平的艺术作品,创造审美化的情感交流氛围,不断激发当代青少年的审美兴趣,提高他们的审美意识的自觉性。只要我们从观念、理论和实践诸方面,切实解决好青少年的艺术教育和审美教育的具体问题,美育便会成为一种影响和改变人们生存的重要力量。把美育功能引进和纳入到教育、社会和文明发展的过程之中,是新形势下的一个重要任务。当代美育应明确新的时代形势和使命,为人的现代化和教育的现代化作出应有的贡献。

---

① 马克思:《在〈人民报〉创刊纪念会上的演说》,《马克思恩格斯选集》第 1 卷,人民出版社 1995 年版,第 775 页。

本章小结

综上所述,美育直接作用于个体的情感生活和人格模式。从教育功能的意义上讲,美育是青少年成长期不可缺少的重要文化营养,也是教育行为及基础教育过程中非常重要的感性教育与人生教育的有效途径。它虽然不是直接的知识传授和道德培养,但它以感性、直观、形象、有趣的情感教育方式,把丰富的价值体验渗透到不同的教育内容中去,从而实现教育职能的完整性。美育的实践功能在于对社会关系状态的美化,它以审美理想的价值定向,为社会注入一种自觉的审美意识,进而达到改善社会生存环境、优化社会文化环境、完善社会文化心理的目的,为青少年的生存提供一个校园之外的理想场所。美育功能的最高层面是对人类文明所产生的积极促进作用,它不仅包含着以美引真的内在动力与规律,而且通过对人的综合能力的培养,为物质文明的实现提供了基础性的条件;美育自身的审美价值理想、人文意向和精神品性,为精神文明建设提供了一定的价值定向和渗透作用;美育作为一种心理培养和人格整体教育的活动,有利于人的心理结构的现代化,尤其是美育对人的感性和人文精神的维护有利于心理文化与科技文化的内在统一。美育是人的现代化和文明发展的内在动力。

思考与练习

1. 美育在普通教育中有何地位和作用?
2. 如何理解美育与社会之间的关系及功能?
3. 如何理解美育与文明的关系及功能? 美育对文明的作用体现在哪几个方面?
4. 结合当代文化状况和教育的新特点说明美育的人文性功能。
5. 从人的现代化角度说明美育对精神文明和现代科技文明发展的特殊作用。

参考书目

1. 杜卫:《现代美育学导论》第一章、第二章、第四章,暨南大学出版社1992年版。
2. 叶朗:《现代美学体系》第六章,北京大学出版社1988年版。
3. 加登纳:《艺术与人的发展》,光明日报出版社1988年版。
4. 马尔库塞:《现代美学析疑》,文化艺术出版社1986年版。
5. 席勒:《美育书简》,中国文联出版公司1986年版。

第三章 美育的任务

【学习目标】

认识美育的任务,必须通过满足和提高人的审美需要、发展人的审美能力、塑造人的审美意识、促进审美创造的展开,以及具体引导人的审美生活来加以落实。

掌握满足和提高审美需要、塑造审美意识、促进审美创造的途径,掌握引导审美生活的具体方式。

【内容概要】

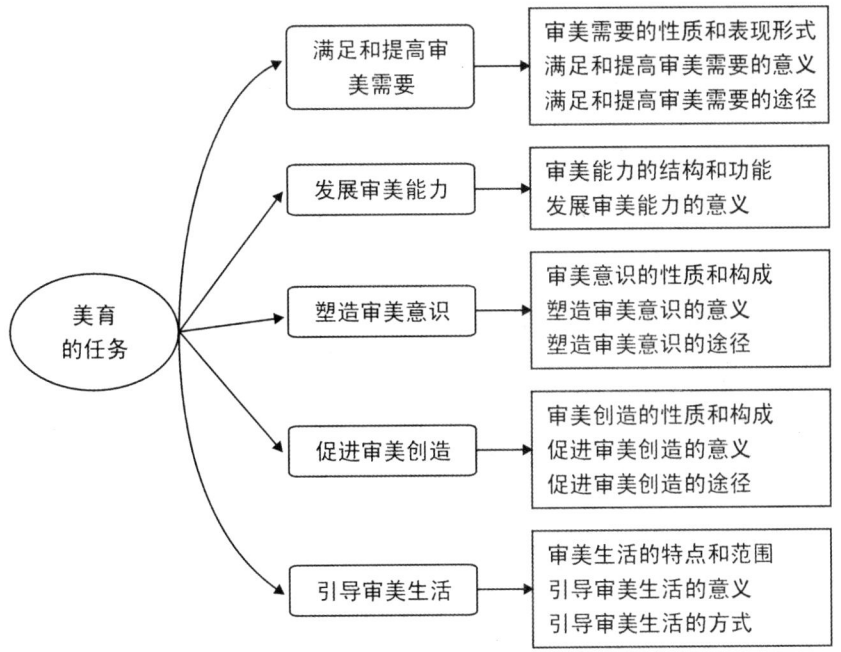

美育的目标,必须通过满足和提高人的审美需要、发展人的审美能力、塑造人的审美意识、促进审美创造的展开,以及具体引导人的审美生活来加以落实。这一切,都是其他教育活动无法代替的。特别是,在当代社会生活和文化飞速发展的过程中,随着人的物质生活条件的不断改善、物质创造能力的不断进步,人的全面发展的要求也日益突出和具体,其中一个很重要的方面,就是如何通过美育来丰富和发展人的精神生活内容,以此实现人在物质和精神方面的平衡协调,达到以人的发展而促进社会完善的目的。

第一节　满足和提高审美需要

每一个人都是按照他的特定需要和满足需要的可能性,来从事实际活动的。人的"需要即他们的本性"①,审美活动也一样。因此,美育的一个重要任务,就是通过一系列具体活动,满足并提高人的审美需要,从而促进人的审美素质的完善。

一、审美需要的性质和表现形式

1. 审美需要的性质

审美需要是人的潜在的审美欲望和追求,是人类表现自己生命力、发展自我并从中获得积极享受的精神性需要,因而也是实现人的审美发展的基本动力。

人的需要分为生存、享受和发展三个层次,"人不仅为生存而斗争,而且为享受,为增加自己的享受而斗争……准备为取得高级的享受而放弃低级的享受"。动物的需要是有限的、低级的,它只是为了保持生存而进行获取外部现有资料的行动。人的需要却是无限的、多层次的,它随着人类改造自然、改造自身的劳动实践和实践能力的提高而不断发展,即从生存需要不断向享受需要、发展需要进步。由于人的享受需要不仅是物质的,还包括精神的、文化的方面。高级的精神享受更多地体现了人的社会性本质,成为人类文明程度的显著标志。因此,人在精神方面便产生了表现自己生命力、发展并实现自我的内在要求——这是一个完整的人所具有的一种内在的、必然的需要,是人的持续不断的动机。人的审美需要恰恰表现为这样一种高级的精神性享受和发展的需要,它虽然也包含一定的生理(生存)因素,但在根本上,它是人的内在情感生命要求,是人所特有的本性,亦即马克思所说的"使'人作为人'的需要"②。

进一步来看,审美需要作为人表现自己生命力、发展自我的精神性需要,它的目的是追求审美快乐。一个人哪怕遭受压抑,也仍然执著于自由愉快的精神性追求。它反映了:第一,审美需要虽然从生存需要发展而来,但通过劳动实践而不断获得实现的人的生命力表现、自我的发展,已经超越了最初的单纯物质利益而上升到社会文化的层次,体现出社会文化的意义;第二,由于审美需要的满足和提高,人"使自己的生命活动本身变成自己的意志和意识的对象"③,审美需要成了人的自觉的目的,并且通过审美活动的展开而使人

---

① 马克思、恩格斯:《德意志意识形态》,《马克思恩格斯全集》第3卷,人民出版社1960年版,第514页。

② 恩格斯:《致彼得·拉甫罗维奇·拉甫罗夫(11月12~17日)》,《马克思恩格斯全集》第34卷,人民出版社1972年版,第163页。

③ 马克思:《1844年经济学哲学手稿》,《马克思恩格斯全集》第42卷,人民出版社1979年版,第128页,第96页。

从自己的活动中获得快乐享受。由此,审美需要便同人的"乐生"意志联系在一起。

2. 审美需要的表现形式

审美需要的直接表现形式,是人在心理上的情感冲动。它是人进入审美状态、审美过程的具体动因。

审美需要主要表现为对审美对象形式的欲求,即对结构、秩序、规律的内在冲动。人的审美需要一旦被某个审美对象形式激活或唤醒,便驱使人的审美能力为满足需要而活跃起来,并且要求审美意识与审美欲望同步一致。不过,需要强调的是,在美育活动中,第一,审美需要不同于一般的认知冲动,它对审美对象形式、结构、秩序、规律的欲求,是一个情感把握的过程,即人的内在生命情感对形式、结构、秩序、规律的需要;它不是人实际地去占有对象的形式,即不是为了获得实用价值而去认识对象,而是人为了追求自由愉快的生命满足、审美价值而与对象形式进行情感上的沟通。所以,审美需要总是表现为一种人的强烈的情感冲动。第二,在具体审美活动中,审美需要的意向总是同人的内在情感形式相联系,构成整个审美活动的动力;它促使人以自己的审美能力去把握对象形式,实现人的内在生命的动态平衡,产生一种愉快的情感体验。人的审美注意、审美态度的出现和确立,便直接联系着这种审美需要的内在情感表现形式。

二、满足和提高审美需要的意义

第一,美育的目标,是塑造和完善个体人格、全面发展人的素质。审美需要作为人表现自己生命力、发展自我的精神性需要,正是实现这一目标的基本推动力。离开了审美需要的满足和提高,人在精神方面的价值追求就会有缺陷,美育之于人的全面发展就失去了基本前提。特别是,由于审美需要是人的一切审美活动得以发生、发展的内在动力,人类审美活动之所以能够在几千年的历史进程中不断走到今天,人之所以能够拥有比过去大大丰富的表现自己生命力、发展自我的需要,并且拥有广泛享受自我生命表现的可能性,就是人的审美需要本身发展所带来的。美育正必须通过特定的审美活动,才能在人类已经具备的表现和享受自我生命的能力的基础上,为进一步完善人的表现自我生命力、发展自我及享受自我生命表现的需要而进行直接努力。一句话,从满足和提高人的审美需要入手,是完成美育任务的具体出发点。

第二,人的审美需要同其他需要的重大差别,就在于它是从人的一般物质生存需要发展而来的精神性享受需要和发展需要,在根本上体现了人作为精神性存在的特殊性。满足和提高人的审美需要,不仅是实现美育任务的重要环节,同时也是确立精神价值活动在人的发展中的地位的必不可少的因素。对审美需要的满足和提高,既突出了人的精神性追求的客观性和必要性,又强化了人的全面发展的内在精神利益。更何况,由于人的审美需要是一个开放系统,它随着人发展自我的需要而产生,并且将随着人的不断发展而发展;它同人的永恒的"乐生"意志相联系,包含了人对愉快地享受自我生命表现的欲求。所以,满足人的审美需要,同时也是为了提高人们享受自我生命表现的愉悦水平,它将进一步激励人的自我发展的强烈意愿,使人在享受生命快乐的同时,积极地走向健全生命的发展历程。

三、满足和提高审美需要的途径

第一,培养和强化人的艺术活动能力,是满足和提高审美需要的直接方式。审美需要的直接心理前提,是人对审美对象形式的情感冲动。而艺术活动的过程,正是形式的创造和发现。在艺术活动中,人的生命中潜在的形式欲求在对象面前被激活,并且在对象形式、结构、秩序、规律的创造与发现中满足着自身——其中不仅巩固了人的原有的形式冲动,而且进一步丰富了对新的形式的内在敏感。所以,开展艺术活动,在艺术创造和发现中培养、强化人的艺术能力,可以直接而有力地满足和提高人的审美需要,一方面使人的审美需要得到具体实现,另一方面又能够进一步激发人的新的审美需要的生成。

第二,深入现实生活的广泛实践领域,是满足和提高人的审美需要的根本保证。人对自己生命力的表现、人的自我发展,包括人从自我生命力的表现中获得自由愉悦的享受,这一切,归根到底,都是在现实生活的具体实践中展开的。它们既是对人的直接生活活动的积极回应,又是对生活发展的充满热情的希望。人的生活实践的广泛领域和日渐丰富的生活目标,在人的生命实践的意义上,成了人们表现和享受自我生命的源泉。这里,特别要指出的是,深入现实生活之中,意味着人必须全身心地沉浸到自身生活实践的每一个方面、每一个过程,以自己的全部心灵去捕捉生活的每一样细微变化,以自己全部的内在情感去应和生活的每一次律动;人在其中不是把生活实践及其领域当做外在之物,而是把生活过程视为自我生命的具体实践。这样,人的表现自己生命力的需要和自我发展的需要,才是具体的而非虚浮的;人从自我生命力的表现和自我发展中获得的享受,才是来之于现实生活的具体精神满足,而非单纯心理的安慰。

第二节 发展审美能力

审美能力是人的多种心理要素的综合,是人们从事具体审美活动所必需的心理特征;它是人的审美需要的实现手段,直接联系着审美意识的活动。

一、审美能力的结构和功能

作为人的多种心理要素的综合,审美能力包括了审美感知力、审美记忆力、审美想象力、审美理解力、审美情感力等诸多方面。

1. 审美感知力及其功能

审美感知力包括审美感觉能力和审美知觉能力两个方面。其中,审美感觉力所形成的,是人对审美对象形式特征(色彩、线条、质地、声音等)的直接感性印象,它主要通过人的感官与对象接触而获得。尽管由此而来的人的审美感觉还带有明显的生理快感成分,但是,如果没有对象个别形式特征对人的感官的刺激,即没有审美感觉力的具体作用,那么,人的更高级的审美情感和想象活动也就失去了坚实的基础。所以,"感觉是我们进入审美经验的门户"①。更何况,人在长期实践中,其生理反应往往同广泛的生活实践发生着联系,逐渐积淀了各种社会内容,具有一定的社会意义,从而才成就了人的审美感觉。就像红色使人感到热烈,除了生理因素以外,还因为"红色是火的颜色,使人们想到炽烈的热情;它又是鲜血的颜色,人们都以其表达爱国精神或革命情操,红旗又是共产主义的象征"②。

审美知觉能力则是人对审美对象形象的整体把握能力。在审美中,人通过审美感觉而直接获取了对象的各种具体形式特征。这些特征经过人的多种感觉的协同活动,作为加工后的对象整体形象反映在人的头脑中,构成人的审美知觉。这其中,个体生活体验、知识积累、兴趣爱好、情绪心境等,都对审美知觉力的作用过程具有很大影响。

审美感知力的功能主要体现在以下几个方面:

第一,审美感知力是人进行审美活动的心理基础。在审美中,对象的形体、重量、色彩、质地、音色、光泽等外部形式特征,无不给人以刺激,并且引起人的五官感觉和神经系统作出相应的生理—心理反应。特别是对运动的感知,可以在对象与人的感受之间产生一种形式结构上巧妙的对应关系。格式塔心理学将此归结为外在世界的(物理)力与内在世界的(心理)力在形式结构上的"同形同构"或"异质同构",即质料虽异而形式结构相同,它们在人的大脑生理电力场所激起的电脉冲相同,所以外在对象与人的内在情感才主客契合、物我同一,产生审美感受。③ 它表明,对于美育来说,任何现实的审美过程不仅包含了人与对象、主观与客观的同构对应,而且,人的多方面审美能力的协调活动,也必须以审美感知力为基础才能得以实现。

第二,审美感知力具有对形式进行抽象或选择的功能。由于各种心理要素,特别是理性思维的参与,审美感知力总是具有一定的理性功能,能够进行积极的选择、简化、分析、综合、比较及结合、分离等活动。只是这种抽象或选择是一种具体的、不脱离感性形象的过程。审美感知力所关注的,是对象形式的特征及其所暗示的本质性东西,而非对象的实际存在目的,因而它不会引向实用功利的追求,而是指向人的精神层面,把形式的感知引向了情感体验活动,其中还渗入了人的想象和理解,包括人的信仰、爱好、个性及其全部社会生活实践的经验。

2. 审美记忆力及其功能

审美记忆力是人的重要审美能力,是人脑保存和重现以往审美经验的能力。它主要体现为一种特定的审美形式——记忆功能,由人的情绪记忆和形象记忆相结合而构成。

审美记忆力往往把审美对象外部的某些形式特征,包括宏观的和极细微的方面,进行一定加工后保存并经常重复再现。同时,审美记忆力还把人在审美中某些相应的情绪体验,特别是那种独特新鲜的感受留存在大脑中,使之能够被迅速地重新激活。除此之外,

---

① 帕克:《美学原理》,商务印书馆1965年版,第50页。
② 塚田敢:《色彩的美学》。转引自吴火主编:《技术美学与工业设计》,南开大学出版社1986年版,第116页。
③ 参见阿恩海姆:《艺术与视知觉》第十章,中国社会科学出版社1984年版。

审美记忆力还包括人的情境记忆能力,它虽然不重现直接鲜明的对象形式特征,但却具有极为丰富的情绪内容,富有暗示性,并且常常体现为对较大审美对象或审美心理氛围的记忆。如对一片大的风景或一次大规模的集体审美活动的感受,就会给人留下一种整合性的审美情境记忆。

审美记忆力的主要功能,在于保存和重现人的审美经验。由于美育的具体实施离不开一定的审美活动,因此,能否在审美活动中借助以往的审美经验,常常影响到美育过程的深入展开。以审美记忆方式所保存并得到重现的以往的审美经验,有助于组织、辨识、补充当前的审美对象和审美过程,也有助于人的整体审美经验的扩大和深化。以音乐欣赏而言,对某段旋律的记忆,可以使人在它再次出现时很快地加以辨识,并且同当前经验相结合而深化对音乐的感受。

记忆的重现即回忆。回忆可以是有意的,同时,在很多情况下,它也可以在无意中发生,即无意回忆。不过,无论是有意还是无意回忆,以往审美经验的重现总是有着一定的选择性,人的心理定向、情绪状态、兴趣、当前从事的活动,以及审美对象的特征等,都会制约回忆的内容、方向和丰富程度。它表明,以往审美经验的重现不是简单的经验复现,而是受整个心理系统制约和影响的复杂过程。也因此,以往审美经验在当前的重现过程,可以被看做是一种经验的重建活动,是以往审美经验的再现与改造相结合的过程:由于深入到过去的内心经验中,审美成为一种将过去经验与当前经验加以熔铸的过程,丰富和深化了人的当前审美感受,促进了个体人格的完善。通过特定的审美记忆力,人的审美经验突破了时空限制,有可能达到更为深广的境界。

3. 审美想象力及其功能

审美想象力是一种自由把握和创造新形式的能力。它在审美活动中遵循接近、类似、对比等联想律,融合人的理解、情感、记忆而对审美感知材料进行加工制作,创造出一个全新的审美意象世界。所谓"蜡烛有心还惜别,替人垂泪到天明","感时花溅泪,恨别鸟惊心",等等,就是审美想象力活动的结果,人的情感在其中化成了一个有序的、多样化的审美世界。

审美想象力的功能,集中表现在三个方面:一是丰富和充实审美感知,突破感知力的局限。审美想象活动把以往的审美经验、记忆表象带入当前审美感知过程,或补充它,或调整它,或抑制它,从而为感知活动进入幻想的审美世界创造条件。二是审美想象力的活动受到理解能力的制约,但它同时可以反过来为审美理解活动提供感性活力,使之不致变成抽象的思维,并且使人得以从中体会、领悟某种抽象思维概念所不能穷尽的、本质的、规律性的东西,使审美感受富于鲜活的生命情趣。三是审美想象力的活动离不开情感的激发,同时又为人的审美需要、审美情感提供相应的形式,使之清晰地扩展和抒发。例如,当人的内在情感平静柔和时,人在想象中便幻现出清风、明月、晨曦、垂柳等与之相合的形象;而当人的情感强烈激荡时,则驱动想象浮现出高山、峻岭、海洋、大漠、风暴等另一番特定形象。

4. 审美理解力及其功能

理解力是审美的理性能力。在审美活动中,人的理性以审美理解的形式,潜在地支配和制约着人的审美感知、想象和情感的发生、发展,并且通过相互间的协调,使审美感受获得更高层次上的理性认识品格。审美理解力的活动趋向概念而又无确定的概念,具有某种"意无穷性",即在有限的、偶然的形象里见出生活本质的无限的、必然的内容,使"微尘中有大千,刹那间见千古"。

审美理解力的功能,则主要表现为在与其他心理功能相互关联、渗透、组合中,起了统一、规范、限定的作用。即:第一,审美理解力渗入感知过程,使感知力得到提升,变为超感性的直觉,从而把握和感悟审美对象及其形式结构所深含的意蕴;第二,审美理解力渗入想象过程,规范了想象力的任意自由,使得想象力不至于漫无节制、毫无规律,而成为合规律性的自由审美活动;第三,审美理解力融于情感活动,给予情感力以理性调节、制约,使人的情感由盲目的欲望冲动净化为有序的审美情感。

5. 审美情感力及其功能

情感力是审美能力中最活跃的因素。情感力广泛渗透在其他审美能力之中,既是诱发和支配人从事审美活动的原动力,也是人对对象是否符合自身审美需要的一种体验性判断。它具有体验性和表现性的特点:前者意味着审美情感力进入极深体验时("高峰体验"),超越了感官之乐、人格伦理之乐,把人带入忘怀得失、跨越生死的审美极境;后者表明审美情感力要借形式来体现或是赋予形式以人的情感,或是创造形式以表现人的情感,并且是一种有序的、自由超越的表现。

审美情感力的功能表现在:其一,它是一种具有始发意义的动力因素。人的欲望、意向,经过形式化、秩序化、组织化而成为审美情感,是审美中人的审美心理发生和实现的内驱力。如在审美知觉中,由于审美情感力的作用,知觉对象常常被赋予不同的情感色彩,"登山则情满于山,观海则意溢于海",情感移入知觉形式,从而使情感与知觉互渗、融合。其二,审美情感力渗入想象和理解过程,既是它们二者相互协调活动的推动力,又成为审美意象形成的亲和力、中介力。换句话说,情感力是审美中表象与表象之间有机联系的中介,不仅能把不同的表象联系在一起,而且能使无情的事物变成情感洋溢的对象,使无生命的东西变成有血有肉的东西。荒诞派戏剧家尤奈斯库的《犀牛》,描述众人都变成了犀牛,唯有贝兰吉决不屈服,决心与这一犀牛控制的世界进行抗争。它看似荒诞,实则在荒诞的艺术形式中表达了作者对当时法西斯恶魔的仇恨情绪。作者正是以这种情感把"犀牛"和"人"等不同性质的表象联结起来,以人变成犀牛的荒诞形象来揭露现实本身的荒诞不经。

二、发展审美能力的意义

发展人的审美能力,在美育任务中占有关键性的地位。从总的方面来看,审美能力的发展水平,直接关系到个体审美发展的水平;审美能力的高低,直接决定了审美活动的质量,决定了个体审美感受、审美创造的丰富性、深刻性程度。由于审美能力是个体成功地从事审美活动所特有和必需的心理特征,而美育的其他几项基本任务:满足和提高人的审美需要、塑造人的审美意识、促进审美创造的展开、引导审美生活,都必须在审美活动过程中才能完成。没有相应审美能力的人,就不可能在具体的审美活动中受到教育,这样,美育的任务也无法完成。因此,我们必须高度重视发展学生审美能力的重要意义。

审美能力作为审美需要得以实现的具体手段,在实际的审美表现过程中,是使人的情感在感性和理性、个体和社会的有机联系中得到实现和提升的关键。没有审美能力或审美能力低下,其结果要么是没有任何审美活动发生,要么是个体的情感生命无法获得真正充分的满足。尤其是,审美能力在实现人的审美需要过程中,其具体作用方式总是一种创造性的表现,是人的情感生命对象化、形式化的过程。正是在这一过程中,个体才在对象世界里创造出与自己的心意结构相契合的审美意象,并且以此满足自身,实现个体的审美发展。因此,审美能力发达与否,包括感知力是否敏锐、记忆力是否充分、想象力是否发达、理解力是否深刻、情感力是否丰富等,总是直接影响到个体在审美中的具体感受性程度,以及审美中个体创造性的广度和深度。可以说,审美能力的水平越高,个体实现自身审美需要的可能性就越大,个体审美创造的天地就越广阔,个体审美发展的水平也越高。

以审美感知力而言,由于感知力是全部审美能力中最基础的部分,是个体进行审美活动的必要前提,它使个体得以在审美之初便迅速抓住外部对象的各种审美信息,以审美方式进行加工处理,形成一个完整的审美形象。因此,尽管人的审美感知力中有先天因素在起作用,但是,只要美育方法得当,就有可能改善人的先天条件,使人的感知能力在反复的审美过程中得到运用、锻炼,从而不断趋于敏锐化,促进审美活动的展开及其质量的提高。

再从审美想象力的作用来看,由于想象力既影响到审美创造与欣赏的全过程,又决定了人在审美中能否充分翱翔于广袤的表象世界,以及新的审美意象是否能够既是"合规律的",又是自由生动和丰满的,它既是审美过程的纽带,也是审美扩展和深化的前提。因此,以美育促进审美想象力的发达,不仅直接关系到审美意象的生成和发展,而且有助于个体在审美理解深刻化、审美情感丰富化的过程中,不断体验到自己的生命本质,获得高度自由的生命快乐。发展审美能力的途径以美育促进审美能力的发展,关键在于有效地提高人的审美感知力、记忆力、想象力、理解力和情感力,使之协调作用于审美活动之中。基于此,发展审美能力的具体的途径主要包括以下几个方面:

第一,鼓励人们经常去亲身体验、感受现实世界,不断提高对于对象世界的对称、节奏、均衡、统一等美的形式的敏锐选择能力和同情能力,是促进审美感知力发展的重要途径。换句话说,正因为人的审美感知力最易于从对现实世界最活跃、最具秩序性和多样统一性的生命活动的观察中获得,所以,引导人们去弄清什么样的形式是生命特有的形式,就成为培养人的审美感知力的具体有效途径。例如,一切生命特征中最明显的就是运动性,而世间万物运动的复杂程度各不相同。一般说来,运动愈复杂、愈主动,其生命特征就愈明显。在美育中,有意识地引导人们领会和体验各种生命运动,逐渐将其特有的活动形式和结构内化为人自身的感性认识、倾向和习惯,就是增强审美感知力敏锐性的关键。这种有意识的引导,既可以采取大量接触艺术作品的方式,也可以通过大自然的陶冶来进行。四季的变换、曲折的江河,无不包含着生命的运动,在人们不断接触、融入自然的过程中,各种自然生命的运动模式与种种复杂的人类内在体验之间的一一对应,便会在感知中变得稳定、持久和巩固。

第二,对感知材料进行充分加工并不断激发和持守一定的审美兴趣,是培养和提高人的审美记忆力的有效途径。这里,对感知材料的加工,包括按感知对象的形式特征进行分类,对形式结构进行拆解和重组,对记忆对象作深入理解,等等。在这样的加工过程中,利用肌肉运动往往可以增进人的记忆力,如大声朗读一首诗歌就比默读或静听这首诗歌更便于牢记,亲手弹奏一首乐曲比听这首乐曲要有益于记忆……所以,伴随肌肉运动的活动是美育提高审美记忆力的基本形式之一。同时,由于记忆本身受到人的心理定向和活动目的的影响,因而,在美育过程中适当地提出记忆的要求,明确记忆的目的,同样可以促进审美记忆力的提高。此外,强化对审美对象的兴趣,也是促进记忆力发展的重要因素。事实上,一个人审美经验积累的丰富程度,总是同他的审美兴趣相联系的,对对象的兴趣越广泛、越深厚,审美经验的记忆材料也就越多、越清晰。所以,在美育中充分注意激发、巩固审美兴趣,是提高审美记忆力所不可缺少的方面。

第三,在美育过程中,有意识地保障和引发审美想象,是培养审美想象力的关键。这其中,根据审美想象的自由活动受情感和理智的双重作用,因而必须在注意激励情感的高度洋溢、强化理解活动的深入之外,还应当考虑到,审美想象力的高度发达,特别需要有相当储量的记忆表象。人在接触和观察某个审美对象时,接受了某种信息刺激,就会激活有关过去审美经验的记忆,过去感到的审美快乐,曾经经历过的事件、人物等,使内在的记忆表象重新呈现并作用于人的审美想象之中,推动想象活动的充分展开。记忆表象越丰富、重现的频率越高,人的审美想象也就越自由生动。因此,充分强化和利用人的审美记忆力,成为发展审美想象力的必要途径。当然,以记忆形式保留下来的各种表象只是想象力展开的材料;想象力的培养,关键在于发展学生有兴趣地进行表象组合并把一定的情绪状态与想象活动相结合的能力。因此,在美育过程中,应当特别注意经常启发学生把以往积累起来的记忆表象加以联系,鼓励学生自由地进行游戏般地联想。同时,启发想象力的前提是活跃的情感活动和兴趣,美育过程应始终注意唤起并保持学生的情感活动,以情感来推动想象的展开。

第四,审美理解力的发展,首先在于通过一定的教育方式培养人对一般知识的掌握,即对各类艺术表现技巧的理解,对各种文化符号的象征意味的理解和对各民族深层意识、时代精神的理解。这其中,特别是对各民族深层意识、时代精神的理解力的培养,需要有一定的文学、历史、社会学、艺术史、哲学等的知识来作为依托,才能是具体的、深入的。在一定程度上,这一方面所达到的,是一种必要的知识积累;只有有了丰富的知识积累,人的理解力才会真正得到提高,才会有审美理解的深化、发展。

其次,在审美中,最重要的理解能力是对对象形式所暗含的特殊意味的直观性把握。而要培养这种特殊的能力,关键在于引导人们打破日常思维习惯,克服理性思维的习惯制约,学会把握整体形象和整体中部分与部分的关系,并且用审美的想象和情感去统摄这个整体形象。只有这样,对象形式的意味才会直接呈现在人的面前。

第五,内在情感的炽烈、活跃,构成了人的生命发展的最基本成分。而审美活动的所有展开形式,都离不开对人的内在情感的积极回应。不过,人的情感是一个不断生成、积累的过程。这一过程可以在无意识中进行,是一个生理层次和心理层次相统一的情感的时间历程。然而,无意识积累的情感,亦须同时有清醒的意识加以引导,才能真正达到丰富化。也就是说,有意识的加工、引导,才能使人的本能冲动向丰富的人的情感转变,由单一向多样统一转变。

美育过程就是一种有意识地引导人的情感丰富化的活动。在以大量审美活动为形式的过程中,人们通过无数次地同艺术、自然打交道,获得了大量的情感材料,它们积淀在人心中而养成了人内心丰富的情感。同时,美育通过引导人们无数次地沉浸到美的享受中,最终又将缓慢地、但又是深刻地改造人生命中的本能冲动,使之脱去生理上的机械性,移情动性,优化原有情感,把人的内在情感导向更高尚、更纯洁的审美境地。

第三节　塑造审美意识

审美意识的产生,标志着人类摆脱了外在世界和单纯物质需要的束缚,进入了自由的理想世界。它根源于人的现实生活,但又超越它而成为人的自由创造精神。塑造审美意识,是美育为全面完善人的审美发展而进行的一项关于人的内在价值建设的工作。

一、审美意识的性质和构成

1. 审美意识的性质

审美意识是人对审美活动的自觉意识,并以观念反映与评价形态存在于审美过程之中,具有意义规范和价值标准的意义。

作为审美中的直观性整体意识把握,审美意识升华了人的审美需要,赋予人的审美欲望、动机以特定的价值内涵,使之更加明确、稳定地体现出人的生命情感的发展意向。与此同时,审美意识同人的审美能力既相联系又相区别:就审美意识内含的判断、评价意义来说,它是审美能力的有机组成部分;但就审美能力侧重于人的心理功能,而审美意识则侧重于人的观念力量来看,尽管二者在实际审美过程中总是内在结合的,然而,审美意识是审美能力的意识形态性质与功能,它更多地受到一定社会意识的制约。

据此来看,审美意识的主要特征主要有:

第一,审美意识是人对世界的总体性意识,它不能在日常感性认识和科学的知性认识中达到,因为它们都不是面对着整个世界的;人只有在审美中,才能超越现实存在的水平,把握存在的"本体"和终极意义。例如,在观赏自然美时,我们从忙忙碌碌的现实生活中超脱出来,以充分人性的目光和心情来审视山水林泉、天空海洋,大自然不再是我们简单占有的物质对象,而成了人的生命自由的象征世界。所以,审美意识总是体现了人生的最高价值追求和体验,是人在现实追求之上的总体性价值追求。它引导人们把精神自由、个性全面解放当做直接目标,而放弃一切片面、低级的欲望。

第二,审美意识具有超越性。人的现实意识以自觉意识为最高层次,与人的现实存在保持一致,体现了人类未进入自由世界之前的历史发展水平。而审美意识则消除了现实意识的限制,使人在审美中直面对象并与之融合。在审美意识中,人对对象的审美把握就是内在自我的体验,也就是对理想的自我创造。特别是,在现实意识中,人的喜怒哀乐总是与一定的生存利益相关,而非绝对自由的意志表现。但在审美意识中,内在体验却发自人类向往自由和全面发展的天性,真正体现了生命的内在价值。正因为这样,审美意识同时具有永恒性,即它不像现实意识那样随着历史的发展而失去其价值。

第三,审美意识是充分个性化的,它积极地体现了个体独特的价值创造,个体自我在其中得到解放。尤其是,审美意识作为个体对对象的最独特的把握,对象在其中不是作为一般性而是作为特殊性呈现出来的;审美意识也不采取理性概念形式,而是以非概念的意象来把握世界。因而,它具有鲜明的个性化特点。当然,这不等于审美意识没有普遍性。事实上,审美意识的个体性的充分张扬,正标志着它与普遍性的对立的消失,从而也反过来使其产生了更充分的普遍性。

2. 审美意识的构成

审美趣味是审美意识的第一个构成方面,是人在审美中的情感选择、评价能力和倾向。作为一种审美的心理定势,它不同于一般生理的感官趣味的地方,就在于它要求一种普遍必然的有效性,要求普遍赞同。因此,审美趣味既是个人的,又是一种社会性文化心理取向,是包含理性的情感要求和偏爱。

审美意识的第二个构成方面则是审美价值理想,它最集中地体现了审美意识的意识形态性质,最集中地提炼了人的审美经验,因而是一种特殊的价值观念,是审美判断与评价的最高范本和根本依据,并且总是自觉地体现出对未来的指向性。尽管审美价值理想是最富于理性内容的审美意识方面,但它却不是一种抽象理论或概念体系,而是始终与人的感性紧密联系,在感性形象中展现理性的本质。

二、塑造审美意识的意义

从总的方面来说,审美意识的塑造,目的是培养良好的审美趣味和正确的审美价值理想。它首先意味着一定社会的审美意识的普及,同时也为整个社会的审美意识的发展提供了条件。通过美育,促进人们更好地爱美、爱艺术、爱生活,并且积极地造就美的生活态度和人生价值追求,这正是整个社会的审美意识的提高。而且,由于审美意识与一定的政治、道德、哲学等相关联,因此,审美意识的塑造既受德育、智育的制约,又对个体的道德发展、知识发展、世界观的发展有积极作用。忽视或取消审美意识的塑造,美育就是不完全的。

具体来看,人有爱美的天性,审美趣味就是这一天性的具体体现。但是,由于各种后天因素的影响,诸如家庭环境、人际交往、社会风尚,等等,审美趣味不仅因人因时因地而异,而且存在高低雅俗之分。"人在幼年青年期,趣味是最浓的,成天乱碰乱进,若不引他到高等趣味的路上,他们便非流入下等趣味不可。"[①]所以,保护、开发、培养、提高和充实人的审美趣味,就成为美育的一项重要任务。只有具有高尚而健全的趣味,人才可能真正形成持久而富有生命活力的审美选择、判断,真正有效地从事具体审美活动。

而审美价值理想作为审美的最高标准,往往对人的审美需要起了一种先导的作用,直接规定了审美需要的方向。培养正确的审美价值理想,是更高层次地满足和发展人的审美需要的有效方式;审美价值理想的高下、进步或保守,可以直接影响审美需要的内容,反

---

① 梁启超:《趣味教育与教育趣味》,《饮冰室文集》卷三十八,上海中华书局1941年版。

映审美需要的性质。值得注意的是,审美价值理想提供的标准、范型,乃是审美活动的理想目标,它们作为一种调控因素而渗透在个体审美需要和审美能力之中,具体引导个体审美追求走向时代理想的高度,引导个体审美能力趋向符合时代审美理想的过程。但同时,由于审美价值理想在个性化中又带有某种社会普遍性,与个体审美需要、能力之间难免发生矛盾。因此,塑造正确的审美价值理想,一方面是对个体审美的合理适时的引导,强调了个体审美需要、能力的发展与时代精神、社会共同审美追求的有机联系;另一方面,它也是对个体审美需要、能力的积极确认和扶助,有益于个体更好地、更大程度地实现自身的审美追求。

三、塑造审美意识的途径

审美意识的塑造有其特殊性,不能依靠灌输和说教的方式来进行,更不是强制所能奏效的,只能靠适当的引导。即以审美趣味的培养而言,它只能在美的创造与欣赏的具体过程中自然而然地进行。这是因为:一般说来,审美趣味作为个体审美的主观爱好,是把个体带入审美世界的内心向导。但是,不同的人有不同的要求,不同时代、民族的审美趣味也不尽相同。因而,美育之于审美趣味的培养,一方面应注意到不同对象的不同特点,充分尊重和保护个性的独特倾向;另一方面,还必须落实到美的创造与欣赏的具体活动之中,通过诸如音乐、绘画、文学等的学习与训练,培养人的艺术活动兴趣、对艺术美的爱好,通过大量接触自然、社会,引导人对自然、社会生活中美好事物的敏感和热爱。只有这样,审美趣味、人的全部审美意识的培养才能收到事半功倍的效果,才能真正有利于人们自觉地肯定与追求审美价值,使人的情感生命沿着健康、高尚的方向发展。

审美意识的塑造,还必须以现实意识的深化为基础。人总是在一定现实意识之上才能实现向审美意识的飞跃,人类也总是在感觉到现实过程的有限性之后才产生了审美的价值要求。换言之,人的现实世界观,以及对生活的认识、情感的丰富程度,决定着审美意识的内容和水平。以现实意识的深化来塑造人的审美意识,就是要尽可能充分地提高人对现实过程的认识能力,完善人对生活的具体把握,使人对自身存在的态度、欲求达到较高的层次。它要求人们不断地深入到生活的各个方面,以生活实践带动现实意识的深刻发展,进一步去发现现实生活的不足与缺憾,从而产生审美超越的内在追求和目标。

确立无私的人生观,是塑造审美意识的又一途径。审美价值理想作为一种独特的人生价值观念,在具体的社会生活中往往表现为一种独特的人生价值态度,即追求人生的内在价值,注重人生境界的提高,而与一己的、外在的、暂时的利益保持距离。确立无私的人生观,就是要通过把个人利益扩展到一定范围的人类普遍性,而使个体自我与自然、社会融为一体;通过暂时摆脱急功近利的利益追求,而使个体现在的生活利益与未来的人类利益相协调。这样,现实中的人生观便可以与普遍、内在、永恒的人生价值联系在一起,在克服一己私利的过程中不断趋近于一种特定的审美人生态度,扬弃外在的功名利禄而专注于人自身的生存质量、生活本身的生命意义。最终,审美价值理想成为人生世界的统领,积极地引导人的审美发展。

此外,提供丰富多样的生活内容和艺术实践,对于造就、完善审美意识的个性化特征来说也是重要的途径。

第四节 促进审美创造

美育的最终目的,是通过人格的全面完善来缔造一个更加美好的人生世界。促进人的审美创造(包括创造欲望和创造能力),则是其不可缺少的任务。

一、审美创造的性质和构成

1. 审美创造的性质

审美创造是人的审美经验的对象化活动,即人们遵循"美的规律",按照一定的审美意识而进行的一种主动、自觉的审美造型活动、审美经验的形式化过程。

人类活动之区别于动物活动,就在于人类的实践总是在一定意识支配下进行的。正是在改变外部世界以满足自己需要的过程中,人使自己的活动成为一种自由自觉的创造性实践。

但是,并非人类所有的创造都是审美创造活动。只有当人们不仅为了实用目的,同时主要为了审美需要,或者纯粹为了审美需要从事创造时,人的活动才具有审美创造的性质。因此,审美创造的根本之点,就在于它受审美需要的支配,在一定审美意识引导下对人类自身审美经验进行形式化的创造;人的想象力、创造才能和先天的禀赋在其中相互综合,构造了一个又一个新的审美意象及物化产品。

2. 审美创造的构成

审美创造并不限于文艺范围,在自然、社会,包括科学知识领域,都有审美创造问题。一般说来,它包括物质的审美创造和精神的审美创造两个方面。正是这两个方面的相互联系、相互促进,共同构成了审美创造的全部内容。

物质的审美创造是指审美经验物化产品的创造,即社会物质产品的审美创造。它是人类首要的和最基本的审美创造,也是精神的审美创造的前提和基础,有着广泛的群众性和普遍性。在广义上,人所参与的各种生产和社会实践活动,只要它们是受人的审美需要支配、在审美意识引导下进行的,就都带有一定的审美创造意义。而这其中,技术产品的设计和制作最能体现审美创造的特点——技术产品本身成了人的自由创造力的形式。尤其是,随着现代科技的发展和人们物质生活水平的提高,如何更好地创造物质技术产品,使之既是创造性的物质产品,又是体现美的规律、符合当代审美意识的审美产品,这一切将成为物质的审美创造的突出内容。

艺术创造活动是典型的精神审美创造形式,它以人类生活为对象,通过渗透着理性的自由、丰富的想象力来构造审美形式,着重表现出对象感性形式所蕴含的深刻意味,并且带有创造者本身强烈的思想倾向、生活态度。在精神的审美创造中,虽然也可能带有一定的实用目的,但它主要是为了供人进行审美欣赏、体验,并且以精神作用的方式来具体实现真善美的统一。

二、促进审美创造的意义

美育对审美创造的促进,有助于具体落实人的审美能力的发展、全面满足人的审美需要。正是在不断展开的审美创造中,人的各种审美心理功能得到了充分发挥和灵活运用,并且以审美创造的形式而确定着自身;审美创造的多样展开形式,不断满足了人的发展的审美需要。所以,促进人的审美创造能力的提高、人的审美创造活动的多样化,等等,可以最为具体地发挥人的审美能力,满足人的审美需要。

审美创造的进步,有助于真正实现审美意识的积极功能。审美趣味、审美价值理想的培养,必须通过审美创造的形式和过程来进行。没有审美创造及其历史发展,人的审美意识就只是一些幻想性的东西,无法真正显示它的深刻内涵。更何况,审美意识作为一种支配性的观念、理想,对于人的审美能力的支配功能也只有在审美创造中才能得以发挥。离开了审美创造过程,审美意识的支配功能就是不健全的、不充分的,人的审美趣味的普遍性要求、审美理想的未来憧憬就不可能得到全面地反映。

促进审美创造的过程,同时也是磨炼人们审美观察力、审美传达力、审美构思力等的过程。审美观察力是审美创造的基础,审美传达力是人们利用物质手段实际制作审美产品的能力,而审美构思力则是审美创造的核心。这些能力都不完全是先天的禀赋,而主要靠后天的磨炼、培养。审美创造活动一方面是人们实际运用自己的审美创造能力的过程,同时,在审美创造中,人们已有的创造能力得到了最广泛的、最活跃的训练和开发,使得审美观察益加敏锐,审美构思愈益灵活和深刻,审美表现也更加充分和丰富。

三、促进审美创造的途径

以美育促进审美创造,具体途径在于:

第一,培养人的强烈的审美创造动机。创造动机或冲动,是人进行审美创造的前提。它是人对社会和自身的完美发展所产生的一种积极的审美追求,也是一种为再现和表现生活、人自身的审美感受和体验的不可遏制的情感欲求。不过,这种审美创造的动机不是凭空产生的,它来源于人的长期生活实践和审美经验的积累,来源于人之于审美需要、审美创造的内在自觉的意识。因此,美育的重要方面,就是以经常性的审美活动来赋予人一种特殊氛围,使人们经常性地沉浸在审美之中,强化人的心理指向,在无数次的审美活动中形成丰富的经验积累,从而产生连续性的创造冲动。

第二,培养卓越的审美创造能力。首先是发展人的审美想象力。想象力可以转化为普遍生活中的内在幻想。正是在内在幻想的推动下,人使自己离开日常所走的道路,很快到达审美的精神世界,而专心致力于审美创造。美育如能经常有效地作用、影响人的心灵,便能够充分实现对人的审美想象力的培养,进而实现对审美创造的激励。与此同时,想象力的发展,又进一步激发了人的自由思维能力的发展,而审美创造正是一种自由的活动,它内含了对人的思维自由的要求。其次是以大量的艺术欣赏和创作活动启发、训练人的创造技能,特别是艺术技能。长期生活在审美氛围,尤其是艺术环境中,经常游览大自然的风光、参观艺术展览和博物馆等,人就会对艺术,例如绘画的技法、手段、工具等有所了解。这些技术方面的训练,可以逐步培养人对审美创造活动的技术掌握。当然,美育对人在艺术技能方面的培养,并非一定转化为艺术实践行为。在大多数情况下,美育更侧重于通过技能训练来促使人更加深刻地感受艺术的魅力源泉,更熟练地掌握领悟艺术的方法。但是,不断的艺术技能训练过程,最终会为人的审美创造能力的丰富和提高奠定深厚的基础。

第三,培养健康的审美意识,发展人的丰富个性。审美趣味、审美价值理想是审美创造中重要的主体条件,直接关系到审美创造及其成果的价值取向、价值水平。因此,审美意识的培养必须注意与时代精神的联系,张扬审美价值的时代特点,积极体现特定时代人的发展要求。与此同时,审美创造的多姿多彩,离不开个性的活动。对于美育来说,发展人的丰富的个性,是美育促进审美创造的具体要求。美育过程应该考虑如何更充分地保持人的既有个性,鼓励人在审美活动中全面开发自己的潜能,多方面地表现人自身的具体追求和才能,从而使审美创造真正成为人的个性健康发展的标志。

第五节 引导审美生活

引导审美生活是美育积极的社会功能的体现。它一方面发掘社会生活中固有的美来启迪人心,培养高品位的生活情趣;另一方面又以自身特有的方式来提高人的艺术化生活的能力,从而提高人们的生活质量。

一、审美生活的特点和范围

1. 审美生活的特点

审美生活是一种能够积极影响人的情感、意志,给人以想象、启迪,予人以喜悦、同情,令人心旷神怡地生活;它是人们在生活实践中直接创造和参与、享受的过程,具体显现了人与人、人与对象之间的审美关系,因而是一种"应当如此的生活"。

第一,审美生活是"真"与"善"的统一。"真"是审美生活的基础,一切虚假的东西都不可能成为其内容。与此同时,"真"还必须是"善"的、合理的、有生命力的,既符合生活发展的规律,又符合人们创造美好生活的目的。在这样的生活中,一切衰朽的东西被排除了,人们所感到的,是一片清新、向上、欣欣向荣的气象,人可以在其中憧憬美好的未来。

第二,审美生活直接体现了人的自由创造,并且是新颖的、独特的和丰富的、形象的。审美生活总是充分洋溢着人的自由创造精神和创造力,它的一切成果总是充分形象地显现了人的独特的创造本质,并且打破了某种习惯性的连续而直接联系着人的生活理想:一方面,生活中的美好事物是人们在一定理想指导下的实践成果,体现了理想的胜利;另一方面,生活中的美又代表了事物发展的方向,在积极的创造中体现了人的自由生命本质,最能满足人的物质和精神的需要。同时,审美生活又符合对称、比例、变幻、多样统一等美的形式规律,直接诉诸人的感官,与人的生理、心理律动相和谐。

第三,审美生活积极地体现了人的享受的客观性与合理性。人的享受的客观性与合理性,建筑在其创造实践的真实性与积极性之上。审美生活不仅是一个创造的世界,同时也是一个自由享受的世界。在这个世界里,人的一切活动无不反映出人的生命创造的特征。因而,人在其中所享受的,就是自己生命的快乐。

2. 审美生活的范围

大而言之,生活的各个方面都存在着无穷无尽的美和审美的可能性,审美生活可以也必定要涵盖生活的全部领域。不过,在现实环境中,由于各种条件的限制,审美生活的范围主要包括:

第一,对自然美的发现与欣赏。它是人们对外部世界已有的天然形态的对象的积极、主动的把握,是以自然审美活动为形式的自觉享受。尤其是在现代社会中,自然美的发现与欣赏不仅反映了人的实践能力迅速扩大,而且反映出人对自身与自然和谐关系的具体认识。

第二,对丰富的物质生活条件和物质产品的审美创造与享受。它包括人的衣食住行等各个方面,即包括日常生活的基本物质形式。正是由于人们创造物质生活条件和产品的能力不断提高,创造过程不断深入,创造领域不断扩大,才为人的生活向审美创造方向发展提供了基本前提,才有了人在丰富的物质领域广泛享受自身审美创造成果的可能性。而人对物质生活条件和物质产品的享受的发展,也从审美方面进一步提出了持续改善和丰富物质生活条件与物质产品的要求,从而为审美生活领域的拓展提供了基本动力。

第三,人与人之间和谐关系的创造与发展。作为人们在进行物质和精神交往过程产生、发展起来的相互关系,人与人之间物质和精神上的融洽平等、协调有序、亲近友好,不仅制约了审美生活的现实展开,而且也构成审美生活的重要内容。

第四,人自身美的创造与欣赏。这是审美生活的主体形式,包括外在的人体形态美、风度、服饰的美,以及内在的情操、个性等。它的发展,表明美最终必须回到人本身。

第五,艺术美的创造与欣赏。它是人对美的创造能力和人的审美意识对美的能动性的最高度的发挥。一旦人们对艺术美的创造与欣赏成为生活的不可分离的部分,这时人的生活就可能成为一种艺术化的存在。

二、引导审美生活的意义

第一,培养和提高人的高品位的生活情趣。由于审美生活真正体现了真与善的高度统一,并且在感性形象中再现了美的巨大魅力。因此,对审美生活的引导,有助于从日常生活过程的每一个方面、每一个细节上,培养人们高尚、健康、富有自我生命情调的趣味要求,充实生活的审美价值,使人真正以审美的态度对待生活、以艺术的眼光来改善生活。而随着人的生活情趣的不断提高,生活的审美发展前景则将变得更加灿烂。

第二,强化人们享受自身生活的内在要求,并且使之不断发展成为艺术化生活的创造能力。人们享受自身生活的要求,有一个从低级向高级、由不尽合理向合理、由单纯官能层面向精神与物质有机统一层面的发展过程。审美生活既是人们快乐享受的过程,也是人生活创造能力不断走向更高层次的艺术境界的过程。审美生活的持续发展,一方面具体强化了人们享受生活的动机;另一方面,这种享受要求不断激励人们去克服现实过程的局限性,以审美方式和艺术的手段具体改造现实,弥补现实的缺憾。由此,享受的动机与创造的能力实现了有机的统一。这样,审美生活内容的丰富化、审美生活形式的完善化,最终便在动机与能力相统一的基础上带来了生活的艺术化发展,生活将成为一种富有诗意的自由境界而合乎人的全面发展目的。

三、引导审美生活的方式

第一,树立美好的生活观。人的生活观是世界观在生活实践中的具体体现;正确的、健康的生活观能够引导人们积极地投身于现实生活的美好建设。因而,树立美好的生活观,从中体现那种在一定社会生活方式和实践背景下逐步成长起来的人的生活趣味,体现理想与现实的统一,既是引导人的审美生活的内在要求,也是实现审美生活的主观条件。

第二,从小培养人对自然的亲近态度,鼓励人们从儿童时代开始就经常与大自然打交道,是引导审美生活的一个重要途径。"儿童应该尽早,而且长时间地投身于大自然,从中吸取对它的印象,体验大自然在每个人的心中激发的思想和感受。"[1]如此,便能逐渐养成人的良好的感受能力、健康的审美感情、活泼灵动的想象力,从而使人主动地发现、创造、享受审美生活,在生活中不断追求美的未来。

第三,在日常生活,尤其是家庭生活中,处处有意识地造就一种审美氛围,是引导人们养成良好的审美习惯,自觉走向审美生活的现实途径。从家庭装饰设计,到家庭精神生活气氛,这一切,都可以潜移默化地作用于人的审美趣味、审美价值理想。因而,注意家庭布置的外观形式美、家庭群体间的亲切关系和精神生活内容,按照个性和美的规律来穿衣打扮、规范行为举止,等等,都能够直接影响人们生活中的审美态度。另一方面,家庭内部成员间经常性地开展一些有益、健康的文娱活动,如唱歌、跳舞、欣赏音乐、绘画,观看优秀电影、电视片,参加体育锻炼和旅游,等等,能够不断提高人们追求美、发现美、感悟美的生活实践能力,进而不断提高日常生活本身的审美质量。

第四,以文艺、体育、游戏、劳动等多种审美实践的方式,塑造人们创造审美生活的能力。如游戏活动,可以培养人的机智、灵活、应变、联想能力,特别是不计功利的自由超越态度。它作为一种特定的审美实践行为,不仅可以怡养人的性情,更可以提高人在生活中的自由创造能力,为审美生活的创造提供特殊手段。所以,经常开展审美实践活动,是引导人的审美生活的创造性方式。

---

[1] 参见德廖莫夫等:《美育原理》,人民教育出版社1984年版,第391页。

本章小结

美育的任务，在于从人这一现实主体方面入手，不断满足和提高人的审美需要，发展和完善人的审美感知力、想象力、理解力和情感力，以审美趣味、审美价值理想的塑造来规范人的审美需要，促进人的审美创造能力的提高。人的审美创造能力的开发、审美创造活动的广泛活跃，是美育的具体归宿，也是人的全面发展的基本内容之一。人正是由于自身审美创造能力的持续性开发和审美创造活动的广泛发展，而不断走向了高度自由的审美世界。而人的审美生活则是一个审美创造的现实天地，人在其中不仅享受着生活的美，更积极地发挥着自己的审美创造能力，不断完善和实现着自己的审美需要和审美意识。美育对审美生活的引导，归根结底，是在一个精神与物质有机统一、和谐交融的世界里，持续地引导着人格的健全、人性的完善，引导着一个真正人性世界的建设。

思考与练习

1. 怎样理解审美需要的性质及其满足途径？
2. 审美能力的结构因素有哪些？美育如何具体地发展人的审美能力？
3. 如何在学校教育过程中把握审美意识的塑造途径？
4. 审美创造包括哪些方面？促进审美创造的关键是什么？
5. 审美生活对人的发展有什么样的积极意义？美育应当如何积极寻求审美生活的引导方式？

参考书目

1. 滕守尧：《审美心理描述》，中国社会科学出版社1985年版。
2. 金开诚、龙协涛主编：《现代美育教程》，江苏教育出版社1994年版。
3. 德廖莫夫等：《美育原理》，人民教育出版社1984年版。
4. 王德胜：《生命与美的交融》，广西人民出版社1991年版。
5. 杨春时：《审美意识系统》，中国社会科学出版社1982年版。
6. 乔治·桑塔耶纳：《美感》，花城出版社1986年版。

第四章 美育的实施原则

【学习目标】

认识美育实施原则是实现美育理论走向美育实践的中介理论,掌握利用美育理论指导教学实践的基本思想和方法。

认识审美体验的基本特征及其教育意义,理解体验原则为什么是实施审美教育的关键,掌握利用体验原则设计教学活动的方法。

理解交流原则、个性化原则、阶段性原则和多样化原则的基本内涵及其教育价值,掌握利用它们设计实施教学活动的基本思想和主要方法。

【内容概要】

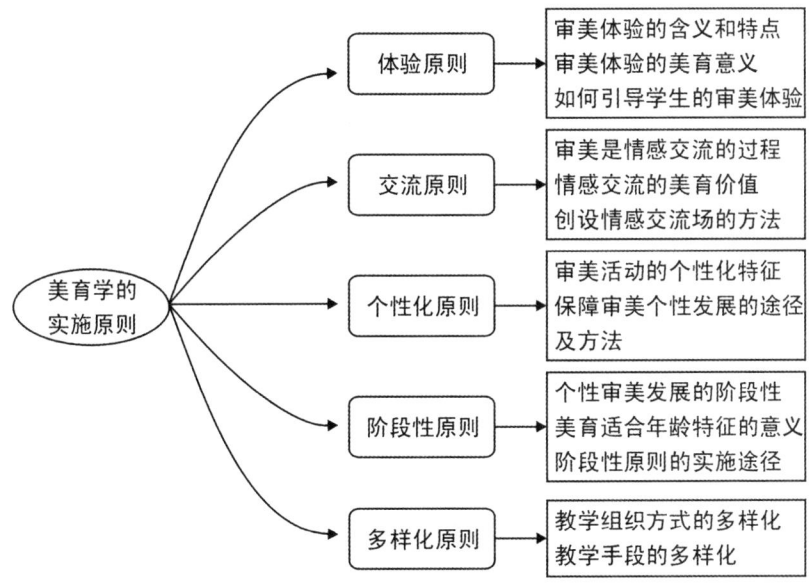

美育是一种教育活动,必须遵循教育的基本规律和原则。同时,与德育、智育、体育等其他教育活动相比,美育也有其特殊性,美育学必须提出适于美育特性和规律的教学原则和实施手段,有针对性地指导美育活动的开展。我们认为,探讨美育的实施原则必须从审美过程的心理机制和美育过程的特殊性入手,同时,又要充分考虑青少年审美心理发展的特点和规律。

第一节 体验原则

美育过程主要是以意象和情感的激发与交流为基础的,这与一般教育理论所提出的知识和技能学习过程显然不同。如一般的教与学都可以找出一致的标准来衡量其效果,而美育过程所激发的意象和情感却是个体的体验,且带有直觉性,因而很难衡量。实际上,美育活动首先依赖一种特殊的学习方式即审美体验,因而体验原则对于美育原则来说,具有特殊的重要性。

一、审美体验的含义和特点

心理学意义上的体验是指主体对自身经历着的心理活动的评估和把握,所以是一种自我觉知状态,它包括对个体内部和外部的各种刺激所激发的感知、想象、思维、情感和动机等各种心理成分的觉知,是一种综合性的心理反应。审美过程就具有这种综合性。

审美过程包含着主体对审美客体的感知、想象、理解等心理成分,并且伴随着特殊的情绪情感状态,因而审美过程实际上也可以看成是体验过程,美学理论就以审美体验来概括这一过程。我国传统美学中的"感兴"、"妙悟"等指的就是它。所以我们说,审美体验是主体调动自身的各种心理能力观察、感受和评价审美对象,进而产生审美快感的过程,它往往是在瞬间产生的,因而具有直觉性。审美体验也是主体积累审美经验、丰富审美意象的过程,所以美学家王朝闻说:"对审美主体来说,客观存在的客体还不等于被意识到的客体。只有经过主体的体验等审美心态加以感受,自在的客体才能成为'我'所心领神会的对象。"[①]也就是说,只有通过审美体验才能形成审美经验。这当然主要是针对欣赏过程而言的,审美创造过程则还须将体验用某种媒介表达出来。

1. 审美体验的直觉性

审美体验的直觉性包含两层含义。首先是指体验的直接性和直观性,它必须在某种审美对象或情景的直接刺激下才能产生,因而与个体的欣赏和创作活动同时产生、同时完成。特定的审美情景消失了,那么审美体验也就消失或转化为审美经验了。审美体验的直觉性使得审美体验具有鲜明的形象性特点,这就使它非常依赖个体的感知能力。其次是体验的非概念、非语词特征,是一种"只可意会,不可言传"的状态。也就是说,审美体验无须借助抽象的逻辑思维而能直接作出美与不美的判断。普列汉诺夫曾说:"一件艺术品,不论使用的手段是形象或声音,总是对我们的直观能力发生作用,而不是对我们的逻辑能力发生作用,因此,当我们看见一件艺术品,我们身上只产生了是否有益于社会的考虑,这样的作品就不会有审美的快感。"[②]

[①] 王朝闻:《审美心态》,中国青年出版社1989年版,第406页。
[②] 普列汉诺夫:《普列汉诺夫美学论文集》,人民出版社1983年版,第409页。

2. 审美体验的意象性

体验的直觉性并不意味着体验是一种感知活动,它还包含着高级的心理活动,如想象、思维,只不过其媒介不是抽象的东西,而是主体用以表征审美客体并带有某种主观色彩的形象,即意象。

"审美体验是审美主体与审美客体的沟通,这种沟通的中介以及沟通的结果,都是审美意象。"① 审美经验通常是以意象的方式保存的②,欣赏和创作过程常常表现为激活审美意象或创造新的审美意象的过程,即欣赏和创作活动可能会从过去的审美

 拓展阅读

王朝闻是我国卓越的文艺理论家、美学家、雕塑家、艺术教育家,他所撰写的《审美心态》艺术获得过我国出版界的最高奖"中国图书奖",该书对审美体验有非常精到的阐述,建议详加研读。

经验中提取相似的体验,印证当前的审美情景,并且在此基础上形成新的意象。因此,欣赏和创作活动通常表现为再体验或反复体验的特征,而其媒介都是主体头脑中的意象。这说明,意象的产生不仅受感知激发,还与审美主体的想象和理解相关,是各种心理能力综合的结果,而且难以分解。

意象的主观色彩一方面依赖于这种综合的方式,另一方面也与个体的情绪情感状态有关。我们知道审美体验主要是一种情感体验,个体经验中的审美意象及创造出来的审美意象都是与特定的情感相联系的。"感时花溅泪,恨别鸟惊心",杜甫这句诗必须有悲伤的情感体验才能领会,原因即在此。

3. 审美体验的个体性

审美体验的产生是以个体的方式出现的,它更多地与个体的经历、心理状态等相关联。可以说,不管个体的审美体验包含多少现实社会中流行的审美趣味和审美理想,它始终是个体主动活动的结果。

审美体验的个体性使得人们的审美活动呈现出个性化特征,"各美其美"即此谓也。李白肯定见过带露水的花,听到过鸟叫声,却不会有杜甫"花溅泪"、"鸟惊心"的体验,充分说明了个人经历、人格特征等与审美活动的关系。从个体发展的意义来说,审美体验的个体性还具有年龄特征,就是说同样的欣赏对象,个体会随着年龄的增长而出现不同的审美体验。

4. 审美体验的创造性

审美意象的产生是一种创造过程,也就是说审美客体内化为审美经验并不是一成不变的复印,欣赏时形成的审美意象既不同于客体的感知特性,也与创作者的原初意象有异。王朝闻指出:"就人们的欣赏活动而论,也可证明主体的反复体验的创造性是引起审美快感的动力。"③ 无论是艺术美的欣赏还是自然美的欣赏,如果不能创造地发现客体所

---

① 叶朗主编:《现代美学体系》,北京大学出版社1988年版,第545页。
② 认知心理学家 Anderson(1985)用实验方法证明人们对视觉形象的记忆是使用心理意象(Mentalimagery)实现的。
③ 王朝闻:《审美心态》,中国青年出版社1989年版,第418页。

蕴含的美感价值,就无法获得那种陶醉感,那再"美"的东西也毫无意义。

在审美创作过程中,创造性更是其核心要素。形成富有创造性的构思,乃是创作的基本条件;拾人牙慧是不可能称为创作的。创造性的构思来源于创造性的审美体验,李白"众鸟高飞尽,孤云独去闲。相看两不厌,只有敬亭山"一诗中,本来平平常常的敬亭山,在诗人眼中却是交流伙伴,多么新奇!齐白石曾以"学我者生,似我者死"赠与弟子,也是强调艺术创作中的独创精神。

创造性实际上也是个性化。审美体验的创造性反映了审美主体的个性特征,也可以说个体在审美活动中表现出来的创新精神就是审美个性。

二、审美体验的美育意义

审美体验是主体完成对审美对象的领会和评价的主要途径,是引发审美快感、积累审美经验的主要手段。美育过程就是要促发学生的审美体验,形成主体与客体之间的审美关系。可以说,没有审美体验,就没有美育过程。因此,审美体验是作为美育的特殊学习方式而成为美育的首要原则和途径的。正如我们已经看到的审美体验是主体与客体之间的沟通方式,是客体向主体转化的必经之路。

建议与思考

为什么审美体验对于美育活动具有特殊的意义?为什么说体验反映了美育与其他教育活动的差异?

可以说知识学习是一种理性的逻辑过程,技能学习则是动作的训练,美育的学习则要依赖审美体验。

作为审美领域的学习方式,审美体验的第一个作用就是积累审美经验。人们在阅读文学名著、欣赏艺术作品、游览名山大川、创作艺术形象的过程中,绝不只是感官"享受",它们不仅会激发人们的审美情感,也必然会在人们的记忆当中留下各种各样的审美意象。这些情感和意象一方面作为审美过程的必不可少的因素而直接成为审美体验的一部分,进而成为审美经验;另一方面它们也是将来欣赏和创造过程中个体的审美参照,在以后的审美情景中受到激发而重新唤醒。因此可以说,个体在不断的体验过程中,能够提高对审美客体的敏感性和辨别力,并且直接造就了个体的审美趣味和鉴赏能力。比如,大多数学生对书法艺术比对同是国粹的京剧艺术更容易产生审美愉悦感,一个主要的原因就是学生对书法有更多的接触机会和体验。

审美体验是一种综合性的心理反应,需要感知、想象、情感、思维等心理能力的积极主动地参与和协同,因而体验过程将获得令人愉快的审美经验。它的第二个作用就是能直接锻炼学生的各种心智能力。里德就曾指出不同美育内容与人们各种心理能力之间有着对应关系,如音乐、舞蹈与直觉能力,诗歌、戏剧与情感能力是直接相关的。[①] 实际上人们早就认识到在幼儿教育中提供丰富的审美体验机会是训练幼儿心智能力的主要手段,但在中小学教育当中却并不很重视美育的这种作用。应当说,处在受教育阶段的青少年学

---

① 参见 Herbert Read, *Education Through Art*, Faber and Faber, 1943, 第 9 页。

生的感知能力、想象和思维能力以及情感表达能力并不完善,审美体验作为审美领域特殊的学习方式正好弥补了这个缺陷,能使人的心理能力完善起来。

第三个作用,审美体验也是个体内部状态与外部环境(审美客体)之间的整合过程,这种整合过程实质上是个体试图以情感方式把握审美客体与情景的努力。对个体来说,只有在内心状态与外部世界之间形成一种和谐、安定的关系,形成一种积极的建设性的情感体验时才有可能形成健康、完整的人格。而紧张的学习与应试压力却总是使学生处于高度的精神压力之下,似乎老师、父母、学校乃至整个社会都在压迫他们。近年来中小学生心理问题日益增多的趋势不得不引起人们的重视。其实,这种状况的形成是与学生学习的单调、缺乏情感的自由表达分不开的。审美体验的获得将平衡学生的心理活动的各个层面,并使他们能以平和友好的态度对待外界压力,得到情感表现的机会,从而求得内心的平衡与安宁。因此,审美体验也具有保持心理健康、促进人格完善的作用。

总之,审美体验是实现美育功能的关键,也是美育最重要的原则,它使美育与其他教育活动区分开来了。

三、如何引导学生的审美体验

审美体验是个体的主动活动,命令或灌输显然无助于个体体验的产生。有人指出美育具有"潜移默化"的特点,说明体验的产生有"不知不觉"的含义,但把它作为一种美育手段或引发审美体验的措施,显得过于消极了。美育作为一种独立的教育活动应有其主动和积极的方法。

1. 让学生直接参与审美活动

审美体验是在活动中产生的,教师不能代替学生去体验,也不可能把自己的体验原原本本地告诉学生,让他们也产生这种体验。因此,引导学生产生审美体验的最主要的一条是要尽可能地让学生直接参与审美活动,给学生创造丰富真切的审美氛围。如尽可能向学生呈现完整的审美对象,尽可能让学生自己"动手"、"动口"等,这样的参与也是主动的参与。同时需要给学生自由表达感受的时间。表达感受是审美体验的必然要求,人们在审美活动中必然会有"形诸于外"的欲望,这也是强化学生的审美兴趣的重要手段。

2. 鼓励学生的创造与想象

审美体验与创造性思维和想象能力有着密切的关系,因为它必须在主体的头脑中形成某种独特的审美意象,而这正是创造与想象的作用。放弃了创造和想象,一切就显得平淡和单调了,当然也就无所谓审美体验了。应当说,学生不乏创造和想象,关键是教师的态度。只要鼓励和赞许学生的各种创造和想象,不管它多么离奇或不合理,教师都予以接受,就能保持学生的这些可贵心理品质。

3. 激发学生的审美动机

动机是活动的诱因,它具有内驱力的性质。因而激发起学生的审美动机,就会使他们产生追求美和创造美的行动,从而提高审美活动的自觉性和主动性。可以说,没有审美动机,人们对再美的事物也会视而不见、听而不闻,根本无法产生审美体验。

激发学生的审美动机应当从内部需要和外部条件两方面去考虑。个体的审美需要是高层次的需求,根据马斯洛的观点,它在个体的需要层次上仅次于自我实现需要。① 因此,激发学生的审美需要必须保障学生的生理、安全需要等低级需要,让他们有安全感和自尊感。从外部条件来说,应当保证学生有专门的从事审美活动的时间,向学生提供各种各样的审美和创造机会,即使是科学理论的传授也应考虑给学生留下想象和体验的时间与空间。

4. 传授必要的美学和艺术知识

一般来说,审美体验是难以用概念来描述的,但美学和艺术知识却蕴涵着审美的线索。实际上,当人们面对审美对象和审美情景时,除了产生情感体验和意象之外,还会试图作出某种解释、归类和联想,以使审美体验进一步深入,这当然需要具备足够的知识和概念。然而,由于中小学生往往缺乏这样的知识和概念系统,因此很难完整深入地欣赏或理解审美对象。鉴于此,前西德美育委员会提出的三维美育方法中的第一个维度就是概念维度,即向学生传授必要的美学和艺术知识,"其目的是让学生认识和明确有关概念,同时能运用它们解释审美客体"②。这将帮助学生更快、更深入地进入审美状态。

第二节 交流原则

任何教育都是以师生之间的交流沟通为基础的,美育作为一种教育活动自然也不例外。当然,在各种教育活动中沟通的内容和手段可能是不一样的。如知识学习显然以逻辑内容为中心,技能学习则是以动作为依托,而美育过程则是以情感为核心的体验的交流和沟通。在教学过程中,师生双方情感的相互激发乃是促进和引导学生产生审美体验的主要手段,而学生独自的欣赏过程也是以情感的流动为特征的。因此,交流原则是美育的基本原则,也是美育的过程本质。

一、美育是情感交流的过程

美育是一种情感教育,这就直接规定了美育过程中师生交流的中心内容应当是双方的情感体验,它也是激发人们审美活动的基本动力。所以说:"美育过程的动力来自个体自身的情感表现要求,它决定了美育是个性情感不断开放、伸展和升华的过程。"③人类的基本情绪(喜、怒、哀、惧)是种系发展的结果,具有先天性。但人们通过相互的情绪沟通,不仅使四种基本情绪的理解和表达更为精细和复杂化,还形成了更多的情绪类型和更为高级的情感形态,如同情、爱等,它们对人类来说既有直接的生物学意义,也有社会适应的作用。审美情感则是更为复杂和精细的人类所特有的情操,它们不具有直接的生物学意

---

① 见 Lster A. Lefton,*Psychology*,Allyn and Bacon,1991,第406页。
② 参见 *The International Encyclopedia of Education*,Vol.1,Pergamon Press,1985,第213页。
③ 杜卫:《现代美育学导论》,暨南大学出版社1992年版,第57页。

义,因而不可能在适应性的情绪情感交流中发展完善起来,如果不加以有意识地引导还会出现衰退现象。

应当说,审美情感的体验和表达能力也是一种技能,但它并不是动作技能,而是一种情感技能,它同样需要学习和锻炼。不过,审美情感又是"不可言传"的,不存在可以分析的步骤,因而不能照搬智力和动作技能的传授方法,只能让学生直接体会教师在特定情景中流露出来的情绪和情感,或快乐、或崇敬、或悲伤。这类情感流露一方面成为学生的审美体验的线索,另一方面由于情感所特有的感染性,也会直接成为学生的模仿对象,从而激发学生自己的审美情感。的确,学生在特定审美情景中也会产生某种情绪体验,但常常是粗糙的生理性的激起状态或者表面化的情绪反应,需要外界线索的引导才能被识别和升华,教师的情感表达实际上就是起引导和示范的作用。因此,我们认为,师生双方情感的相互激发和交流是引发审美体验、实现美育过程的基本要素和重要手段。

通过情感交流激发审美情感,也是审美创造的前提。艺术创造首先取决于创作者的情感状态,有人甚至把艺术创作与情感表达等同起来。如苏珊·朗格认为:"艺术,是人类情感的符号形式的创造。"①康定斯基以艺术家的眼光指出:"为了使内在的因素(它最初仅仅是一种感情)变为一件艺术品,你须借用第二个因素(即外在的因素)作为表现

 拓展阅读

苏珊·朗格,1895年出生于美国纽约,可以说她是迄今为止美学史上女性美学研究中最为出色的一位。

《情感与形式》全面地阐释了艺术就是人类创造情感符号的理论。她指出,语言的确是人类诞生以来最为辉煌的符号体系,是它赋予了人类以交流的可能。但是它毕竟不能表达人类情感微妙的变化过程,于是,艺术才得以成为表达情感最为合适的方式。

形式。……然而重要的和起决定作用的却是内在因素。"②袁枚曾论及:"人必先有芬芳悱恻之怀,而后有沉郁顿挫之作。"③也是这个意思。情感通过媒介外化为艺术作品的过程不仅是技法技巧的问题,还是个如何认识、修饰和表达的过程,教育者也只能通过自己的示范即把自己的情感倾注于笔端、声音,表现于形体等等的具体艺术创造过程时,学生才能懂得如何摆脱依样画葫芦的"作业"状态,而转入真正的艺术创作层次。

从学生的角度来说,欣赏过程中的审美体验不仅包含着对自身情感状态的评估,同时也包含着对审美客体及其创作者情感和意图的揣摩。对此,许多美学家都作过阐述,如奥索夫斯基就指出:"从表现内容的价值的角度来看表现,则有作为具有更深刻的价值的情感交流、或同不平常的人物的心灵交流的途径的表现。"④他更进一步指出:"观者不仅可以得出关于创作者的感受的结论,而且还使自己受到相似情感状态的支配。情感自身互相交流;一张表现着深沉的忧伤的面孔的符号唤起一种忧伤的情绪,而衷心的、无忧无虑

---

① 苏珊·朗格:《情感与形式》,中国社会科学出版社1986年版,第51页。
② 瓦·康定斯基:《论艺术的精神》,中国社会科学出版社1987年版,第12页。
③ 《随园诗话》补遗卷一。又见北京大学哲学系美学教研室编:《中国美学史资料选编》(下),中华书局1981年版,第353页。
④ 奥索夫斯基:《美学基础》,中国文联出版公司1986年版,第289页。

的笑声则传染欢乐。"①这种交流实际上是凭借艺术作品达到创作者与欣赏者之间的沟通与理解,所以美育过程中的情感交流不仅在于实现师生双方的沟通,还可实现更为广泛的社会认同。这将表现为美育过程中情感交流所特有的价值。

二、情感交流的美育价值

教育过程中的情感不仅作为影响学习和教学过程的一个重要因素而存在着,同时也作为教育手段和目标而存在着。美育过程直接以个体的情感体验和交流为基础,对学生情感的发展与成熟、对美育过程的实施都至关重要。

师生的情感交流是实现教学过程、建立良好师生关系的保证。美育过程中审美情感的沟通一方面可以推进美育过程中学生的审美体验,激发学生的审美欲望;另一方面也是促进师生双方相互理解、形成积极的情感依恋和归属感的手段。这是美育过程的基本特征和内涵。应当说,其他类型的教育活动也需要师生双方的情感沟通和相互认同;但美育过程却必须有充分和谐的情感交流,没有情感交流,也就不存在美育过程了。另外,学生在与教师的情感交流过程中将使自己自然流露的情感得到艺术化、审美化的塑造。

通过艺术作品、社会现象及自然现象而实现的个体与审美对象之间的情感交流,更是培养学生理解、同情和负责任等高贵品质的有效方法。因为人类宝贵的文化遗产体现着杰出的艺术家、思想家们所珍视的理想和价值,美育过程中的情感交流实质上也是借助于文学、艺术、科学等审美对象吸收人类文明的优秀成果的过程,美育过程的德育意义也在于此。因为人类文明的这些优秀成果一旦转化为学生的自觉意识,必将使他们成为一个有德行的、具有高尚审美情趣的人。因此,美好的情感交流将使学生以审美的观点看待人生和社会,达到爱人、爱社会、爱自己的"仁爱"境界。可以说,情感交流原则之所以成为美育的重要原则并不仅仅是从美育过程来说的,还因为它具有重要的社会意义。

情感也是人格的重要组成部分,个体的情感生活也决定着个体的心理健康状况。人格缺陷和人格障碍最明显的表现就是个体情绪情感生活的异常。那些有心理问题的人往往情绪的紧张水平过高或过低,不能很好地识别别人的情绪情感,也不能有效地表达自己的情绪情感,这种状况使得他们不能与其他人形成正常的社会互动关系。中学生的心理健康状况不容乐观,紧张的学习生活带来了大量的情绪问题,如焦虑、厌烦、抑郁等,他们常常不能承认和接受这样的情绪状况却又找不到恰当的表达途径,因而长期积累就造成了很多心理问题;而且由于中学生所处的特殊的人生阶段,他们的情绪生活具有闭锁和动荡性,常常不能从其他人那里得到帮助。

美育过程中的情感交流恰能有效地针对上述情况,为中学生提供良好的情绪情感表达渠道,并使他们的情绪情感能力完善起来。美育过程中的审美体验集中体现了人类美好的情感,特别是优美和喜剧等范畴中的审美情感直接给人带来轻松、愉快的体验,因而人类对此有着天然的需要,中学生也能积极地接受它们。而根据心理治疗理论,松弛或愉快的情感状态是消除对抗、紧张和令人不快情感状态的最有效的方法之一。美育过程中

---

① 奥索夫斯基:《美学基础》,中国文联出版公司1986年版,第289~290页。

的情感交流意味着对自身情感状态的接受和承认,也意味着对他人情感状态的尊重和理解,而"承认你的情绪意味着放松并使你的情感舒畅"①。尤为重要的是,美育活动通常是通过设立实际情景而使学生感到自由自在,如听带有某种情绪的音乐、欣赏大自然的美丽与壮观等,这就使得美育过程中的情感交流非常自然和谐,没有那种一方给予一方接受的强制意味,从而更容易使学生接受。

三、创设情感交流场的方法

情感交流是双方共同完成的过程,要达到审美情感的沟通自然需要师生双方共同的努力。但是美育过程作为一种教育过程,同样是以教师为主导的,在和谐融洽的交流气氛的营造方面,教师负有主要的责任。所谓"场"乃是一种心理环境,是促使个体产生活动欲望的情景条件。情感交流场的创设也就是要营造一种能引起和维持情感交流的环境和条件。

首先要建立一种平等开放的气氛。

每个人都有维护自尊的需要,中学生特别希望获得教师的理解和尊重,居高临下的态度只能换来学生的反感甚至反抗。平等开放的气氛需要双方的互相接纳和尊重,这就为学生敞开自己的情感大门、达到情感上的和谐提供了可能性。在这样的气氛中,学生不必害怕由于自己的幼稚而招致嘲笑。国外有实验证明,在这样的环境中学生所作的画要比高压或放任的环境中所作的画好得多。对教师来说,他需要解放自己的一种顾忌和束缚,即害怕由于在学生面前流露自己的真情实感而破坏自己的形象。其实,这只会破坏教师古板的形象,而将给教师带来亲切、自然的形象。

为了建立平等开放的气氛,教师需要有正确的学生观,应当承认学生是独立的具有自主性的人,他们有着无穷的创造性和丰富的情感体验。而对同样的审美情景,学生与教师的地位是同等的,谁也没有最终的决定权。

其次,要培养情感的审美表达能力。

人类自然的情绪和情感表达经过长时间的进化和发展,可以说已经十分精细和完善了,但是,情感的自然表现与审美过程中高级的情感表现是不同的。如日常生活中的号啕大哭就很难照搬到舞台上,在舞台上的"哭"应哭得美、哭得恰如其分;梅兰芳的《贵妃醉酒》如果像某些醉鬼那样胡言乱语、呕吐挑衅,还会有人欣赏吗?欣赏和批评过程中的情感表达也应当是美的,像拎起枪来想毙了台上的"黄世仁",欣赏《铡美案》的老太太忍不住冲"秦香莲"高喊"俺不能要那臭钱!"之类,就混淆了现实与审美之间的差异,破坏了审美所应有的距离感,其情感也就不能说是审美情感了。梁启超曾说杜甫的作品是"三板一眼的哭出来,节节含着真美"②,欣赏他的作品如果没有这种"三板一眼"的体验和能力,是不可能得其真味的。因此,情感的审美表现能力是实现审美主体与审美对象情感交流的必

---

① J.O.陆哥、G.L.赫胥勒:《生活心理学》,贵州人民出版社1987年版,第337页。
② 梁启超:《隋圣杜甫》,《饮冰室文卷》卷38。转引自北京大学哲学系美学教研室编:《中国美学史资料选编》,中华书局1981年版,第408页。

要条件。这里需要注意两个问题:第一是要使审美情感与学生的情感能力相适应,任意拔高或压低学生的审美情感表达能力都会带来美育内容选择上的不当,从而造成师生情感交流基础的丧失;第二是要提高教师自身的审美情感表现能力。奎特利安曾说:"欲想使艺术表现的情感使别人信服,首先需要自己信服;要想感动别人,首先必须感动自己。"①尽管这是就艺术创作而言的,但对美育过程中教师的表现来说同样是适用的。当然,这种感动必须是审美的,不能是毫无修饰的自然流露。

再次,创设审美心理场和物理场。

仅有交流的愿望和能力当然不足以真正实现情感交流,审美情感的交流还必须有恰当的心理环境和必要的物理条件。除了应有一种平等开放的气氛之外,教师还应当以各种手段为学生营造一种审美氛围。如教学内容的选择应与学生的审美经验和欣赏能力相适应,教师的语言、行为应有与内容相适合的情绪色彩等。学生处在这种弥漫着特定情感色彩的心理环境中必然会受到感染、感动,进而产生情感表达和交流的动机和行为。如有一位老师布置学生写一篇纪念该校一位热爱教育事业、最后倒在讲台上的老师的作文,他首先与学生一起回忆交流这位老师的事迹,并播放了哀乐以示悼念。很快,每个人都沉浸在悲痛的气氛之中,泪流满面,激发了强烈的写作冲动,结果学生写出来的作文情真意切,充满着对这位老师的尊敬和热爱。通过这一特定心理氛围的创设,不仅更好地达到了教学目的,更重要的是通过这一堂课使学生接受了美好情感的洗礼,获得了崇高的审美体验。

借助必要的物质环境条件同样重要。毫无疑问,欣赏自然美要到大自然中去、欣赏电影要在电影院、欣赏音乐要有音响,这些物质条件和环境不仅是激发情感所必需,也是情感交流内容的来源。对于美育活动来说,当然不仅限于此,特殊教具的设计、环境布置,甚至整个校园环境的整体考虑都是非常重要的。实际上,它们不仅是物理环境,也是心理环境的一部分。

第三节 个性化原则

"对于没有音乐感的耳朵来说,最美的音乐也毫无意义。"这句话,常被用来说明审美欣赏对于审美主体的感觉能力的依赖性,但更确切地说,它反映了审美的个性化现象。我们不能要求人们对所有的审美对象感兴趣,也不能要求人们对同样的审美对象产生相同的审美反应。一些人不能对"最美的音乐"产生审美反应,并不能说明他们就没有审美修养,正如桑塔耶纳所说:"不能欣赏某种类型的美,也许就是能欣赏另一种美的必要条件。"②审美欣赏过程是如此,审美创造过程更是如此。要求每个人都会作曲、画画或者要求每个人创作的作品都一样,那就不存在审美创造了。虽然我们把全面的审美修养作为

---

① 转引自滕守尧:《审美心理描述》,中国社会科学出版社1985年版,第172页。
② 乔治·桑塔耶纳:《美感——美学大纲》,中国社会科学出版社1982年版。

美育的理想,但是我们又必须面对这一现实,并且提出适合于审美个性化的教学原则和方法。

一、审美活动的个性化特征

审美活动是个体的活动,它不仅直接表现出审美主体的趣味、态度和理想等心理倾向,还与主体过去的审美经验密切相关,因而每个人的审美活动都是不同的,这便形成了通常所说的美感的主观性特征。"一千个人眼中有一千个哈姆雷特",这句话既表明了审美对象丰富的审美内涵,也很形象地说明了审美活动的个性化色彩。

1. 审美创造的个性化特征

著名美学家冈布里奇曾指出:"艺术家倾向于去看他所画的东西而不是画他所看见的东西。"[①]艺术家在过去的训练和经验过程中形成的审美倾向决定了他会怎么样去看其周围环境,艺术创作主要反映的个人情感或个性就是审美倾向形成的基础。而艺术家个人的创作意图、个人的人格特征和审美观念犹如创作的过滤器,它决定某个题材的作品为什么是这样而不是那样,从而表现出艺术家的创作风格,或者说创作个性。学生的艺术创作当然还不能与艺术家相提并论,他们无法将其所感、所思熟练地反映到自己的作品中;但无论如何他们的作品也反映了他们的经验和个性,如中学生文学创作活动的多变性正是反映了其内心的动荡性的特点,而他们在美术作品中所透露出来的信息早已成为心理分析学家们研究个体人格特征的重要资料。

2. 审美欣赏也是一种创造能力

托马斯·门罗(T. Munro)指出:"从某程度上说,欣赏所包含的心理能力与艺术创造或其他复杂的心理物理活动所包含的能力是一样的。"[②]有些人认为欣赏过程只不过是复现艺术家创作艺术作品时的体验,因而不承认欣赏活动存在多少创造性成分。其实,即使是复现也存在着深刻的创造性成分,因为复现本身就是一种创造性想象——艺术作品本身并不能直接告诉欣赏者创作者当时的情感和意图,需要欣赏者自己推测揣摩,形成某种意象;况且,欣赏者或创作者的情感体验不可能是完全一致的,实际上绝大多数欣赏过程中的情感体验与创作者不同,莎士比亚心目中可能只有一个哈姆雷特,而不同欣赏者心目中的哈姆雷特却是千千万万,这些哈姆雷特显然是欣赏者的一种创造。正是欣赏者丰富的创造能力,才使欣赏呈现出个人的独特性,才使艺术作品具有某种永久的欣赏价值。而创造所具有的独特性正代表着个体审美活动的个性化。

对社会美、自然美的欣赏同样也是一种发现创造的过程,欣赏者必须独自去发现其中蕴含着的审美价值才可能产生审美情感和审美体验,否则就会出现视而不见、听而不闻的现象。因此,欣赏过程也可以说是主动创造的过程。

---

① 冈布里奇:《艺术与幻觉》,湖南人民出版社1987年版,第80页。
② Thomas Munro, *Art Education*, "Its Philosophy and Psychology", The Liberal Arts Press, Inc., 1956,第114页。

3. 欣赏过程对训练和经验的依赖性

在欣赏过程中,欣赏者的个性倾向和审美经验也决定着个体的审美趣味和能力。"有音乐感的耳朵"、"能感受形式美的眼睛"并非是天生的。实际上,刚出生的婴儿是没有知觉能力的,当然谈不上我们所说的欣赏。因而门罗说:"在图样和意义的各种微妙细节和关系中,要清晰和全面地感知复杂的艺术形式是一种需要训练和经验的任务。培养这种能力是欣赏训练中的关键阶段。"[①]欣赏所需的技巧绝不等同于创作所用的技巧,但也同样直接与个体的审美经验和知识水平等因素相关。比如,不懂得传统戏曲中的程式、道具、化妆等知识,就无法欣赏它们,这说明欣赏活动与个体的经验是分不开的,正是每个人不同的训练和经验才使欣赏活动表现为个体所独有的特征。所以,不同文化层次、职业和成长背景的人对于同样的审美对象,会引起不同的甚至截然相反的审美反应。这是审美活动个性化的重要表现。

4. 审美趣味的个性化

对某个具体的人来说,能够激发他产生审美反应和体验的对象也可能是独特的,这就表现为审美活动的倾向性和选择性。如有人喜欢古典音乐,有人则更愿意听摇滚乐;有人喜欢吟诵诗歌,有人爱看小说;如此等等。这便是审美趣味的差异,也是审美活动个性化的最明显和最突出的表现。

审美趣味的个性化实质上是个体经验和教育的结果,也许直接就是个体人格特征的标志。如有人研究发现,高中生喜欢什么样的绘画作品与他们对传统、宗教和权威的接纳程度存在着一定的关系。那些喜欢肖像画、风景画及传统题材画的学生,个性倾向于保守、严肃、仔细及负责任等;而喜欢探索性、感性和原始意味绘画和不规则雕塑的学生,其个性更倾向于悲观、情绪化及多变等。[②]

5. 审美个性发展的意义

审美个性的发展是个体内在审美能力和审美理想日益成熟的外在表现,意味着个体与环境协调适应能力积极的变化和提高,它尽管最终体现在人们不同的审美反应上,但其实质却是个体内在能力的改变和重组,是个体审美体验能力的提高和完善。可以说,审美个性反映了一个人独特地认识和评估世界的方法,反映了个体与审美情景之间独特的情感互动关系,因而审美个性发展意味着个体情感能力的成熟,意味着个体与环境关系的和谐发展。这种和谐关系的形成不仅是审美活动所必需,也是个体生存和发展的需要。

审美个性的发展包含许多方面,如审美需要、审美态度、审美知觉、想象、审美动机和理想,等等;但是我们认为审美个性发展的最重要的方面是个体审美创造能力和审美趣味的发展。

审美个性是通过创造性的审美欣赏和审美创造体现出来的,其中包含着审美客体对主体情感、想象等的激发(审美经验的唤醒),但更重要的是由审美主体自主发现的客体中潜藏着的独特含义和价值,这些含义和价值是创造的基本素材;对于欣赏活动来说,则是

---

① Thomas Munro, *Art Education*, "Its Philosophy and Psychology",第 116 页。
② 见 V. I. Lowenfeld, W. Britain, *Creative and Mental Growth*. Macmillan publishing Co. Inc. 1975,6th Edition,第 396 页。

引起审美体验的重要保证。因而这些发现不仅具有语义上的价值,有利于提高人们对审美客体的理解,而且在发现过程中主体将会锻炼自身的想象力和创造力,真正使个体成为一个自由自觉的人。其实,创造能力并不是某个独立的心理成分所能包含的,它与个体的感知、记忆、想象、情感及思维等都有密切的关系,创造性也可从这些心理过程中直接表现出来。因此,审美个性的发展也意味着个体各种心理能力的完善。

审美个性最明显的标志是个体的审美趣味。审美趣味的成熟意味着个体对审美活动有了自己的选择标准和批判态度,不再盲目地接受他人的指导。但对中学生来说,尽管认识、经验和批评能力都在增长,但其审美趣味还不够稳定,而且潜藏着审美个性发展倒退的可能性,兴趣的丧失、创作能力的丧失、审美知觉和感受能力的削弱等等都会在青春期表现出来。青少年的审美趣味极容易受制于大众媒介的引诱,淹没他们真正的审美需要。实际上,大众文化必须有流行作引导,必须制造盲从的人群,而青少年学生恰好符合它的需要,从而成为大众文化竭力争取的人群。学生审美个性的发展将增强对外界各种诱惑的抵御能力,避免庸俗文化倾向的侵蚀。

当然,个性化的审美趣味并不要求个体完全脱离社会的标准,好像每个人都有其不同于他人的爱好,这无论从理论上来看还是从实践上来说都是不可能的。实际上,个性与共性是并存的,相互依赖的。审美个性发展意味着主体具有适合自身的爱好,从中能体会到生存的意义和价值,而这种意义和价值无疑是有着特定社会标准的,因而审美趣味尽管是个体的,但其判断标准却是社会的,它有高尚与庸俗、健康与不健康之分。

总之,青少年学生正处于审美个性形成的重要时期。作为整个人格的一个基本组成部分,青少年审美个性的发展也绝不只具有审美的意义。事实上,审美个性的发展与青少年的创造能力、道德判断能力的发展是密切联系在一起的,它也是学生的一种人生态度,它真正使学生成为朝气蓬勃、富有创造性和同情心的人。

二、保障审美个性发展的途径及方法

审美个性既是审美活动的必然结果,同时也是审美过程的基本特点。培养学生独特的审美个性是美育的重要目标,如何设计和指导学生的审美活动以保障审美个性的健康发展是美育学研究的重要课题。

首先,应遵循个性化教学原则。

个性化教学原则在此有两层意思:一是要尊重学生的个性特征;二是要设计个性化的审美活动。尊重学生的个性特征,根据学生的需要、兴趣及审美发展水平等设计教学过程乃是因材施教基本教育原则的要求。这就要求我们在确定教学目标、安排教学内容、评估教学效果等方面制订相应的多样化的标准,否则就无法满足不同水平、不同层次及不同类型学生审美学习的需要,也无法达到美育的目的。

教学过程的个性化设计在美育中就是要求教师为学生设计个性化的审美活动,体现出创造性。实际上,按部就班、毫无想象力的教学显然无法真正激发学生的审美欲望和审美体验,更谈不上审美个性的培养。这里,教学内容(审美对象)的呈现必须是富有创造性的,整个教学过程的结构、节奏,乃至教师的语言、表情等都应充分体现教学目标和要求,真正激发学生的审美和创造欲望;鼓励学生的好奇心、幻想和多样性、首创性也可直接体现为教学过程的独特性。另外,还须避免模式化和固定化的"正确答案"。

其次,要提供一个安全自由的心理环境。

美育过程应体现民主宽松的气氛,减轻学生害怕出错、出丑的心理压力。审美活动需要交流和表达,这本身就是一种压力,与学生"听课"完全不同,它更需要教师的宽容。教育心理学家索里等指出:"'心理的安全''心理的自由'乃是创造的两个条件。"[①]在此,除了我们已论及的应平等开放的气氛之外,在教学过程中对任务和环境的规定不能过死,而应体现出弹性。某种程度的含糊性和不确定性,甚至显得有些混乱的情形,比起那些根据教师自己的标准预先确定的、整理得干干净净的环境更可能引发学生的表现和交流欲望,也更具有创造性。

不过,应注意避免两种倾向:一是要避免放任和接受相对主义倾向,完全由学生自己去判断、创作和欣赏,好像什么都行,什么都好。这实际上是放弃了教师的主导地位,也就不能称其为教育了;二是要避免教师过分地以自己的审美趣味、审美理想及表达方式要求学生。对教师来说,它们可能很有个性;但如果五六十个学生全都像老师,那就不能说学生具有其个体的审美个性了。在教学过程中,教师表现出自己的审美个性无疑是必要的,但这绝非是学生学习的标准,而是一种参照,教师应同时指出其他可能的审美意义和表达方式。如教师常会对某个作家或艺术家的作品比较推崇,因而会出现过分美化的言行,这是十分正常的;但应当注意的是,教师不能要求学生也像他那样喜欢他所喜欢的作品。

再次,要提高学生对自己审美活动的批评能力。

过去,美育更多地关注于对经典艺术作品或其他典型审美对象的鉴赏批评能力的培养,这对于发展学生的审美个性自然十分有益。但是,个性的培养更需要学生对自我、对自身活动及其后果的认知与评价。培养学生对其自身欣赏和创造过程及其结果的批评能力,这既是一种自我意识,更是培养审美个性所必需的。事实上,如果学生不能恰当地评判自己在审美活动中的表现,就无法知道自己究竟适合于什么样的审美活动,不足在何处。这样,就没有明确的个性发展目标,而完全依赖于外在因素的引导,就有丧失自身的独立性,成为一个随波逐流的人的危险,同时也会失去审美活动的动力。

中学生已经有了较强的自我意识和自我批判能力,因而培养对自己审美活动的批评能力不仅是必要的也是可能的。但应防止过分自信或过于苛刻的倾向,它们都会妨碍审美活动的进行及对自身的正确评价,不利于审美个性的形成,必须及时向学生指明。

第四节 阶段性原则

心理学的研究和理论都已明确指出,个体身心在不同的年龄阶段的发展速度是不同的,这使个体身心发展呈现出阶段性的特征。审美发展作为个体发展的一个组成部分自

---

① J. M. 索里、C. W. 特尔福特:《教育心理学》,人民教育出版社 1982 年版,第 311 页。

然也不例外,它同样具有自己的发展阶段。不同的发展阶段就必然有不同的发展任务及特点,它们是我们进行美育的基本依据。美育阶段性原则的基本含义就是按照个体审美发展的不同阶段特点,选择适当的教学内容和教学方式,从而实现特定的美育任务和目标。

一、个体审美发展的阶段性

个体心理发展的阶段性已为许多心理学家所证实,如皮亚杰、埃里克森、科尔伯格等就儿童的认知、情感、社会性(包括道德)等的发展为我们提供了极有说服力的阐述。由于个体审美发展的特殊性,他们的研究不能直接用来解释个体的审美发展过程,但对于我们理解个体审美发展为什么会产生阶段性的特征却是极有启发性的。事实上,有关个体审美发展的研究,不管它们是否赞同这些心理学家的观点,它们都有意无意地以发展心理学的理论为参照。在此,我们不准备详细讨论个体审美发展的阶段特征(请参阅本书第十一章),而着重探讨为什么个体审美发展会出现阶段性。

审美活动几乎是涉及个体所有心理能力的高级精神活动,个体心理能力的发展状况会极大地影响个体审美发展,因而个体心理能力的阶段性特征必然会反映在审美发展当中。如洛温菲尔德曾指出,2~4岁的幼儿的绘画能力的发展阶段可以定义为涂鸦阶段,"涂鸦可以被看成是儿童身体和情绪发展的写照"[①],他们的绘画活动实质上是一种探索客观现实的活动,与玩皮球之类的活动没有什么分别,还不能认为是有意识的艺术实践,却是幼儿艺术发展的基础。毫无疑问,涂鸦这一活动是与幼儿的身体,特别是手的活动能力相一致的,也反映了他们的身心之间的协调状况。其实,在个体发展的早期,个体的身体发育水平,包括运动技能、神经系统等,在很大程度上决定了儿童的活动范围和活动方式,从而使得儿童的审美发展受到生理上的和心理上的某些限制。这些限制通常是不到一定的年龄阶段是无法突破的,而且如果在某个年龄阶段没能正常地发展某种能力,那么就有可能会失去发展机会。关键期或转折期的概念正是在这个意义上提出的,如语言能力的发展一般是在7岁之前完成的,如果错过了这个时期,那么儿童就难以很好地掌握口语。审美发展的阶段性显然也有这种深层次的原因,其中表现比较突出的有学前期儿童所具有的自我中心倾向及万物有灵论观念在其审美活动中的反映,青春期情感的动荡性与隐秘性对青少年审美活动的影响等,它们都使个体的审美发展呈现出明显的阶段性特征。如幼儿期绘画活动的随意性与简单性、对童话儿歌的喜爱等,青春期对表现内心情感的艺术作品的热衷及表演活动的减少等,都是在一定的年龄阶段才出现的。

个体审美发展的阶段性也有教育和社会的原因。社会及学校为个体在各个阶段的发展任务作出了限制,学校的教学计划、社会的传统及各种价值规范等都会对不同阶段的个体活动内容和方式提出要求,审美活动的内容和方式自然也包括在内。如我们对学前期儿童的评价标准和对青少年的评价标准可以说是完全不同的。前者的评价标准通常是感

---

① V. Lowenfeld, W. Brittain, *Creative and Mental Growth*. Macmillan, Publishing Co. Inc. 1975, 6th Edition, 第138页。

性的、审美的,比如表演才能、音乐才能等,因而无论是家庭还是教师都会鼓励幼儿发展这些能力;而到了中学,人们对青少年的评价却重在理性的、科学的价值上,也要求青少年能以自己的理性来把握他们与外界的关系。这样,必然使中学生把主要的精力投入到理性知识和能力的获得上。但是这并不等于青少年的审美需要不存在了,问题是青少年由于各种原因造成审美发展的停滞现象无法满足其审美需要,这可以说构成了青少年审美发展的突出特征。

总之,审美发展的阶段性就像认知发展的阶段性一样,是符合个体发展的规律的,教师必须遵循阶段性的特征进行美育活动,以保证美育过程的顺利进行。

二、美育适合年龄特征的意义

个体审美发展的阶段性必然要求美育必须符合受教育者的审美需要和能力,这不仅是美育作为一种教育活动所应遵循的基本教育规律,也是实现美育的任务所必须的,同时也体现了教师对学生的尊重。

首先,审美过程与个体的情感、体验能力、感知运动能力等密切相关,它们都有其所能把握的心理限度,因而美育过程是无法超越个体身心发展的阶段的。美育内容、方法的选择必须与教育对象的审美心理特征和规律相适应,这是实现美育过程的基本条件。让儿童欣赏交响乐和超现实主义绘画显然是徒劳无益的,因为儿童还没有能力去欣赏和理解它们,这种教育显然也达不到美育的目标;同样,让中学生一味地去欣赏"小马过河"、"猪八戒啃西瓜"之类,也无法激发他们的审美兴趣,不可能达到理想的美育效果。

其次,美育适合年龄特征也是满足个体审美需要、促进个体审美发展的主要手段。审美发展阶段性的一个重要表现是个体审美需要和审美趣味的差异,只有满足个体的审美需要,让学生真正自觉地投入审美活动之中,才能真正提高学生的审美发展水平。在美育过程中,如果只是简单地照搬教材的内容或者想当然地以为学生需要什么样的审美活动,就可能脱离学生实际的审美需要和审美趣味,教师便会觉得是在对牛弹琴,学生则认为是教师在自言自语,无法达成交流与沟通,自然更不可能激发学生的审美体验,学生的审美发展也就无从谈起了。如流行音乐和通俗小说是中学生们非常喜欢的,但在美育当中却见不到它们的踪迹,这是不正常的。实际上,大众审美文化有其合理之处,对青少年的审美发展也有促进作用。但对于它们所夹杂着的不健康的甚至颓废、腐朽的东西,青少年往往缺乏必要的辨别力。美育能够让学生领会其优劣,提高对不健康的文艺作品的鉴别力及抵御能力。因而这种流行文化引入美育课堂不仅满足了青少年的审美需要,也促进了青少年的审美发展,消除了大众审美文化的消极影响。严肃的、传统的内容是必需的,但不是唯一的,关键是如何适应青少年的审美发展水平,促进审美发展。

其三,对于个体年龄特征的理解不能过于抽象或完全等同于发展心理学的观点。托马斯·门罗认为,如果这样的话,"我们可能会被误导而忽视个体间的重要差异和自己的文化与其他文化间的不同"[①]。这就是说,我们在设计美育活动时不能依据一般的年龄特

---

① Thomas Munro, *Art Education*, "Its Philosophy and Psychology", 第 64 页。

征来进行,而应该从这个年级这个班甚至这个人的具体的审美发展特点入手,这也是因材施教原则的具体体现。实际上,青少年审美活动和审美意识的变化之快超过我们的想象及任何教科书的描述,满足于一般性的讨论显然是不够的。美育教师只有亲自去研究自己的学生,才有可能真正使自己的教学适合于学生的审美需要和兴趣。

三、阶段性原则的实施途径

审美发展的阶段性要求美育必须具有层次性,做到循序渐进,为处在不同发展阶段的个体安排不同的美育计划、美育内容及手段,也就是说,阶段性原则必须贯彻到美育任务的确定、美育课程的设置及教材教法的选择等各个方面。

1. 美育任务的确定

处在某一特定审美发展水平上的儿童、青少年应有他们特定的审美发展任务,因而从教育的角度来说,美育的教学任务也是特定的。如在学前期,幼儿的审美活动被看成是探索和认识外部世界的主要手段,因而幼儿阶段的美育任务通常是全面性的,涉及到各种心理能力,但重点应放在审美感知及操作技能的培养上。而小学的美育任务则主要体现为进一步发展儿童的审美感知能力,维持儿童表达的兴趣。由于小学生开始接受严格的逻辑思维训练,因而保护小学生的想象力及审美直觉能力也成了小学美育的重要任务。到了中学之后,学生的欣赏批评能力大大提高,审美意识开始出现,而审美创作与表达能力有减弱趋势。因此,中学美育除了培养学生的欣赏批评能力和正确的审美意识之外,如何培养中学生的审美创作与表达能力也是个重要的任务。总之,美育任务的确定必须与个体总的发展任务和审美发展水平相适应。

2. 美育课程的设置

不同的美育任务决定了学校美育课程的设置要求。如小学中的美育课程与中学里的美育课程就不一样。由于小学生的审美趣味分化程度较低,因而在课程的设置上就相对较为固定和集中,目前小学中普遍开设的音乐、美术课就是如此。而在中学阶段,学生的审美趣味和审美能力趋于多元化,他们就需要更多的课程满足其审美需要,除了传统的美育课程之外,像建筑、工业设计、服装等都可以包括进来。这样,中学的美育课程就应以选修课为主,以便尽可能地满足学生不同的需要。

美育课程的设置应特别重视潜课程的开发。美育具有潜移默化的特征,学校教育中的许多方面都会对学生的审美发展产生影响。如学校的环境、师生同学关系、课余的审美活动等都是美育潜课程中的重要因素,其实在学科教学中渗透的美育也可以说是美育的潜课程形式,这些潜课程在学生不同的发展阶段应有不同的要求。

3. 美育内容和方法的选择

美育内容和手段在很大程度上是由教材决定的。目前的教材尽管也考虑阶段性规律,但还是很不够的。教师应当能够依据学生审美发展的特点和规律,自主地选择合适的教学内容和手段。

一般来说,随着学生年龄的增长和审美发展水平的提高,美育的内容应当由易到难,从形式过渡到内容与形式的统一,从优美逐渐上升到崇高、悲剧和丑等。对于中学生来说,他们已经不满足于简单优美的内容,而希望能欣赏和表达更能表现人类情感深层的内容,如表现痛苦、忧郁、愤怒、死亡等艺术类型更让他们着迷;从审美类型来说,他们也不再满足于艺术美的欣赏,而扩展到了社会美、自然美的欣赏。这可以说是提高青少年审美发展水平的重要契机。

从教学方法来看,随着审美发展水平的提高,应当体现出由动到静及动静结合的变化,并逐渐由以教师为主过渡到以学生为主的教学方法。不同的教学方法当然需要相应的手段来支撑,中学生认知和活动能力等的提高为运用更多的教学手段提供了极为有利的条件,如阅读写作能力的提高可以使我们更好地利用它来提高学生的文学修养,而不必像幼儿园那样过分依赖教师的口头表达能力。下一节"多样化原则"将对此作更进一步的讨论。

第五节 多样化原则

个体的审美需要多种多样,用于美育的审美活动也丰富多彩,由个体组成的教育基本单位——班级的审美需要和审美趣味更是变化万千,单一的审美形态和美育手段不能满足学生多方面、多层次的审美需求。因此,为使美育价值得到真正的发挥,就必须从美育的内容、组织方式和教学手段等各个方面作出统筹规划,使学生接受多方面的审美熏陶,扩大审美视野,深化审美体验。

其实,多样化也是个性化的另一种说法,只是个性化更注重个别审美活动的设计,而多样化则是注重多种审美活动的安排及管理。这就是说,多样化原则主要讨论美育活动的组织及教学形式的灵活运用。

一、教学组织方式的多样化

不同的美育内容有其相应的教学组织方式,如美术教育较适合个别化的教学组织方式,而音乐教育则既可以是个别化的又可以是班级制的;自然美的欣赏需要走出教室直接投身到大自然中去,而社会美的判断则完全可以通过课堂讨论来进行。从美育的整体考虑出发,美育过程既有独立性的艺术教育,又有渗透于各种教学的渗透性美育,它们都有不可替代的价值,都是培养青少年良好的审美素养和审美个性所必需的,很明显它们都有不同的教学组织方式。

一般的教育理论阐述教学组织方式的多样化和个别化的出发点是为了适应学生知识掌握和学习能力的差异,目的是为了最终消除这些差异。尽管教育理论也认为要保护学生的个性差异,但都有意无意地把个性差异看成是对教学过程的干扰。由于美育把情感培养和个性养成作为教育的目的,在教学过程中也特别强调教学过程中情感交流和体验的作用,强调创造力的作用,因而美育过程必须坚持多样化和个性化的教学方式。多样化的教学组织方式是保护和激发学生审美个性的发展和成熟的重要措施。

为了便于教学,美育的教学组织也可以由同质的教育对象构成,特别是以讲授为主的艺术、美学概念的教学,学科教学中渗透的美育更是如此。同质群体的建立可以采取分校、分班、班内分组及升留级等方法,这是普通教育学当中经常论及的问题。而美育过程由于常常需要借助于相互交流,具有不同审美倾向和审美素养的学生组成一个班级有时还是十分有利的。因此,美育教学组织方式不应与一般的知识学习和传授所凭借的班级完全相同,它可以是同质性的,也可以是异质性的,以适应不同的教学目标和学习方式。

美育的教学组织方式还可以打破年龄、班级的限制,根据不同的教学目标和内容并结合学生的兴趣和接受能力组织临时教学班,这种教学班可以采取与选修课制度相结合的方式组建。临时教学班的规模可大可小,如欣赏课可以人数多些,而技巧性较强的表演或创作课人数则应少些,但都应以便于师生的情感交流和学生之间情感的相互激发为准,并且在美育目标评价标准的确定以及课程师资的调度上作出统筹安排。

班内分组也是美育课可以采用的组织方式,在原来的班级和临时教学班内都可以进行分组教学。分组教学可以根据不同的目的让学生选择不同水平或不同内容的活动,它可以随时组合,既有利于教师根据学生不同水平分组指导,也有利于小组内学生共同研讨。实际上,分组教学势必要给学生留下"自由"的时间和空间,有利于学生主动地去体验和尝试,对激发学生的审美敏锐性和创造性是十分有利的。

课外兴趣小组是目前美育教学比较常见的组织形式,但一般仅限于传统的文学和艺术的技能性训练,应向更多的领域扩展,吸引更多的学生参与,如戏剧、电影的欣赏和批评、实用工艺设计等。

竞赛也是一种有效的组织形式,可以组织多层次的竞赛。

二、教学手段的多样化

美育内容丰富,且各有自己的特点和要求,需要不同的教学手段调动学生的情感和体验。教学手段的单一既容易造成学生的厌烦心理,也无法展示审美对象可能蕴含的多种审美价值,还会使教师本人失去兴趣和激情,因而与美育的性质是不相称的。

教学手段有多种多样。当各种不同的艺术形式、不同民族风格特点的同一种艺术形式作为媒介用以培养学生审美批评能力的时候,它们就是有特性的教学手段。有些教师喜欢用古典的、经典的艺术作品作为美育的媒介,这自然没有错;但还应当对现代的和其他民族的艺术作品给予更多的重视。这些艺术作品不仅可以开阔学生的眼界,丰富他们的审美经验,而且由于它们的情感表达更为直接,也更能吸引青少年的兴趣。值得注意的是,现代艺术的许多商业变种往往以随意篡改和过分夸张的方式出现,常常引起学生审美思维的混乱,降低学生的审美趣味,必须引起足够的重视。

在具体的教学设计上,应当尽可

> **关键术语**
>
> 前端分析(front-end analysis)是美国学者哈里斯(J.Harless)1968年提出的一个概念,是指在教学设计开始的时候,对一些直接影响教学设计的进行但又不属于具体设计事项的问题的分析过程,以避免后续工作无的放矢、浪费人力物力。

能地采取让学生直接参与的手段。博物馆、艺术展览、音乐会、图书馆、影剧院等都能直接与美育教学相联系,都是教师可以利用的教学手段。实际上,社会为我们提供了大量的审美机会,正像人们常引用的罗丹的话那样,"美是到处都有的,对于我们的眼睛,不是缺少美,而是缺少发现",我们周围的建筑、山川、海洋、公园、景点甚至是大街上的照相馆、学生的集邮册都能增添学生的审美经验,更不用说现代社会发达的广播电视了。丰富多彩的审美对象并不都是能够搬到教室里来的,即使通过技术能够在教室里呈现的对象,也不可能有那样真切的现实感。当然,引导学生在现实中发现美,首先要求教师有广阔的审美视野,具备把现实的东西信手拈来转化为教学手段的能力。这就涉及教师个人的审美修养问题了。

在教学技术的运用上,仅有高超的语言能力和示范技巧是不够的。这两个方面的确非常重要,但总有教师力所不及的地方,需要借助科学技术手段,如幻灯、照相技术、音响、电视、计算机等。在中学里还有一些常见的科学器材,如显微镜、望远镜之类,其实也是发现美的工具,它们不仅在科学美、技术美的教学中作用巨大,就是在自然美的教学中也有其独特的作用,因为微观世界、宏观世界当中也包含着令人惊叹的美。美育过程需要有维持和激发学生审美与创造欲望的手段,这也是个教学技巧问题。加德纳指出:"较正常的儿童——有天赋,但又有未受到高度激发——一般会倒退而放弃艺术活动。"[①]处于青春期的中学生由于其审美能力、艺术能力不再被看成是主要的评价标准而得到老师和同学的鼓励,审美和创造的欲望自然降低。因此,我们在此特别指出,有效的强化措施在中学美育教学中是极为重要的教学手段,甚至是关键性的。我们需要采取多种鼓励性的教学手段维持学生的审美需要和动机。如多采用表扬的语言、帮助他们提高批判和创作技巧、及时提供反馈(师生之间直接的情感交流)等都将是十分有用的教学手段。应当说,许多从事美育实践的教师并不缺乏专业技能上的训练,但常不知如何去激发学生的审美活动,这是十分可惜的。

本章小结

美育的实施原则是实施美育工作的方法论基础,本章着重从美育的特殊性入手,阐述了作为一种教学过程的美育相对应的受教育者的学习过程——审美体验,并且以此为出发点,较为详细地探讨了美育过程所应遵循的几个基本原则及相应措施:体验原则、交流原则、个性化原则、阶段性原则及多样化原则等。这些原则都有各自不同的实施途径,对美育的价值也是不一样的。

其中体验原则和交流原则体现了美育过程的特殊性,是最基本的教学原则,而个性化、阶段性和多样化原则则是设计教学过程的依据,是教育学和心理学理论在美育领域中的具体体现。美育实施原则的重要性当然不是体现在它们的理论价值上,而是在对具体

[①] 加德纳:《艺术与人的发展》,光明日报出版社1988年版,第335页。

美育活动的指导上。因此,它们必须与艺术美育景观美育及学科美育活动结合起来。

思考练习

1. 试述审美体验的美育意义。
2. 怎样理解情感交流在美育中的作用?
3. 研究青少年审美特征有何现实意义?
4. 试举一美育案例,分析其过程的优劣。
5. 根据本章介绍的原则,结合自己的专业设计一个教案。

参考书目

1. 王朝闻:《审美心态》第七章《体验》,中国青年出版社1989年版。
2. 杜卫:《现代美育学导论》第七章《美育方法论》,暨南大学出版社1992年版。
3. 叶朗主编:《现代美学体系》第六章《审美教育论》,北京大学出版社1988年版。

第五章　不同审美形态的美育

【学习目标】

认识优美、崇高、悲剧、喜剧、丑和荒诞这几个基本的、主要的审美形态的美育特性,从它们与特定情感体验、情感陶冶和特定审美能力培养的对应关系中理解其独特的美育价值和意义。

通过优美、崇高、悲剧、喜剧、丑和荒诞等多样形态的美育特性的把握,丰富情感体验,开阔审美趣味,增强审美能力。

掌握不同审美形态的美育方法。在具体的美育过程中,根据教育对象的实际情况进行有阶段性、有所侧重的审美形态选择,使学生获得丰富的情感陶冶,具备全面的审美素质。

【内容概要】

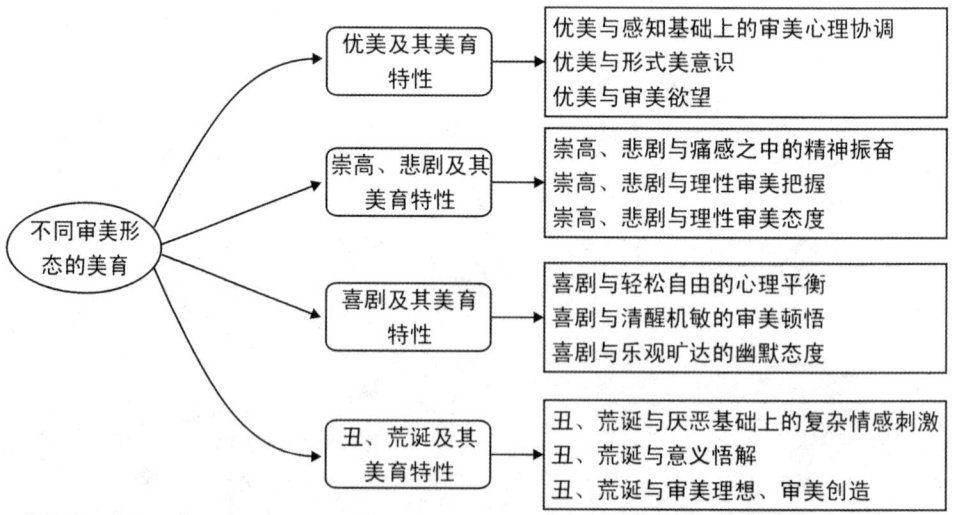

在美育系统中,不同审美形态的教育具有重要的价值和意义。通过优美、崇高、悲剧、喜剧、丑和荒诞等形态的多样性的欣赏、把握,有利于丰富情感体验,开阔审美趣味,增强审美能力。以往人们对美的认识往往侧重于狭义的美——优美,这有一定的审美局限。我们的美育应使受教育者把握更多的审美形态。不同的审美形态对应着欣赏者不同的审美心理机制,通过多种审美形态的教育可以有针对性、有所侧重而又全面地培养人们的审美能力。审美形态具有范式性,通过不同审美形态的教育,可以使人们掌握这些审美形态的审美规律、审美标准,以此去衡量、鉴别审美对象的性质。对不同审美形态鉴赏力的提高,更利于人们认识、把握、分析艺术思潮和审美风尚的历史发展规律。审美形态的概括性、抽象性,便于培养对抽象审美意味的感悟能力。在某种意义上说,对不同审美形态意味的体验悟解能力是审美能力的集中体现。以往我们鉴赏、分析艺术作品、审美现象,或侧重认识性、伦理性的思想内容,或侧重形式化的技巧手段。而从审美的意义说,更应侧重于审美形态意味的把握,去体悟优美、崇高、悲剧、喜剧、丑、荒诞等不同的审美性质、审美内涵。可以说,能否悟解多样的、不同的审美形态意味,是审美能力成熟与否的重要标志。审美形态是多样的,也是不断发展的。本章侧重探讨优美、崇高、悲剧、喜剧、丑和荒诞这几个基本的、主要的审美形态的美育特性,从它们与特定情感体验、情感陶冶和特定审美能力培养的对应关系中论述其独特的美育价值和意义。

第一节　优美及其美育特性

优美是以和谐为基本特征的审美形态。它单纯整一,平衡稳定,比例匀称,给人以赏心悦目的审美快感。

优美教育以其感知基础上的审美心理因素的协调性,在审美教育中占有重要的基础地位,它有利于培养人们的形式美意识,用美感愉悦吸引人们,唤起人们积极、强烈的审美欲望。

一、优美与感知基础上的审美心理协调

优美感具有感性、直觉的特点。在优美审美心理中,理性因素不明显、不突出,仿佛无须借助思考,便通过审美感官直接把握到优美对象,唤起美感愉悦。"眼睛一看到形状,耳朵一听到声音,就立刻认识到美、秀雅与和谐。"①在这里,没有心理的冲突,没有把握的困难。"一种发亮的颜色、丰富的音质、吸引人的曲线会毫无冲突地激起愉悦感。和谐的空间与音的形式在其自身中便具有可理解性,恰当地被称为美的——一种自然的浮动,它没有限制,没有斗争,没有粗暴的障碍,没有不确定。移情只介绍了愉快的解释,联想只使人想起愉快的观念。正因为没有骚乱,所以纯粹的美的价值总保持为一种表面价值。"②所谓"表面价值"并非缺陷,它正显示了优美的感性审美把握的纯粹性、自律性。优美的体验也可能由表及里,由浅入深,但不会因此而破坏感知的快感。而且,这种深化的体验不会脱离当前的知觉对象。所以,优美欣赏锻炼、完善着人们的审美感官。

在感性愉悦的审美基调上,审美主体的各种审美心理机制和谐运作,既无矛盾,又无阻滞,从最初的审美感知到审美想象、理解,一直到审美快感的获得,自始至终充满着协调、平衡、轻松的气氛。徐徐清风、潺潺溪流、明媚春光、荷塘月色、湖畔垂柳……优美的景

---

① 夏夫兹博里:《道德家们》,转引自《西方美学家论美和美感》,商务印书馆1982年版,第95页。
② 玛克斯·德索:《美学与艺术理论》,中国社会科学出版社1987年版,第141页。

色让人流连。"明月松间照,清泉石上流"(王维《山居秋暝》),当空皓月将白光洒向松枝,清凉的泉水在山石上轻轻流淌,雨后秋月笼罩下的林中景色,让人安谧流连。"细雨鱼儿出,微风燕子斜"(杜甫《水槛遣心》),鱼儿在毛毛细雨中游上水面,燕子在微风里倾斜着滑翔,细雨与河鱼,轻风与燕子,一切都显得那么闲适、轻松。"理想的美是直接显现的形式的统一,这个统一不仅与内心活动的自然进程相合,而且与内心状态的和谐的共存相合。"① 优美欣赏对促进人们感知、理解、想象、情感和谐统一的审美心理的完善,对保持和谐舒畅的心境,大有裨益。

优美感的感性直观性与心理和谐性,决定了优美教育在审美教育系统中的基础地位和广泛的适应功能。完满和谐的审美形式与人类的生命形式有着原初的适应性,自由协调的审美心理状态与人类追求协调平衡完整一致的本能内在一致。优美教育适合着不同心理水平和个性特征的人,尤其适合儿童。与其他美育形态相比,优美的教育是儿童美育的最基本形态。完满和谐的形式很适合以整体反应为特征的儿童知觉,自由和谐的体验也与儿童相对完整的心灵相协调。优美的直观方式,对于理解力不足而直觉创造力突出的儿童来说,是最合适的,优美感的愉悦性也符合儿童快乐无忧的天性。相对于不同欣赏能力水平的人,优美也具有广泛的适应性。其清晰可爱的外在形式,直接诉诸感官,引起快乐和喜悦,易于为人们普遍接受。优美的教育可以帮助人们树立基本的审美价值观。对人生来说,平衡是暂时的,矛盾冲突却是永恒的;但人的生命却追求平衡,渴望和谐。这体现在审美中,就是赋予瞬间的和谐自由以永恒的价值。因此,优美成为一切审美形态的基本价值尺度。美育宜于从优美开始,然后逐步扩大审美视野,提高审美素养。

二、优美与形式美意识

优美是以感性形式的和谐为主要特征的,其感性形式因素的情感意味及其组合规律,成为优美直观把握的重要内容。对优美的审美体验,有助于培养审美形式感,形成一定的形式美意识,从而以形式美标准指导审美欣赏和审美创造。

当我们讲形式美时,主要指的是存在于优美形态中的感性审美特性。所谓舒缓婉转的曲线,悦耳动听的乐音,协调柔和的色彩、光线,以及平衡稳定、对称协调、比例适当、单纯划一、多样和谐等点、线、面、形、声的组合法则之类我们把握的形式美内容,都是优美形态的特征。

 建议与思考

你对形式美因素及其组合法则掌握多少?建议依据形式美规律去鉴赏审美对象,不断丰富自己的形式美意识。

美学史上有关美的形式因素和形式美规律的论述,也基本上是依据于对优美对象的审美把握。毕达哥拉斯学派认为人体的美在于各个部分之间的比例对称,音乐的和谐来自于声音的长短高低的协调;亚里士多德认为美的主要形式是秩序、对称和比例,一个美的事物不但其各部分应有一定的安排,而且其体积也应有一定的大小。因此,优美形态对形式

---

① 玛克斯·德索:《美学与艺术理论》,第137页。

美意识、审美形式感培养具有直接的美育功能。

通过优美形态的教育,可以使人们形成一定的形式美意识,具备最起码、最基本、也是运用最多的审美能力。对大多数人来说,是否具有审美能力的最明显的标志便是看他能否感受或创造形式美。在很大程度上,形式美意识的确立也是审美标准的确立。人们在审美欣赏和审美创造中主要依靠形式美规律的指导。所谓"美化"——人的美化、环境的美化、产品的美化等,主要是形式美因素在各个领域的运用和体现,是以形式美法则为依据的。在装饰、设计领域,诸如工业设计、建筑设计、服装设计、家具设计等,正是自觉运用形式美规律来进行审美创造的。我国古代彩陶工艺造型中就已有意识地运用了对比法、分割法、开光法、双关法、多效装饰法等形式美法则。对比法采用曲直、横竖、长短、大小、黑白、动静以及线、面、空间等方面的对比,产生丰富多彩的装饰变化;分割法以比例为手段,使装饰面产生不同的区域,使纹样之间产生各种间隔,以达到节奏和韵律的美;开光法用一定的轮廓外形划分出装饰面,突出主体,增加层次。李渔曾根据色彩、质感的形式特点论述了穿衣打扮的美化,提出"相体裁衣之法":"大约面色之最白最嫩,与体态之最轻盈者,斯无往而不宜:色之浅者显其淡,色之深者愈显其淡;衣之精者形其娇,衣之粗者愈形其娇。……面颜近白者,衣色可深可浅;其近黑者,则不宜浅而独宜深,浅则愈彰其黑矣。肌肤近腻者,衣服可粗可精;其近糙者,则不宜精而独宜粗,精则愈形其糙也。"①在生产环境的美化中,运用或明亮、或沉稳、或活泼、或宁静的色调,悦耳舒畅的音乐,整齐而有节奏韵律的器物摆置,营造出优美和谐的气氛;产品的美化,通过造型的形状、质感、肌理、量感等因素的巧妙处理,达到实用与审美的有机结合;居室的美化,通过棚顶、地面、墙壁的装饰和家具等的摆设,呈现出既符合形式美规范又具个性特点的审美情趣。这些,都有赖于人们形式美意识的形成与逐步完善。

三、优美与审美欲望

优美形态以赏心悦目的形式感染着欣赏者,其直接愉悦的性质适应着人类最基本、最深层的享乐天性,具有很强的吸引力。它充分唤起欣赏者的审美欲望,把人们吸引到审美活动之中。唯有与人的基本天性相适应的美育,才能真正实现其满足个体的情感生存需求,发展其各种潜能的目的。美育不是说教,只有充分唤起受教育者的主动的审美欲望,才能达到理想的美育效果。优美形态的吸引力对唤起审美欲望起到极大的作用;优美的愉悦性和快感使人产生一种亲切感和爱的情感。"美的事物在人心中所唤起的感觉,是类似我们在亲爱的人面前时洋溢于我们心中的那种愉悦。我们无私地爱美,我们欣赏它,喜欢它,如同喜欢我们亲爱的人一样。"②"秀美的事物立刻就叫我们觉得愉快。它的形态恰合我们的感官脾胃,它好比一位亲热的朋友,每逢见面,他就眉开眼笑地赶上来,我们也就眉开眼笑地迎上去,彼此毫不迟疑地、毫无畏忌地握手道情款。我们对于秀美的事物的情

---

① 李渔:《闲情偶寄》,浙江古籍出版社1985年版,第123页。
② 车尔尼雪夫斯基:《生活与美学》,人民文学出版社1957年版,第6页。

感始终是欢喜的、肯定的、积极的,其中也不经丝毫波折。"① 亲切的感受、爱的感受,怎能不叫人心驰神往呢?

优美感是赏心悦目、宁静舒适的自由体验,优美的欣赏使人获得全身心的松弛与舒畅。优美教育使人们紧张和动荡的心灵获得松弛和宁静。席勒指出,优美可以使紧张的人得到放松。所谓"紧张",是指受到感性欲望和理性法则的强制,而融合性的优美既可以使感性欲望在审美升华中扬弃杂乱无序的非理性成分,"使粗野的生活和缓下来",又可以使法则规范重新获得生命的内容,"使概念回到直观,使法则回到情感"。② 优美的松弛作用就是解除心灵的强制,使之达到有活力的宁静或有序的活泼。博克则通过优美的形式因素的分析说明其"松弛舒畅"的审美效果,美的对象的"各个部分的线条不断地变换它的方向;但它是通过一种非常缓慢的偏离而变换方向的,它从来不迅速地变换方向使人觉得意外,或者以它的锐角引起视觉神经的痉挛或震动。没有一个长久保持同一个样子的东西能够是美的,也没有一个突然发生变化的东西能够是美的;因为两者都与令人愉快的松弛舒畅相对立,而松弛舒畅却是美特有的效果"③。在现代社会,劳动的高度机械化、标准化,劳动过程的程序化,使人的生活处于高度紧张的状态。心灵长期受强制是造成精神分裂和心理疾病的重要原因。对这种紧张的心灵来说,和谐宁静的优美形态,具有一种灵魂抚慰的作用。松弛舒畅的心境是人们所喜欢的,而这种心境恰恰可以由优美欣赏来营造,因而人们对优美的向往之情随着审美活动的增多会愈加浓烈。

第二节 崇高、悲剧及其美育特性

崇高是侧重人与自然、主体与客体矛盾对立的审美形态,具有冲突、无限、模糊、神秘、粗砺、动荡等特征。

悲剧(具有悲剧性的审美形态,包括戏剧形式的悲剧和其他种类的悲剧艺术)是以具有正面价值的人的不幸、毁灭为特征的审美形态。

崇高和悲剧给人以痛感为基础的复杂的审美感受,对于振奋精神、升华理想、培育理性审美能力、端正审美态度,具有重要的美育意义。

一、崇高、悲剧与痛感之中的精神振奋

崇高形态那巨大的威力、无边无际的形式、神秘莫测的未知世界,给人造成恐惧、不安;悲剧人物的不幸、失败、灭亡的悲惨遭遇,使人悲痛、哀怜,让人感到压抑、痛苦。但正是这些崇高性、悲剧性的痛苦之感对人产生了巨大的激发、振奋作用。

---

① 朱光潜:《文艺心理学》,《朱光潜美学文集》第一卷,上海文艺出版社1982年版,第236页。
② 参见席勒:《美育书简》,中国文联出版公司1984年版,第97页。
③ 博克:《论美与崇高》,《西方美学家论美和美感》,商务印书馆1982年版,第122～123页。

从艺术形态看,崇高型艺术属于那种激情、狂情的艺术,其情感力度超出了理性规范而震撼人心。它抛开了含蓄蕴藉、温柔敦厚的表现原则,狂放之情的蓄积达到了无法遏止、不发不以为快的程度。在崇高型艺术中,循情而发比依法而作更受推崇,只要能充分抒散剧烈的情感,便无所谓合法不合法、适当不适当。如果说,中和之美讲求含蓄、反对直露,那么,崇高型艺术则不怕太露,激情战胜了中和,狂放的内容突破了和谐的审美形式。换句话说,独特的内容要求独特的形式,正是这种以冲突为基础的激情表现,使得崇高型艺术具有了非和谐的因素。

美术是崇高审美形态的代表。灾难、战争、死亡、狂放的激情……汇聚成19世纪浪漫主义美术的洪流。席里柯的《梅杜萨之筏》展示了一幅震撼人心的海难场面:在船只遇难后临时扎成的木筏上,一群久经磨难的人正奋力把一个黑人举过头顶,他们拼命地向远方呼救。筏子另一边则躺坐着一些尸体和濒临死亡的人们。天上乌云滚滚,海上风狂浪凶。筏子艰难地行进,随时有颠覆的危险……震人魂魄,揪人肺腑,恐惧、悲伤、不安、怜悯之情涌上观者心头。

> **关键术语**
>
> 崇高(Sublime)。崇高是源于西方的美学术语、审美范畴。指一种突出了主体与客体、人与自然、感性与理性的对立冲突,情感力度异常强烈,具有狂放、暴烈、无限、模糊、神秘等特性的审美形态;它具有由不和谐到和谐,由痛感到快感的过渡性、双重性,给人以痛感为基础的复杂的情感体验。最早提到崇高的是古罗马朗吉努斯的《论崇高》,认为崇高是伟大心灵的回声。第一个把崇高与美严格区别开来的,是18世纪英国的博克。他在《论美与崇高》中指出了崇高的引起苦痛或危险观念和令人恐怖的性质。18世纪末德国的康德在《判断力批判》中进一步强调:崇高的本质在于想象力借助理性战胜自然界的恐惧力量,显示人的理性精神和道德力量的伟大,崇高感是一种包含痛感、由痛感转化而来的快感。在中国古代,崇高指高大雄伟的形象和高尚伟大的精神等,相对侧重在社会价值方面。在中国近现代美学中,常用壮美、宏壮来翻译西方的崇高,这是不确切的。中国壮美的审美意蕴、情感力度比较强盛,具有宏大、挺利、奔放、雄浑等特性。壮美使人振奋激动,但又给人或恐惧或压抑的痛感。

崇高和悲剧感使人的心灵得到激励,精神得到振奋,从而摆脱、超越麻木、消沉的生活态度和精神状态。文明的发展和物质的丰裕往往会造成人性柔弱,精神漠然。因此,人们的心灵需要用痛苦来加以刺激,使之在惊讶中醒悟。崇高和悲剧能使人从中体验到激情,这种激情更能让人感受到生命的活力。"激情固然有时使人痛苦,但没有激情的生活却更使人痛苦"。[①] 一般说来,追求幸福和享受是人的本性;但是,耽于享乐,安于现状,却会使生命萎缩,精神颓废,从而使既有的幸福也失去生活意义。而艰苦、曲折、斗争的境遇却可以使生命力得到更新和提高,使和谐宁静的生活在更高的水平上重新获得意义。崇高和悲剧把我们提升到生命力的更高水平上,把我们推向振奋的高处。崇高和悲剧的教育使个体心灵在痛苦中受到激发,超越生活的常态去追求更高尚、更有意义的生活目标。

崇高与悲剧形态的伟大力量、斗争精神、英雄气概更使人惊叹,受到莫大的鼓舞,感到

---

① 杜波:《关于诗与画的批判思考》,转引自朱光潜:《悲剧心理学》,人民文学出版社1983年版,第194页。

振奋和高尚。"在悲剧中,我们亲眼看见特殊品格的人物经历揭示内心的最后时刻。他们的形象随苦难而增长,我们也随他们一起增长。看见他们是那么伟大崇高,我们自己也感觉到伟大崇高。正因为这个原因,悲剧才总是有一种英雄的壮丽色彩,在我们的情感反应中,也才总是有惊奇和赞美的成分。"①悲剧有不幸、有死亡,但它更本质的东西却是崇高性、壮丽性、英雄性。那种英勇不屈的英雄品格、激烈悲壮的斗争境遇使人油然而生崇敬之情,自己的情怀也随之高扬。这种英雄气概更能激发我们的生命力感和努力向上的意识。

崇高与悲剧的精神振奋与提升的审美效应使我们的精神力量超出平常的尺度,摆脱低级、庸俗的趣味。它们具有使人脱俗的教育作用。对崇高怀有兴趣的心灵,必然对浅薄、卑下、空虚、造作等东西持蔑视态度,必然不满足感官的享乐,不满足既得的安逸。崇高与悲剧的教育具有使人胸襟开阔、对宇宙万物持有至高至善的生命关怀作用,这种教育更具有改善生存质量、振奋民族精神的意义。

 拓展阅读

朱光潜的《悲剧心理学——各种悲剧快感理论的批判研究》。

该书对西方悲剧美学中的心理距离、同情、崇高感、正义观、痛感中的快感、净化、生命力感等理论观点进行了较为全面的综述,有助于我们理解悲剧的审美心理和独特的美育作用。

二、崇高、悲剧与理性审美把握

崇高、悲剧不像优美那样强调感性直观愉悦,它更侧重于诉诸人的理性。崇高、悲剧形态的教育,有利于高扬理性精神,提高人们的理性审美能力。

崇高形态是巨大、无限、无序的,因而它不能直接满足感性审美观照的要求,但是对于具有较高精神力量的审美主体来说,感性生命的暂时受阻,却为充分表现其理性力量提供了最好的条件。"崇高之感的产生,一方面是我们自觉无力,受到限制,不能掌握某一对象,另一方面则是由于我们感到自己宏伟无比的力量,不怕任何限制,在精神上压倒迫使我们的感性的能力屈服的东西"。"一个崇高的对象,正是由于它抗拒感性,因此对理性来说是有目的的,它通过低级的能力使人痛苦,这样才能通过高级的能力使人愉快。"②优美感是一种通过感官便可直接感受的愉悦感,而崇高感则须通过理智与情感更为紧张的探索与激荡才能领会,它融合了感性把握的"不愉快"和理性把握的"愉快"的复杂情感。面对巨大的、威力无比的、超出主体实际能力的对象,主体却能以伟大的理性精神与之抗争,这种伟大的气概充分体现了人的尊严。我们在崇高的审美体验过程中,为这种人性的伟大所折服,从中意识到人的伟大,体验到人的力量,发出由衷的赞叹。在优美感受中,偏重于对合规律性的自由形式的欣赏,而在崇高感受中,则倾向于对合目的性的必然内容的探

---

① 朱光潜:《悲剧心理学》,人民文学出版社1983年版,第207、208页。
② 席勒:《论悲剧题材产生快感的原因》,转引自《美学资料集》,河南人民出版社1983年版,第340页。

求,体现为在矛盾冲突中求取伦理情感与哲理思维的交融。对崇高的审美把握,更需要克服感性阻碍而奋力趋向理性的心意能力。

从悲剧审美来看,悲剧之所以获得艺术的"最高阶段和冠冕"的殊荣,其重要原因就是体现着哲人们津津乐道、苦苦求索的理性意蕴。这些理性意蕴使人体察到深邃的哲理,获取强化人生理想和价值的经验模式。悲剧理性意蕴具有不同的层面,其本体层面可以引导人们对人的本质、人的生存及其价值的思索,探求生命意义、生命精神;其认识层面促使人们进一步去把握真理,认识历史的必然规律,还能激发人们对主观世界的思考,深化认识自己的能力;其伦理层面往往表现出人们对善与恶的观照,表现出悲剧人物对善的追求,从而升华人们的伦理意识。在悲剧中充溢着自觉的生命意识、伟大的反抗意志和崇高的超越激情。悲剧主体清醒地认识到生存发展的各种必然局限,把生活理解为矛盾斗争的过程,确信受挫和死亡之不可避免;同时,他也自觉意识到自己的崇高道德使命,把为人类幸福贡献自己的一切作为最大的幸福。由此,他获得了坚定的人生信念和不屈不挠的反抗意志。悲剧"使我们从平凡安逸的生活形式中重新识察到生活内部的深沉冲突,人生的真实内容是永远的奋斗,是为了超个人生命的价值而挣扎,毁灭了生命以殉这种超生命的价值,觉得是痛快,觉得是超脱解放"。① 悲剧感以其对生存境遇与生命意义的自觉领悟而达到哲思的高度,以其对道德使命的充分确认和对人类不幸命运的深切同情而具有最高的道德感。悲剧艺术对人生意义的探求,通过死亡来思索生的意义,通过痛苦而追求精神自由,使其具有了哲学的意味。"悲剧是哲学性的艺术,它提出和解决生命最高深的问题,认识存在的含义,分析全局性的问题。"② 可见,哲理性在悲剧艺术中处于突出的地位。

悲剧的理性意蕴及其领悟,对人生观教育具有重要的意义。悲剧意识是人生观的一个重要组成部分。悲剧可以唤醒人们自觉的人生意识,清醒地认识到人生旅途中存在各种不可调和的矛盾,正确地对待人生的挫折乃至死亡。同时,悲剧可以提高人们的道德感和精神力量,培养为实现人类的崇高理想而不懈斗争的勇气和激情。一般说来,青少年往往对生活抱着善良的愿望和美好的憧憬,但在他们的成长过程中,随着逻辑思维能力和批评精神的发展,他们会愈来愈多地发现社会现实的某些不合理性和矛盾的方面,发现理想与现实、个人与社会、人与自然之间某些对立冲突。又由于处于青春期的青少年对人生缺乏深刻的体察,逻辑认识带有浓重的自我情感色彩,往往会对人生矛盾作出片面、武断和迅速摇摆的判断与反应,欢喜和悲哀、得意和失意、满足和后悔、希望和绝望,这些完全相反的情绪体验不断地涌现出来,混杂在一起,使他们常常处于苦恼之中。这种苦恼正反映了青少年的自觉意识的萌发。虽然这种自觉意识是朦胧而脆弱的,但它可以在适当的教育下,发展成明确而坚定的人生观。悲剧的教育可以培养青少年的悲剧感,使他们确认人生矛盾的必然性,确认人生的伟大意义正在于艰苦卓绝的斗争之中。同时,悲剧的审美体验不断激发着他们的精神力量,推动着理性的提升。这样,就使他们的欢喜与悲哀、希望与绝望等正负相对的情绪体验建立在正视生存矛盾和敢于超越生存界限的理智和勇气之

---

① 宗白华:《艺境》,北京大学出版社 1987 年版,第 75 页。
② 鲍列夫:《美学》,中国文联出版公司 1987 年版,第 99 页。

上,使一己的苦恼和绝望升华为坚定的信念。因此,原先的希望由于注入了对困难的充分估计而更加坚实,原先的欢乐由于被置于痛苦的体验之上而更加深厚和强烈。悲剧的教育是对心灵的磨炼,是现实人生考验的有计划、有指引的预演,它能克服盲目乐观和消极悲观,使人头脑更清醒、灵魂更坚强、心灵更有韧性。

三、崇高、悲剧与理性审美态度

在崇高与悲剧的审美中,审美距离感和审美态度是其重要条件。通过崇高、悲剧形态的教育,有助于培养人们适当的审美态度,以便在审美活动中保持清醒的头脑,使情感与理智达到和谐的统一。

威胁人的崇高,悲剧中的死亡、苦难,给人以情感上的痛苦、恐惧。欣赏者如果不能跳出实际的、直接的利害关系,与对象保持一定的审美距离,便很难获得审美的感受。悲剧艺术用艺术方法使悲剧事件与现实隔开,一些艺术手段也产生一定的形式美效应。但在具体的悲剧欣赏中,尤其是在戏剧形式的悲剧欣赏中,仍然有人把戏剧当成现实,以致出现要枪击饰演反面角色的演员等现象。可见,审美态度的端正、确立是非常重要的。布洛在论述审美距离时指出:距离有两方面的作用,一方面是"否定的、抑制性"的作用,"摒弃了事物实际的一面,也摒弃了我们对待这些事物的实际态度"。这就是说,距离使我们从事物的实际利害关系中超脱出来;另一方面则是"肯定的"作用,"在距离的抑制作用所创造出来的新基础上将我们的经验予以精炼"[①]。摒弃了实际的利害关系后,通过审美的观照,对象就会呈现新的美学上的意义。布洛所举的观赏海雾的例子便说明了这一审美上的转化:海上起了大雾,对水手而言,这预示着危险,会令他们烦躁不安。但如果抛开这种实际利害的考虑,把注意力集中在对象形式本身上面,这场大雾就成了赏心悦目的美景。那使水天一色的透明的薄纱一般的雾境,那远离尘世、陌生孤独的感觉,还有那既给人安恬又令人感到几分恐惧的一片沉寂,都给人以异常的审美感受。可以说,优美的欣赏是由美的事物把人的注意力吸引过去,使你沉浸在审美情境中,其审美态度的确立是较容易的。而对崇高和悲剧形态的欣赏,其审美态度的确立则相对困难一些。这也正说明多进行一些崇高与悲剧欣赏,对锻炼、培育人们的审美态度是大有益处的。

悲剧艺术对现实生活中的悲剧性事件进行了距离化、审美化处理。现实中的悲惨的生活境遇是不应作为欣赏对象的,而悲剧艺术形态却是供人进行审美观照的。这种审美观照必须以审美态度为前提。悲剧审美态度是情感与理智的和谐统一。面对悲剧人物的不幸遭遇、邪恶势力的猖狂逞威,我们不会无动于衷,我们的同情、哀怜、愤怒油然而生。但是,"正确欣赏悲剧需要一定程度的自制和清醒的理智"。"在悲剧欣赏中,我们常常感到的是审美的而非道德的同情。我们并不会为朱丽叶传递消息给罗密欧,只会同情地感到朱丽叶的焦虑和痛苦。我们不会向奥瑟罗喊道:'你这黑鬼,难道你不明白伊阿古在撒谎吗?他告诉你说你妻子送人作信物的那方手帕,其实就在他的衣袋里!'我们只会像奥瑟罗一样,让自己随着他一起受骗,一起悲叹。当然,也有一些头脑简单的人在产生强烈

---

① 参见蒋孔阳:《美学新论》,人民文学出版社1993年版,第105页。

幻觉的时候,把悲剧情节当成真事,投身去干涉戏剧行动的发展。例如,有一位美国慈善家把 50 美分的钞票扔给舞台上的穷发明家,要他去买柴来生火继续做实验。还有一个中国木匠跳上舞台,一斧子砍死了扮曹操的演员。这种道德同情可以很容易地避免悲剧性结局,或证明正义原则的存在,可是,这样做的同时,它也摧毁了悲剧本身!"① 悲剧欣赏者有"分享型"("参与型")和"旁观型"两种。前者重情感,后者重理智。而理想的悲剧审美欣赏应将"分享"与"旁观"、情感与理智有机结合起来:"他在情感上把自己和剧中人物等同起来,多少能和他们共命运,这就使他对人物心理能获得第一手的直觉认识。这是理解悲剧的首要条件。他在理智上又能控制自己,把悲剧看成一件艺术品,并注意各个局部与整体之间的关系。完全进入情绪而没有超然的观照和清醒的理智,就看不到悲剧的形式美;完全超然而没有同情的渗透,则不可能像真正的审美经验那样达到情绪的白热化。"这种情感与理智和谐统一的审美心理功能,既要从理论上加以认识,更需要在大量的悲剧审美实践中进行磨炼。

第三节　喜剧及其美育特性

喜剧(具有喜剧性的审美形态,包括戏剧形式的喜剧和漫画、相声、笑话等)以本质与现象、内容与形式、现实与理想、目的与手段等的不协调为主要特性,唤起欣赏者笑的审美反应。

喜剧使人获得轻松自由的心理平衡,对培养清醒机敏的审美顿悟能力、乐观旷达的幽默态度具有重要的美育意义。

一、喜剧与轻松自由的心理平衡

喜剧给人以笑的喜感。喜感在人类情感中占有重要地位。古人说人禀七情:喜、怒、哀、欲、爱、恶、惧。近代西方心理学家把人的情绪分为快乐、愤怒、悲哀、恐惧四种基本形式。我们谈到情感,常说喜、怒、哀、乐,可见喜的突出位置。喜剧性的笑可以调节人的心理状态。心理学家把情感分为愉快—不愉快、平静—激动、轻松—紧张三种度量。如果一个人的情绪经常处于不愉快、激动、紧张的状态,那么其心理就是不平衡的,心境是不好的。常处于不快状态便会使人抑

拓展阅读

方成的《漫画的幽默》。

该书以中外大量的漫画作品为例,从不协调、出奇、失常、出错、尴尬、机智、奇巧、矛盾、预期之逆转、曲折、含蓄、大转折、重复、无可奈何、见物思巧、触景生情、启人深思、心理刻画、故弄玄虚和反话诸方面阐述了幽默、滑稽、讽刺等喜剧特性及其表现手段。内容丰富,讲解清楚,有理论分析,有实例说明,图文并茂。让读者既欣赏了漫画,又理解了漫画等喜剧艺术的审美规律。

---

① 朱光潜:《悲剧心理学》,人民文学出版社 1983 年版,第 248、第 249 页。

郁寡欢、悲观厌世；常处于激动状态便使人易于急躁，减弱理智控制能力。在人的心理由不愉快到愉快、由激动到平静、由紧张到轻松的心理转化中，喜剧感的笑起着极大的平衡作用。喜剧给人以轻松感、自由感，使人获得心理的解放。

喜剧的审美活动，不像悲剧欣赏那样是一种由消极到积极、由痛感到快感的复杂转化过程，而是直接地表现为一种积极、快乐的过程。如果说悲剧感使人处于一种紧张、激动、振奋的精神状态的话，那么，喜剧感则使人处于一种轻松的状态中。喜剧也制造一种紧张，但使之在不付出主体代价的前提下得到解除；先惊后喜，先紧张后松弛，其间没有心灵的痛苦；由知觉、想象到理解、顿悟，感情的变化迅速；即使存在紧张、误会等不快成分，它们也在快感的优势下无法抬头；即使存在"危险"，也超不出轻松的氛围。欣赏喜剧时，不会感到生命力的阻滞。审美主体的心理活动轻松自在地随着喜剧情节而发展着。先紧张后松弛的喜剧心理过程犹如一种心理体操。心中先聚集起一定的能量，然后在痛快的大笑之中将它释放，心理达到缓和，精神得以休息。对于常处于紧张心境的人来说，这更是一种极好的心理补偿。轻松、愉快、自由自在，处于喜剧情境欣赏中，人们获得自由的享受。"我们为何发笑？正如儿歌所唱的，因为我们'自由地成为你和我'。"①

喜剧感的轻松自由，充分体现为一种自我肯定的优越感。喜剧欣赏者是以一种居高临下的姿态出现的。加拿大批评家诺思罗普·弗赖在论人物与观众的关系时指出："在一个英雄的和神话的世界里，观众把人物看作神或伟人；在现实主义的戏剧里，观众把自己看成跟角色处于同等地位；而在讽刺剧里，观众感到高于人物，于是鄙视和嘲笑他们。"②霍布斯的"突然荣耀"说也说明了喜剧欣赏者的优越地位："笑的情感显然是由于发笑者突然想起自己的能干。人有时笑旁人的弱点，因为相形之下，自己的能干愈易显出。人听到'诙谐'也发笑，这中间的'巧慧'就在使自己的心里见出旁人的荒谬。这里笑的情感也是由于突然想起自己的优胜。"③以优越者的心境去欣赏喜剧，其审美心理无疑是相当轻松的。因此，一方面喜剧欣赏中优越、轻松的心境使人得到精神的放松、平衡；另一方面，喜剧欣赏也进一步培养了人们的自我肯定的优越感，增强了笑着面对生活的自信心，从而使人们的情感生活既轻松自由又充满活力。

二、喜剧与清醒机敏的审美顿悟

喜剧欣赏要求清醒理智的审美观照，机敏地发现其中不协调的喜剧性，顿悟其喜剧意义，从而锻炼、提高人们的审美思维和判断能力，使之更加机智、敏锐。

喜剧的主要特征是其不协调性。"我们发笑，是当我们看到一项不协调性的时候。"④美学家们探讨了许多方面的喜剧不协调性和矛盾性，如丑——美（亚里士多德），渺小——崇高（康德），荒唐——合理（李赫特尔、叔本华）、无限的预定——无限的恣肆（谢林），机械

---

① 诺曼·N.霍兰德:《笑——幽默心理学》，上海文艺出版社1991年版，第217页。
② 转引自马丁·艾思林:《戏剧剖析》，中国戏剧出版社1981年版，第66页。
③ 转引自《朱光潜美学文集》第一卷，上海文艺出版社1982年版，第265页。
④ 诺曼·N.霍兰德:《笑——幽默心理学》，上海文艺出版社1991年版，第19页。

的——有生命的(柏格森),虚假、表面合理——意义深远、永恒和真实(黑格尔),内在的空虚——奢求高雅的外表(车尔尼雪夫斯基)等等。诺曼·N·霍兰德将不协调理论归纳成三种类型:(一)"认知的不协调性":"认知的不协调性诉诸我们的理智。……当某物同时既肯定又否定同一命题时,你会发笑。当某事物造成混乱,而后又很快愉悦地解除了混乱,你会发笑。令人舒心的井井有条的与令人心烦的杂乱无章之间的对比,会使你发笑。对于理智上的否定和情感上与之相反的反应之间的不协调,你会发笑。如果某个事物呈示了我们现实世界的局限性,由此来肯定另外某个理想境界的合理秩序,你也会发笑。"(二)"伦理的不协调性":"伦理的不协调性更显见地诉诸我们的价值感。这一理论认为我们在看到如下的不协调性时会发笑,即高尚与卑贱、高贵与低下、神圣与渎神、荣耀与辱没——最终是善与恶之间的不协调。"(三)"形式的不协调":这是一种"呈现的事物与它被显示的方式之间的对应"①。喜剧作品突出和强化了诸多的不协调性。塞万提斯的小说塑造了堂·吉诃德这一理想与现实极不协调的喜剧典型,杜米埃的油画《堂·吉诃德》更使人直观感受了不协调的喜剧效果。幻影般的形象渲染着非现实的情境。昂首挺胸摆出高贵的姿态,目空一切,为了幻想的目标,义无反顾地勇往直前。滑稽的矛盾对比叫你捧腹。莫里哀的喜剧《伪君子》充分运用夸张与对比手法,讽刺揭露了答尔丢夫的不协调的伪善性格。他自诩为奉行禁欲主义的苦行僧人,却是个大吃大喝、红光满面的酒色之徒;为了自己不慎捏死一只跳蚤,他虔诚地忏悔不已,实际上却不惜置奥尔恭于死地而后快;标榜不近女色,见到桃丽娜袒露的胸脯,就叫嚷要用手帕遮起来,但一听到欧米尔想见他,就立刻"温柔"起来,迫不及待地问道:"她就来吗?"在喜剧欣赏中,只有捕捉到了某种不协调的喜剧性,才能获得具有审美意义的笑的体验。在这里,审美主体机敏的认识能力是主客体喜剧结构对应关系激活的关键。

在喜剧欣赏活动中,欣赏者保持一种清醒的理智感,感情的激动让位于心智的思考。审美主体以旁观者的身份对喜剧对象进行冷静的认识活动。主体不会让自身陷入情境中去,不会被情境所摆布而失去清醒的头脑。欣赏者在喜剧不协调性的审美发现中,更多的是理智的观照,因而能够捕捉突然显露出来的不协调矛盾。相声的"包袱"是产生喜剧性效果的基本手段。演员在观众不知不觉中将包袱皮打开,把笑料一件一件装在里面,捂在里面,然后又等待时机成熟突然抖落。由于笑料是在观众不知不觉中装在里面的,因此当包袱抖落时,唤起观众出乎意料的大笑。同时又由于笑料是面对观众装在里面的,因此在大笑之余又觉得合理可信。相声的"包袱"是相声中喜剧性矛盾酝酿、发展的一个过程。相声包袱常采用"三翻四抖"的结构形式。其中"三翻"是对矛盾假象反复进行渲染和强化,"四抖"是在"三翻"之后突然揭露矛盾的真相。对相声的既在意料之外又在情理之中的"包袱"的感悟,有助于锻炼人们机敏的审美判断能力。

喜剧感的理智认识是一种审美顿悟,刹那间的领悟是触发笑的强大动力。这种顿悟是对喜剧性矛盾的突然发现,它既包含感性又包含理性。里普斯论述了喜剧欣赏中的"愕然大惊"与"恍然大悟":"在喜剧性中,相继地产生了两个要素:先是愕然大惊,后是恍然大悟。实际上,可以更一般地这样表述喜剧性。愕然大惊在于,喜剧对象首先为自己要求过

---

① 诺曼·N·霍兰德:《笑——幽默心理学》,上海文艺出版社1991年版,第11、12、14页。

分的理解力;恍然大悟在于,它接着显得光光如也,所以不能再要求理解力了。"①喜剧情境以其奇诡莫测、变化多端、荒谬悖理等给人以惊奇感。这种惊奇唤起欣赏者的怀疑、探究愿望,在顿悟了真相后,得到一种突然放松的快乐。如果把喜剧欣赏同悲剧欣赏、笑与哭的过程比较一下,更能看出喜剧性笑的顿悟性。哭是悲痛情感的表现,它的出现需要情感的积累过程,而笑则是审美顿悟后的突发性表现。

机敏的审美顿悟也体现出一种创造力。这种创造力把原不相干的事物豁然串通,别出心裁却又合乎情理地揭示生活的某些真相。因此,一些心理学家把喜剧感作为重要的创造性因素来看待。阿瑞提在《创造的秘密》中认为,对喜剧、妙语等的研究是"一种能更好地理解创造过程的途径"②。可见,喜剧欣赏、喜剧感的培养,对发展人的创造性心理功能也是大有裨益的。

三、喜剧与乐观旷达的幽默态度

喜剧教育更利于培养人们幽默的审美心理和幽默的人生态度。喜剧艺术的幽默性给人以深刻的影响。

具有幽默态度的人乐观豁达,包容万方,微笑着对待生活。"幽默的人在观察世界时虽从理性出发,但更带着丰富的情感,他遇事都要设身处地,在严肃中蕴藏着宽厚仁爱;心胸博大,处逆境而泰然自若;在嘲笑别人的荒谬愚蠢的言行时,同时嘲笑自己的缺点错误;常存悲天悯人的心情,又有积极乐观的精神。"③具有幽默感,便能对他人采取宽容的态度。因为以幽默心理去看待他人,可以站在人类整体的高度上,把自己与他人相联系。于是,他人的可笑行为与自己的缺陷有了相通之处。幽默的人能充分理解、认识自身的缺陷。"一个爱好幽默的人既然认识自己内在的价值,他就十分深切地看到在他的处境中、在他的外表上、在他的性格里的一切渺小、无益、可笑、卑微的东西。""他就自认为道德上的伟大与道德上的渺小和弱点,自己都兼而有之,他自认为因为各种各样的缺点而变丑了。然而他却理解他的弱点的根子,也就是他的一切崇高、高贵和优美的品性的根子的所在之处,他的缺点和他的整个人格一定是联结在一起的。"④在这里,幽默体现为自嘲,成了一种要求与他人交流、沟通、友好的表示。"有幽默感的人并不孤僻怪诞,而和别人打成一片,无拘无束,自由奔放,善于反省,富于同情,因而使我们感到非常亲切,即使在嘲笑他的缺点错误时,也还感到他不无可以宥谅甚至可爱之处。"⑤幽默的乐观精神使人会对某些令人尴尬的境遇、缺陷、失误付之一笑,会在生活的波折面前泰然处之,因为他以人类社

---

① 里普斯:《喜剧性与幽默》,《古典文艺理论译丛》第 7 册,人民文学出版社 1964 年版,第 84~85 页。
② 阿端提:《创造的秘密》,辽宁人民出版社 1987 年版,第 129 页。
③ 陈瘦竹:《论喜剧中的幽默和机智》,《论悲剧与喜剧》(陈瘦竹、沈蔚德著),上海文艺出版社 1983 年版,第 87 页。
④ 《车尔尼雪夫斯基论文学》中卷,上海译文出版社 1979 年版,第 94、95 页。
⑤ 陈瘦竹:《论喜剧中的幽默和机智》,《论悲剧与喜剧》(陈瘦竹、沈蔚德著),上海文艺出版社 1983 年版,第 87 页。

会的总体力量为依托,从人类文化的精神财富中汲取了力量,可以清醒坦然地超越所面临的矛盾与不足。"对将来抱有希望",是幽默家含笑对待生活的重要力量,是喜剧艺术积极乐观的审美情感体现。当然,幽默的乐观不是盲目乐观,它有清醒的理智,有对社会发展规律的把握为依据。

幽默感的培养、增强,使人眼界更加开阔,心胸更加宽广,在平凡的人生中识见深刻的价值,使自己的生活充满情趣。

第四节 丑、荒诞及其美育特性

丑的本质是不和谐。嘈杂、紊乱、畸形、病态等是丑的形态特征。表现在艺术中的恶与假也成为丑的形象。荒诞是丑的极端化,是"理性协调的颠倒"①,表现为极度的不合理、不正常、无意义。

丑、荒诞给人以厌恶为主的复杂的情感刺激。有关丑和荒诞的教育丰富着人们的审美体验,锻炼了复杂意义的悟解能力,并进一步激发人们高尚的审美理想,唤起战胜丑、创造美的动力。

一、丑、荒诞与厌恶基础上的复杂情感刺激

丑感、荒诞感是一种复杂的情感体验。在这种复杂感受中,厌恶感是最基本的。丑、荒诞的形象在形式上、意蕴上与我们的审美理想相抵触,造成感官、心理上的痛苦、不安。丑的形式"看起来不顺眼,违反我们对秩序与和谐的爱好",因此"会引起厌恶"②。不协调、嘈杂、混乱的因素,畸形、病态的形体,邪恶、虚假的形象,无不激起人们的反感。荒诞艺术让人面对一个无理性、不正常、杂乱无章的世界。在这里,人们过着平庸无聊、无目的、受习惯与本能牵制着的生活;言行像机器人般的机械,无休止地唠叨着琐事;麻木不仁,对单调、枯燥、空虚的生活习以为常。周围充斥着非理性的、盲目的而又险恶的力量,这种不可克服的力量统治着人。在荒诞艺术中,世界是陌生的,不可理喻的;人本身也是荒诞的,不明不白地被抛到这个世界上;人的行为是无意义的,人的命运是不可把握的……这一切给人以难以名状的痛苦、不安、恐慌,厌恶之情充满心境。

丑感、荒诞感的复杂性使其痛苦具有了与悲剧感、崇高感不同的审美内涵。其痛感是一种悲喜混合的痛感,是一种哭笑不得的情感体验。荒诞艺术的一个突出美学特点便是悲喜剧的混合。尤涅斯库说:"我从未弄懂人们对喜剧与悲剧所作的区别。喜剧作为荒诞的直觉在我看来比悲剧更令人绝望。喜剧不提供出路。……我称我的喜剧为'反戏剧'、

---

① 罗贝尔·埃斯卡尔皮:《荒诞》,转引自《喜剧理论在当代世界》,新疆人民出版社1989年版,第173页。

② 参见莱辛:《拉奥孔》,人民文学出版社1979年版,第135页。

'喜悲剧',称我的悲剧为'假悲剧'或'悲笑剧'。因为,在我看来,喜就是悲,人的悲剧是可笑的。对于具有批判意识的现代人来说,任何事情都不能看得太严肃,也不能看得太轻率。"①荒诞艺术常以喜剧手段表现悲剧主题。《等待戈多》便是典型的悲剧喜演:两个流浪汉无望地等待着"戈多",等待解救人生苦难的希望到来,明知枉然也要苦苦傻等。这是一种悲惨绝望的处境;但这种境况却由喜剧形式表现,舞台上充满了粗俗的玩笑、小丑的动作,这种悲喜混合达到了强烈的审美效果。滑稽可笑的徒劳等待显现着某些社会生活中悲惨无奈的生存处境,令人啼笑皆非的感受触动着人心。这里有同情、有嘲讽。荒诞感的笑不是开心的笑、乐观的笑、有希望的笑,而是无可奈何的笑、不置可否的笑。荒诞艺术的喜剧处理态度是冷漠的,它既不是幽默的"谑而不虐",也不是讽刺的彻底否定。传统喜剧中有丑也有美,但美已经或必将压倒丑。而荒诞艺术则展示现实世界中的丑,没有希望,没有光明,在给人以"强烈的喜"、"强烈的悲"的混合感受后,最终还是使人陷入痛苦。

但正是这些悲喜交集的痛感给人以强烈的情感刺激,给人以突出的审美震撼。丑、荒诞,"我们不可能喜欢它们,但它们却不断吸引我们的注意。这种丑有着地狱一般的吸引力。纵使在一般生活中,丑的变形,令人作呕的东西实际上都能使我们着迷,其原因不仅是由于它以突然的一击而唤起我们的敏感,而且也由于它痛苦地刺激我们那作为整体的生活"②。丑、荒诞艺术的强烈感染力受到许多艺术家、美学家的重视。尼采说:"如

 拓展阅读

刘东的《西方的丑学——感性的多元取向》。

该书考证了"埃斯特惕卡"的翻译,指出既不应是"美学",也不应是"丑学",而应是"感性学"本身。它描述了西方感性心理的演变过程,探讨了人们的感性心理空间在丑的介入下得以拓展的历史。将西方美学史阐释为一部由美而丑——丑学的诞生史。以当代审美观念、当代艺术精神来阐释整个西方审美艺术的发展。集中展示了现代西方丑艺术的景观。对我们理解丑这一形态,提高审丑能力,把握丰富的艺术现象,具有较大的参考意义。

果要求唯有循规蹈矩的、道德上四平八稳的灵魂才能在艺术中表现自己,就未免给艺术加上了过于狭窄的限制。无论在造型艺术还是在音乐和诗歌中,除了美丽灵魂的艺术外,还有丑恶灵魂的艺术;也许正是这种艺术最能达到艺术的最强烈效果,令心灵破碎,顽石移动,禽兽变人。"③这种具有强烈情感刺激效果的丑和荒诞形态,对激发人们的审美热情和艺术敏感,具有相当重要的作用。丑和荒诞的审美刺激给人以独特的心理上的满足,使人获得"一种带有苦味的愉快,一种肯定染上了痛苦色彩的快乐"④。而丑和荒诞艺术家往往正是通过丑陋、荒诞、骚乱、惶恐等给人以情感刺激,从而唤醒人们麻木的人性,以实现更高层次的审美超越。

---

① 尤涅斯库:《意见与反意见》。转引自张容:《荒诞、怪异、离奇》,社会科学文献出版社1995年版,第67页。
② 玛克斯·德索:《美学与艺术理论》,中国社会科学出版社1987年版,第156页。
③ 尼采:《悲剧的诞生》,生活·读书·新知三联书店1986年版,第178页。
④ 李斯托威尔:《近代美学史评述》,上海译文出版社1980年版,第233页。

二、丑、荒诞与意义悟解

丑、荒诞的感性形式给人造成厌恶感、痛感,那激动人心的审美刺激又深深地吸引着你,使你调动审美理性,去悟解那深层的、复杂的意义。相对于一般的审美形态而言,丑与荒诞具有更深远的意味。"一旦放弃了通常的与和谐的,而且一旦形式的不平常的选择强烈吸引我们的注意时,我们便能领会到,那激发美感的东西表现了藏在内部的有价值的精神生活……一般说来,丑如果突然出现,就会含义深长。"① 荒诞的重要特点是无意义,但荒诞艺术恰恰要激起观众从无意义中体味出意义来,要他们有意识地面对这种情境而不是模模糊糊地感觉到它。因此,意义的体味能力在对丑与荒诞艺术的审美鉴赏中得以锻炼、提高。

在丑和荒诞艺术中,表现方式具有非直接性,艺术内涵具有哲理性,人物形象具有非确定性。暗示、隐喻、梦幻、象征等等,成为丑和荒诞艺术重要的表现手段。"在尤奈斯库的《阿美代》里,一对夫妇由于隔壁房间里有一具尸体,或者就是被丈夫杀死的妻子的情夫的尸体,而感到恐怖,这具尸体在不断地增长……一个荒诞的概念:一具增长着的、但令人恐怖的尸体。它增长得那么大,以致一只巨脚最后破门而入;因为它仍在不停地增长,就逐渐把那一对夫妇挤出了屋子……一个纯粹的梦魇,也是一个强有力的意象,仔细想来,却是有意义的。无论隔壁房间里发生了什么事,这对夫妇的爱情在那里毁灭了。而一种死去的爱情的确在增长:它越来越难以忍受,最后毁灭了这个婚姻和这个家庭。因此,在这样的一些剧本里,梦魇或者梦幻形象也变成现实的、充满诗意的隐喻……正如一首诗有时是逐渐展开意象、隐喻和直喻的形式一样,一出荒诞派的戏是运用逐渐展开并揭露其更深刻意义的一种具体化的诗的意象。在传统的现实主义戏剧里,主要强调的是情节和人物……至于荒诞派的戏剧,表达其重大意义和效果的主要手段却是意象和隐喻。"② 荒诞派戏剧强调的是"情境",而不是具体明确的人物、情节。剧中人物多是没有个性特征的、脱离了具体的社会历史环境的抽象的人,他们甚至有的连姓名也没有。然而,这些人物富有象征性,是整个人类的象征,其处境在一定程度上是人类生存环境的象征。他们超越了具体的、社会的现实,在某种意义上表现了人类普遍的生存状态,具有普遍、深层的真实意义。

杰出的丑与荒诞艺术具有深刻的思想和情感意义,它体现了艺术家强烈的忧患意识、危机意识、社会责任感和批判精神,在丑陋、怪异的形象描绘中蕴含着对不幸的人们的同情,对邪恶势力的揭露和批判。当我们依靠敏锐的悟解能力窥见了丑与荒诞艺术的复杂而深刻的内涵时,我们得到的就不仅仅是形式感受上的刺激,更为那巨大、强烈的情感力量所震撼,从而获得某种异乎寻常的丰富的审美体验。

---

① 玛克斯·德索:《美学与艺术理论》,中国社会科学出版社1987年版,第157页。
② 马丁·艾思林:《戏剧剖析》,第61页。

三、丑、荒诞与审美理想、审美创造

丑、荒诞的教育与审美理想密不可分。人们对丑与荒诞形态的认识、理解，需要审美理想的介入、指导。"把现象评定为审美上的丑，这表明为了人和社会的自由发展消灭这种现象的必要性。因此，否定以丑这样的审美属性表现出来的现象，同样是确证美。这就是为什么对丑的正常的审美感知没有审美理想是不可思议的原因，审美理想使丑'适得其所'，用对丑致命的美的光芒刺穿它。"①同时，在对丑和荒诞形态的审美实践中，人们的审美理想、审美标准也更加完善起来。

丑、荒诞给人以厌恶感和强烈的复杂情感刺激，这种厌恶的反感必然激发人们抑丑扬美的意愿和理想。"'审美上的反感'（如果采用马克思的说法的话）——这也是审美情感。它之所以是审美的，因为它是由丑同美对立的意识（尽管这种意识也许还不太分明）和在这种对立中美的理想的确证所引起的。因而在这里以独特的形式产生审美满足，这种满足的获得由于审美理想参与其中，由于我们揭示丑的现象的实质的认识能力付诸行动，也由于我们激起了消灭一切丑陋、恶劣和卑鄙的意愿。"大量事实说明，美的创造并不只是由美引发出来的，很多是由丑引发出来的，丑则思美。丑的事物、现象引起人们的嫌恶、不满，便要求改变它们。丑和荒诞艺术集中描绘丑与荒诞形象，让人们充分认识社会中的丑恶，从而发愤图强，创造更加美好的未来。

本章小结

本章论述了优美、崇高、悲剧、喜剧、丑和荒诞等几个主要审美形态的美育特性，探讨了它们在特定情感体验、陶冶与特定审美能力、审美意识培养方面的价值和意义。优美是审美形态美育的基础形式，它使人在感知愉悦基础上获得审美心理诸因素的协调，形成丰富的形式美意识，唤起强烈的审美欲望。崇高与悲剧在美育方面具有一致性，它们使人在痛感中精神得以振奋、升华，在深层哲理、人生意义的探寻中锻炼理性审美能力，在审美距离的把握中确立适当的审美态度。喜剧使人在轻松自由的审美气氛中获得由紧张到放松的心理平衡，在喜剧不协调性的捕捉中提高审美顿悟能力。它的更宽泛的美育功能还在于培养人们乐观旷达的幽默人生态度。丑与荒诞是同一序列的审美形态，其美育意义过去未受重视，本章进行了初步探讨。它们使人在以厌恶为中心的悲喜交集的痛感之中受到强烈、复杂的情感刺激和精神震撼，促使人们去思考其特定的思想、情感意味，并且产生抑丑扬美的强烈要求，从而锻炼人们的意义悟解能力，升华审美理想，促进审美创造的发展。由不同审美形态的美育特性所决定，在具体的美育过程中，可以根据教育对象的实际情况进行有阶段性、有所侧重的审美形态选择，使学生获得丰富的情感陶冶，具备全面的

---

① 斯托洛维奇：《审美价值的本质》，中国社会科学出版社1984年版，第131、132页。

审美能力。

思考练习

1. 比较不同审美形态在情感陶冶、体验方面的特性。
2. 试述特定审美能力、审美意识与不同审美形态的对应关系。
3. 如何理解丑与荒诞的美育意义?
4. 谈谈你对不同年龄阶段学生进行相应审美形态美育的看法。
5. 根据某些受教育者的实际情况,拟订相应的审美形态美育计划。

参考书目

1. 康德:《判断力批判》上卷,商务印书馆1984年版。
2. 博克:《论美与崇高》,见《西方美学家论美和美感》,商务印书馆1982年版。
3. 朱光潜:《悲剧心理学——各种悲剧快感理论的批判研究》,人民文学出版社1983年版。
4. 阎广林:《喜剧创造论》,上海社会科学院出版社1992年版。
5. 佴荣本:《笑与喜剧美学》,中国戏剧出版社1988年版。
6. 方成:《漫画的幽默》,人民文学出版社2002年版。
7. 刘东:《西方的丑学——感性的多元取向》,四川人民出版社1986年版。
8. 李兴武:《丑陋论》,辽宁人民出版社1994年版。
9. 张容:《荒诞、怪异、离奇——法国荒诞派戏剧研究》,社会科学文献出版社1995年版。
10. 李斯托威尔:《近代美学史评述》,上海译文出版社1980年版。
11. 席勒:《美育书简》,中国文联出版公司1984年版。
12. 斯托洛维奇:《审美价值的本质》,中国社会科学出版社1984年版。

第六章　艺术美育

【学习目标】

认识艺术的审美本质、审美特点和艺术多方面的美育功能。理解艺术的美育功能是致力于促进人的自由发展,造就全面和谐发展的个性,艺术的审美教育是整个审美教育的重要组成部分。

认识艺术教育与审美教育的区别与联系,掌握艺术教育是美育的基本途径、最佳方式和有效手段。

掌握音乐、绘画、书法、舞蹈、戏剧、影视等艺术的审美特性及其美育的具体教学特点和方法。

【内容概要】

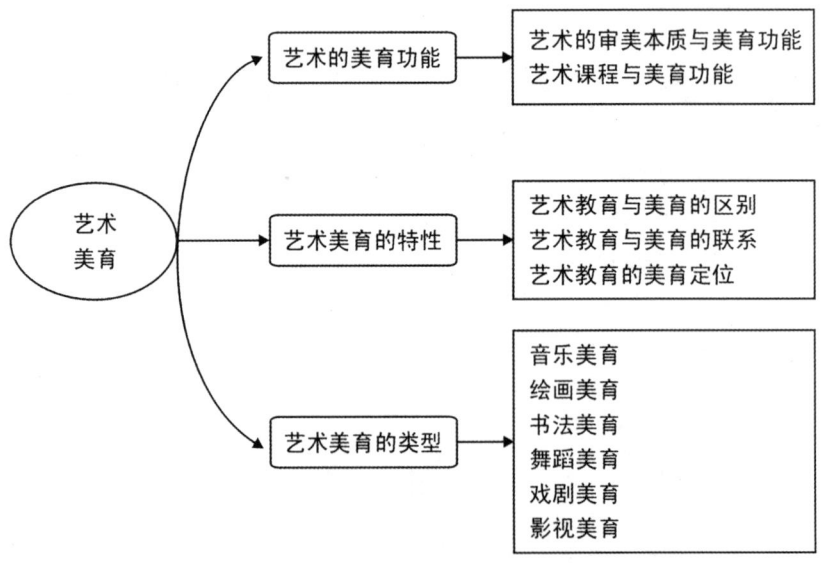

在整个审美教育中,艺术的审美教育占据着十分突出的地位。正如前苏联美学家斯托洛维奇所指出:"人的审美教育可以通过多种途径实现(这是日常生活的氛围,人的劳动活动的环境、道德关系的审美方面、运动),但是不能否认,艺术是对个人目的明确地施加审美影响的基本手段,因为正是在艺术中凝聚和物化了人对世界的审美关系。"① 显然,艺术的审美教育是整个审美教育的重要组成部分;艺术美育是美育理论的主要课题。

---

① 列·斯托洛维奇:《审美价值的本质》,中国社会科学出版社1984年版,第200页。

为了具体说明艺术美育在美育实施中的重要性,本章首先从艺术的审美本质和审美特点,以及艺术作为一种学科教学等角度,对艺术多方面的美育功能作出具体阐述。其次,在弄清艺术教育与审美教育的区别与联系的基础上,着重讨论艺术教育在美育中的地位和作用问题。最后,根据不同的艺术门类,逐一考察各类艺术的审美特性及其美育的教学特点和方法。

第一节　艺术的美育功能

一、艺术的审美本质与美育功能

艺术是人类审美意识的集中体现和物态化形式,因此,艺术在本质上必然是审美的。同美一样,作为人的本质力量对象化的结晶,艺术往往是人们直观自身、认识自己的全面本质的重要参照物,所以,"在艺术中和在其他事物中一样,所有的价值都是人的价值"[①],"艺术无处不是人的标志"[②]正是艺术的审美本质所在。而艺术的审美教育,在形成和发展人与现实的审美关系的同时,也就是"在人身上唤起和形成那些具有人的价值的性质和属性"[③],"造就完整的个性"[④]。艺术的审美教育,从根本上说,也就是人的自我塑造、自我教育。

正是由于艺术的这种审美影响在人的心灵塑造和精神成长方面所表现出来的特殊作用,决定了艺术的美育功能应当是致力于促进人的自由发展,造就全面和谐发展的个性,即艺术美育的"成人"作用。这一特殊功能,大致说来,主要有以下两个方面:

1. 有助于人们充实和反观自身,健全自我意识。

艺术以感性具体的形式,活生生地反映社会生活的多样性和丰富性,这就为人们一方面提供了扩大个人的现实生活经验,进而去体验和领悟生活底蕴及人生真谛的可能性;另一方面则在将他人的生活经验转化为自我生活经验的同时,进一步丰富和充实了人的自我本质。尤·鲍列夫认为:"由艺术提供的对待世界的经验,补充和扩大了个人的现实生活经验。这一补充不仅具有数量上增加现实经验的性质,而且具有质量的特征。"[⑤]所谓"质量的特征"是指艺术中的生活经验,是经过集中和凝练的人类历史经验和现实经验的精华,并且,这种艺术经验是通过个体的心理体验方式获取的,因而它有着与自我的个性特点、生活经验、文化水准和内在需要融为一体的特征。这样,艺术对人的生活体验,就有

[①]　克莱门特·格林伯格:《前卫艺术与庸俗艺术》,《世界美术》1993年第2期,第4页。
[②]　苏珊·郎格:《情感与形式》,中国社会科学出版社1986年版,第32页。
[③]　列·斯托洛维奇:《审美价值的本质》,中国社会科学出版社1984年版,第196页。
[④]　尤·鲍列夫:《美学》,上海译文出版社1988年版,第164～165页。
[⑤]　尤·鲍列夫:《美学》,上海译文出版社1988年版,第166页。

着两方面的充实作用:它既是个人生活经验、生活阅历的扩大和补充,又是自我本质的丰富和充实;它既能使人"见多识广"、"事理通达",又能使人"才华横溢",而且"睿智聪明"。据此,我们可以看出,艺术不论对于开阔人的生活视野、洞察外部世界,还是拓展自身潜能来说,都有着十分重要的审美价值和意义。

我们知道,艺术作为认识自我,认识自己思想、灵魂的精神媒介,是反映自己的内部世界、健全自我意识(即把自我当做对象来把握的心理能力)、自我完善和人格塑造的关键。歌德说:"一个人能达到的最高境地,是意识到自己的情绪和思想,是认识他自己。"①因为认识自我、了解自我,正是提升和完善自我的前提。

艺术和艺术美育可以帮助人们通过作品中的人物的情感、思绪,发现和了解自己的情感和思绪,并借助人物这面镜子反映自身,看到自己身上一些未曾察觉和未曾了解以及未完全了解的东西,从而达到对自己的更加全面、深入和透彻的了解。乌斯宾斯基的小说《舒展》,生动地描述了一位教师在观赏维纳斯雕像后,自我心灵的一段剖白。当他平生第一次瞥见维纳斯雕像时,这位乡村教师的心灵不由自主地掀起了剧烈的震撼。他强烈地意识到自我生命的贫乏、精神的干涸与枯竭,从而体验到人的真正生命以及由此所带来的巨大欢乐。也正是这座奇迹般的雕像,使他舒展开了被现代生活揉皱了的灵魂,并给予了他这种灵魂舒展开来的无限欢乐。艺术的这种既借助于他人解剖自我,又把自我当做对象来审视的自我意识功能,无疑是促使人在对自身的观照、反思中,心灵境界产生飞跃的重要精神阶梯。或许,也正是源出于此,黑格尔在关于对艺术的哲学表述中,一再重申"艺术的真正职责就在于帮助人认识到心灵的最高旨趣"②。

2. 引导人们匡正自我,完善个性与人格

由于艺术不只是具体的现实生活状况的反映,是认识社会、充实自我的一面聚光镜,而且更是人类不懈追求自我、提高自我、渴望个性完善即实现人的全面本质的最高尺度。因此,当艺术以这种审美理想去反映社会生活现象时,就必定发挥审美教育的价值导向作用,引导人们学会以审美的人生态度,或者说,摆脱个人的现实功利,追求人类永恒价值的人生态度来看待世

建议与思考

艺术对人的个性的影响有着怎样的特点?

界,看待自我,从而在或多或少的程度上,影响人的全部个性和人格。况且,艺术还以积极塑造正面完美的人物形象,树立起范本式的理想人格,激起人们追求更完美的人生和个性的欲望与精神动力。尽管事实上人们永远也不可能完全实现这种理想人格,但是人们在追求理想人格的过程中,却有可能培养起相应的素质,促使自己变得更高尚、更美好。

艺术对人的个性的深刻影响有着自己显著的特点,那就是情感体验的方式。因为人们只有借助于情感体验这个中介,才能将艺术转化为审美对象并使之内化为情感上可以进行交流的精神产品。这就决定了艺术对人的个性的全面影响必然是以情感为纽带联结

---

① 歌德:《说不尽的莎士比亚》,转引自《欧美古典作家现实主义与浪漫主义》(二),中国社会科学出版社1981年版,第283页。

② 黑格尔:《美学》第1卷,商务印书馆1979年版,第17页。

起来的整体性影响、综合性影响。其次,艺术对人的情感的陶冶和培养,既是艺术改造和完善人格的重要方面,也是其本身特殊的审美功能。

情感是艺术的特质。但是艺术所表现和传达的情感,是高尚优美的情感,是对象化了的人类普遍情感。因此,艺术对人的情感陶冶有着独特而重大的作用。艺术陶冶和怡养人的情感的基本途径,一方面是以高尚美好的情感来改造和疏导庸俗的不健康的情感,净化人的心灵;另一方面可以化解人在现实中压抑和紧张的情绪,得到心灵的抚慰。这样,艺术既使得人在情感情绪中得到升华,又颐养性情,进入到一种纯净而和谐的境界中去,达到心灵的充分自由和解放。正因为艺术有着这种可以使人获得从粗鄙的、抑郁的情感中解放出来的审美功效,所以"审美带有令人解放的性质"[①],用卡西尔的话来说,也就是"艺术是一条通向自由的道路,是人类心智的解放的过程"[②]。

在艺术的审美教育中,优美情感的熏陶和培育,对于造就美好心灵与人格的作用,已为无数艺术美育的成功范例所证实。达尔文在《自传》中,曾对自己晚年疏远艺术而深感悔悟。他深切地意识到人在诗歌、绘画、音乐中获得的审美享受,不单单是人的正常审美需求,而更应是培养和造就完整个性的一个必要条件,不然,情感体验能力的削弱和退化,不仅将直接造成人的大脑机能和精神活力的衰退,而且还将危及理智,甚至道德心,直至"完全失去人生的幸福"[③]。或许,这也恰恰有助于我们更深刻地领悟,为什么像爱因斯坦、列宁这样执著于自己的事业并为之操劳、奉献一生的伟人,都不约而同地钟情与陶醉于贝多芬的音乐,个中奥秘,不正是情感的陶冶、心灵的抚慰,是塑造和建构完美人格的有力手段吗!

二、艺术课程与美育功能

普通学校音乐、美术等艺术课程的教学,是实施学校美育的主要途径。利用这一途径,引发学生的艺术兴趣,唤起和发展他们潜在的审美需求,培养更好的艺术鉴赏力,使学生形成正确的审美观念,以及表现美和创造美的艺术创造力,既是学校美育所提出的具体要求,也是艺术课程教学所特有的美育功能。

1. 艺术兴趣的培养

艺术兴趣是艺术课程教学的最基本要求。艺术兴趣作为一种"个人对总体的选择性态度"[④],虽然是人的爱美天性的内在要求,并与个人的先天素质或艺术素质有很大的关系,但是唤起人的"爱美之心",引发和指导学生对艺术产生广泛而浓厚的兴趣,则往往是艺术课程教学的结果。

艺术兴趣的培养,并不是艺术课程教学中一蹴而就的事情。事实上,没有正确的教学方法和行之有效的手段,也就难以使学生对艺术真正有兴趣。"心理学家和教育学家早就

---

① 黑格尔:《美学》第 1 卷,商务印书馆 1979 年版,第 147 页。
② 卡西尔:《语言与神话》,生活·读书·新知三联书店 1988 年版,第 197 页。
③ 参见 A. H. 鲁克:《情绪与个性》,上海人民出版社 1987 年版,第 175~176 页。
④ 波果斯洛克斯基等:《普通心理学》,人民教育出版社 1979 年版,第 73 页。

判明,音乐、造型艺术以及其他种类艺术课程的形式方面,对于任何年龄的学生来说都是吸引力很小的。教师应该唤起学生对作品的意义、内容、思想的兴趣。"[①]所以,艺术课程的教学,要引发和增强学生的艺术兴趣和审美需求,就必须注重艺术形式技巧操作与艺术内容审美理解相并重的教学原则,尤其应注意克服将艺术课程教学片面等同于艺术技能演示的弊端。

培养艺术兴趣,是培育艺术鉴赏力的前提和基础。只有当学生对艺术发生浓厚兴趣,以积极主动参与而不是消极旁观的态度去接受艺术的教育和熏陶,感受才会深刻,体验和想象才会丰富活跃,并且变得富有创造性。从这个意义上说,如何培养起学生的艺术兴趣,是艺术课程教学必须加以认真对待的课题。

2. 艺术鉴赏力的培养

艺术鉴赏力作为一种审美判断能力,是审美意识和审美能力的集中体现。因为它在美丑的判断中,需要一定的审美能力,而在对美的性质和形态的领悟、评价时,又与审美观念、趣味、理解相联系,表现出相应的个人审美规范。由此可见,全面培养和提高艺术鉴赏力,是艺术课程教学的中心任务之一。

艺术鉴赏力作为一种内在尺度表现于外时,也就是艺术趣味或审美趣味。审美判断按其实质而言,就是一种带有个人的素质、特性的趣味判断。它不同于道德判断和科学判断,没有是非对错、事实真假之分,但有高下、深浅、宽窄之别。因而,学校艺术课程的教学不仅要为学生选择和提供思想内涵丰富、深刻,审美格调健康高雅的艺术作品,以防止趣味低劣,还要创造条件让学生广泛接触各种艺术种类、流派、风格的优秀作品,以防止趣味趋于褊狭、贫乏的倾向。总之,能否培养出学生高雅、纯正而又丰富、全面的艺术趣味,形成正确的审美观念,是艺术课程教学成功与否的关键所在。

培养和提高艺术鉴赏力,除了大量接触艺术作品和参与艺术审美实践,别无捷径。但是这并不是说,鉴赏力的培育应仅限于艺术作品的感受、体验与经验积累,而特别应当注意将审美经验与审美观念、理想的教育结合起来,以一定的审美理论为指导,培养和提高对美和艺术进行理性分析、评价的能力。再者,还应努力促使学生参与艺术创造活动,使学生自己掌握一定的艺术技巧和艺术表现力。只有当学生不只是具有一定的审美分析、评价能力,并且还拥有一定的审美感受能力和艺术表现力时,才是真正获得了良好而健全的艺术鉴赏力。

3. 艺术创造力的培养

培养艺术创造力是艺术课程教学的最高要求。虽然普通学校的艺术教育并不要求培养有创造力的专门艺术人才,但是在艺术课程的教学中提出这一要求,则是为艺术美育的根本性质所决定的。事实上,在艺术鉴赏力的培育中,就已经包含着创造力的培养,因为"欣赏艺术作品的经验影响到创造性形象思维的发展。艺术作品是复杂的、独一无二的现象,能导致形成细微的联想性联系,导致思维的多样性和深刻化,使感觉以及用文字或其他形式表现感觉的能力得到发展。对语言,特别是对艺术语言的感觉,以及幻想、想象力都会得到发展,创造性地对待生活的能力,用这种或那种艺术材料表现自己思想、感受和

---

① 库沙耶夫:《青少年审美教育》,东方出版社1990年版,第12页。

心绪的能力,也会得到提高"①。这就是说,通过艺术审美实践,不但可以使学生的创造性思维和各种感觉能力得到发展,而且通过创造性地对待生活的能力的开拓,各种艺术材料的掌握和运用,以及随着这些方面日积月累的经验增长,必将使得学生在艺术创造力方面取得长足的进步。

艺术创造力是一种表现美和创造美的能力,是按照美的规律创造性地对待生活的能力。艺术课程的教学所担当的美育任务,其最终目的乃是建构和健全审美心理结构,塑造完整的个性,使学生走向社会后,去创造审美的人生和更好的生活。就这个意义说,艺术创造力的培育正是为了通向和实现这一终极目标。

第二节 艺术美育的特性

一、艺术教育与美育的区别

由于艺术教育与美育的联系非常密切,即两者在内涵上有一种交叉重合的关系,艺术教育,通常也被称为审美教育。但是,严格说来,并不能简单地将艺术教育等同于审美教育,因为两者之间既有关联也有差异,表现出相对的独立性。这种内涵的非一致性和相对独立性,主要表现为如下三点:

第一,目的、功能不同。

首先,艺术教育本身就是一个多层面、多类型的概念。由于不同的教育对象、内容和培养目标,艺术教育也有不同的性质和类型。美国当代美学家托马斯·门罗在介绍国内艺术教育状况时,就指出了四种不同类型的艺术教育:一种是强调艺术实践中的技术训练,其目的在于培养艺术家;另一种是强调艺术的评价、欣赏和理解;第三种强调艺术史的系统教育;还有一种是强调艺术的教学方法,主要目的是造就艺术师资。② 在上述类型中,从性质上讲,除了第二种是普通艺术教育外,其余均为专业艺术教育。很显然,普通艺术教育在培养目标上是与审美教育相通的,而专业艺术教育除此之外,还有其特殊的目的,那就是为培养艺术的专门人才(艺术家、学者和教师),还必须使受教育者获得实际的艺术操作、制作或表演能力,以及艺术实践的分析、研究或传授能力,这是审美教育包括普通艺术教育所不必具有的特殊要求。

其次,不论是普通艺术教育,抑或专业艺术教育,就其教育功能来说,都不是单一的,而是与其他学科教育一样,有着各个不同层面的多样性。虽然,艺术由于自身的审美特性与美育紧密联系,表现出我们前面所指出的多方面审美功能;但是艺术也同样以自身的知识性、伦理性与智育、德育内在相连,在一定程度上成为智育和德育的内容和途径。因此,

---

① 库沙耶夫主编:《青少年审美教育》,东方出版社1990年版,第8页。
② 参见托马斯·门罗:《走向科学的美学》,中国文联出版公司1985年版,第189~190页。

艺术教育在实施美育的同时，一方面也进行艺术有关知识的教育，发挥促进学生智力发展与人才成长智育功能；另一方面则是作为道德教育的有力手段，在潜移默化的审美影响下，进行思想道德、意志品质的教育，起到陶冶学生的道德品质和精神风貌的德育作用。总之，审美教育是艺术教育的一个重要方面，但艺术教育有着与审美教育所不包含的目的与功能。

第二，对象、媒介不同。

与培养目标及教育内容、手段相联系，审美教育可以将任何愿意接受教育的人作为教育对象，通过以审美欣赏、评价为主导的教育内容与手段，培养广大的审美欣赏者；艺术教育在普施于一切受教育者的同时，则必须特别关注那些有艺术天赋和才能的人，侧重于以艺术操作、艺术创造为方向的教育内容及要求，造就以艺术为职业的专门人才。

就媒介来说，审美教育虽然以艺术为主要媒介，但在具体实施中，可以将现实生活广泛的审美对象，如自然景观、生产活动、历史人物等等纳入自己的轨道；而实施艺术教育，尤其是专业艺术教育，则侧重于以艺术作品和艺术实践为主体的学科教学。

第三，方法、手段不同。

审美教育主要在审美过程中进行，强调审美的自由性和观照性。因此，一般来说，它力求避免强制性的非审美手段。艺术教育则不限于此，它根据自身的特殊目的、教学要求，有必要采用一些非审美的方式和手段，如艺术理论、创作技巧的知识传授，艺术技能的操作训练等等。因此，对于受教育者来说，难免有一定的被动性和强制性。

二、艺术教育与美育的联系

相对而言，艺术教育与审美教育的内在联系更为深刻，这种内在联系主要可以概括为两个方面：

第一，有共同的任务和内容。

审美教育和艺术教育在这样两个方面完成自己的具体任务：一是提高人们的审美感受能力，培养他们正确的审美观念，即正确地分辨美丑和感悟现实美、艺术美的能力；二是培养人们的审美创造能力，使人们获得按照美的规律创造生活的能力，也就是发挥人们的艺术创造才能。而上述两者之间，是相互依赖、相互作用的关系。确实，审美教育可以说主要是提高受教育者的审美能力；但是在美的欣赏、观照中，如果没有创造性的思维和想象力，也就很难说真正领略到了美的魅力。同样，对于主要造就艺术专门人才的艺术教育来说，也难以设想，一个缺乏审美心理素质，审美感受力的人能够创造出优秀的美的艺术作品。因此，尽管审美教育和艺术教育在具体培养目标上确实有不同的侧重点，或程度上有差异，但是在建构和健全个体审美心理结构，使人具有一定的审美能力和创造力这一总目标上，则是一致和共同的。

在对美育任务的认识中，我们还应当看到美育作为促进人的全面发展，造就完整个性的重要手段，在完整的普通教育体系中占有的重要地位。人的全面发展固然离不开德育、智育等其他教育，并且最终取决于人们自身的实践；但美育在塑造人的审美心理结构的同时，对于陶冶人的性情，升华人的精神境界，完善个性和人格方面所起的积极作用，却是无论如何也不能低估的。

美育的这一根本任务,也是艺术教育的终极目的。虽然艺术教育出于自身所要实现的特殊目的,着重强调创造能力和艺术手段的培养,但是,艺术存在想象是为了人,它是人创造的,是服务于人的需求的。艺术的这一根本性质,决定了艺术教育在本质上是服务于人的教育的。因此,艺术教育"应当用艺术手段去培养学生的综合才能;既善于看到表现在或此或彼的艺术形态中的人类的理想和作者对事件的评价,也善于看到作者选择的表现形象的手法。但在这里人是主要的。艺术的使命首先是向学生揭示人及其发展的潜力和前景……激发他的行为、情绪和意向的变化——艺术的教育和改造力量正在于此"[1]。

综上所述,审美是艺术教育的核心内容。不可否认,艺术教育必须传授艺术知识和理论,需要艺术实践中技巧技能的训练,然而这终究是手段而不是目的。艺术教育,尤其是专业艺术教育,应当以审美能力的培育、审美心理结构的建构为统率,以正确指导艺术理论知识和艺术技能的传授和训练。此外,不能狭窄地将艺术审美仅仅理解为感受和评价艺术自身。艺术教育是服务于人的教育,而不是使人服务于艺术的教育。因此,通过艺术教育发现艺术的审美价值即人的价值,揭示人的发展潜力和前景,"培养我们感性和精神力量的整体,达到尽可能和谐"[2],是艺术教育的题中应有之义。

第二,有共同的特点和方法。

作为审美的艺术教育,与其他审美教育一样,都是借助于审美对象的感性形象为媒介,通过自由观照的方式,使受教育者在潜移默化的影响、感染之中得到情感陶冶的教育。因此,形象感知性、自由观照性、情感陶冶性、寓教于乐性与潜在感化性,既是美育区别于智育、德育及其他学科教育的重要特征,也是人们感受、领悟艺术品并从中获得教益的基本特点。

与这一共同特点相联系,审美教育和艺术教育在方法上都格外重视形象性的手段,即借助审美对象的感性形象进行教育,如自然景观的表象联系,现实生活的英模报告、事迹展览,艺术教学的实物展示、直观示范等等,使受教育者在形象感受的基础上,提高欣赏、评价和理解的能力。其次,是注重实践性。审美能力和审美意识的培养,固然需要一定的理论知识为指导,需要理论知识的传授,但应结合审美实践进行,或在审美观照和操作当中去完成。因此,理论知识只有经过足够的实践才能被理解和把握,并转化为相应的技能。况且,培育受教育者的审美心理素质的最有效办法,从根本上说也在于审美实践活动。艺术教育中的实践如写生、观摩实践、演出汇报实践等,就是很有说服力的证明。

三、艺术教育的美育定位

1. 艺术教育是美育的基本途径。

把普通艺术教育定位在美育的方向上,一方面是根据审美教育是艺术教育的核心内容;另一方面也是由艺术的本质特征所决定的。艺术是人类审美意识的集中体现,是人与

---

[1] H.J.阿里宁娜:《美育》,教育科学出版社1989年版,第76页。
[2] 席勒:《美育书简》,中国文联出版公司1984年版,第108页。

现实审美关系的最高形式。在历史的发展中,人类的审美意识不只是通过艺术,而且也通过其他实践活动得到体现,但艺术无疑是最充分、最集中的形式。艺术是艺术家专门为了满足人们的审美需要创造的,是根据美的规律创造的。因而,在艺术中既凝聚和物化了人对世界的审美关系,也保存着按照美的规律改造世界的才能和经验。正因为如此,艺术美较之未经人们直接加工、改造的自然美,未经集中概括的社会美,是最完满、最全面的美的形态。这也就是为什么审美教育可以通过艺术之外的各种途径,即现实生活中的一切美的事物和现象去实现,而艺术教育作为其中的重要途径不可或缺的根本原因。

再者,美育的任务,就是为了建构人的审美心理结构。艺术既然是人类审美意识的对象化,也就必然是人们不同时代的审美意识和审美经验的积淀和物态化。因此,人们通过艺术不仅可以揭示审美奥秘,而且经过艺术的教育,可以接受不同时代的审美意识、审美经验,并使之纳入到审美心理结构的建构中去。马克思曾经指出,希腊艺术之所以至今仍有永久的魅力,其中一个重要原因,就在于它不仅是人类童年时代发展的最完美的艺术,也是人类历史上不可重返的艺术。① 这也是从审美心理的角度,揭示出人类审美意识通过艺术的物态化得以永久保存,并在历史的继承中对人们建构审美心理结构所产生的积极影响,也正是艺术教育为其他审美教育所不及的独有功能。

要而言之,艺术作为人类审美意识最充分、最集中的发展形式,审美意识的历史积淀和物化形态,使得艺术教育在实现美育的途径和任务方面,具有举足轻重的核心作用。马克思所指出的"艺术对象创造出懂得艺术和能够欣赏美的大众"②,其深刻之处,也应包含于此。

2. 艺术教育是美育的最佳方式。

车尔尼雪夫斯基曾经说过:"现实中的美的事物并不是人人都能随时欣赏的,经过艺术的再现,却使人人都能随时欣赏了。"③车尔尼雪夫斯基此话的原意或许不过是指艺术作为现实的"代替物",对人的生活体验有着补偿作用,但是也道出了艺术教育可以弥补一般审美教育的缺陷与不足的作用。比方说,现实美往往受到时间和空间以及其他条件的限制,不具有对现实美进行集中概括反映的艺术美所体现出来的普遍性与精粹性,其欣赏和教育,也就缺乏艺术美育所表现出来的自由性和灵活性。因而,对于审美教育来说,艺术教育自然是最为理想和便利的方式与手段。

换一个角度看,对现实美的欣赏和教育,也是需要艺术的眼光,并且以艺术的才能和经验为中介的,"对于一个有艺术修养的人来说,对大自然的感受在很大程度上是以他与艺术交往的经验,他对造型艺术、文学作品、音乐作品等等中反映的自然进行感受的经验为中介的,并由于这些经验而活跃起来"④。丘吉尔在学过绘画之后,惊奇地发现山丘的

---

① 参见马克思:《〈政治经济学批判〉导言》,《马克思恩格斯选集》第2卷,人民出版社1972年版,第113~114页。
② 马克思:《〈政治经济学批判〉导言》,《马克思恩格斯选集》第2卷,人民出版社1972年版,第95页。
③ 车尔尼雪夫斯基:《生活与美学》,人民文学出版社1959年版,第91页。
④ 库沙耶夫:《青少年审美教育》,东方出版社1990年版,第224页。

侧面有那么丰富的色彩,在阴影和阳光下变幻无穷,水塘里闪耀着如此耀眼夺目的反光,光波渐渐地淡化,而表面边缘显现出来的镀金镶银般的光亮真是美不胜收。为此,他发出了"我活了四十多岁,除了用普通的眼光,从未留心过这一切"[①]的深切感慨。事实上,只有艺术教育培养出人们丰富的形式美感,才能使人们真正领略到自然的审美价值。在这个意义上,艺术教育不仅是自然美育的基础,而且较之自然美育,可以说是更佳的美育方式。

3. 艺术教育是美育的有效手段

艺术教育的最大特征是强调艺术实践,而这对于旨在促进形成审美感受力和创造力的审美教育来说,正是它的长处。一般的审美教育往往注重对美的事物和现象的感受和欣赏,而艺术教育更注重艺术的实际操作和技能训练。艺术技能实践不但有利于人的审美创造力的形成,而且在很大的程度上,也更有效地促进了人的审美感受力的发展。再者,贯穿于艺术教育过程中的艺术实践,是根据艺术课程教学的目的要求与方法,有计划、有组织、有指导的实施过程。因此,艺术技能实践活动,可以从具体教学的阶段性和因材施教原则出发,对学生的年龄特征、艺术素质、审美能力的发展水平,给予充分的考虑,作出切实合理的安排。这样,也就能够更好地发掘出学生的审美素质与潜力,以便较快地提高他们的审美才能和艺术创造力。

此外,还须指出的是,艺术的实践活动,除了艺术技能实践,还有其他内容丰富、形式灵活多样的艺术鉴赏实践和艺术创作实践。遵循艺术课程教学的规律和特点,既灵活又科学地安排好这些艺术实践活动,也就必然会增强学生的审美能力,并为他们进一步形成正确的审美观念、审美趣味和理想提供切实的保证。

第三节 艺术美育的类型

实施艺术的审美教育,我们首先必须抓住艺术的审美特性。这是因为艺术的审美特性从根本上决定了艺术美育的教学特点和方法,而不同类型的艺术,其审美特征不同,在美育教学中,也会表现出相应的特殊要求。以下,我们将从不同艺术的审美特性入手,分别论述各类艺术在美育教学中的主要特征。

一、音乐美育

(一) 音乐的审美特性

音乐是以有组织的音响运动,构成听觉形象,直接表达感情,反映社会生活的一门艺术。它具有如下几点主要的审美特征:

---

① 参见《美育》,1983 年第 3 期。

1. 间接性与概括性

音乐是以抽象的、无形的音响为物质手段的。这个特点，决定了音乐不可能像造型艺术、语言艺术那样，直接具体地再现生活，而是以有组织的音响材料，表现人们的主观感受，间接地反映生活，象征生活的意义。

音乐的音响特点，也使得它在受到具体性约束的同时，善于概括生活的运动现象和音响现象，通过提供运动的特征和状态，以间接的方式塑造出与视觉表象相联系的音乐形象，即由观众相应的联想和想象所创造的听觉表象。如肖邦的《革命练习曲》，其基本动机，对于所有听众来说，都是一种反抗姿态的形象，是人的激情浪潮般地不断增长的形象。当然，音乐的这种概括性，由于音响的运动倾向和人的情感状态异质同构，因而，更多的是集中体现在情感表现方面，这也是造成音乐特殊性的根本原因。

2. 表现性与非语义性

由于音响的运动恰如人的内心活动的形式，能曲尽其妙地表现情感的起伏、变化和发展，因此，音乐的长处在于抒情。正如黑格尔所说："音乐是心情的艺术，它直接针对着心情"[①]，表现出直接表达感情的独特性质。应当承认，音乐的音响材料与表现方式，是单义的或非语义性的，不同于语言的声音因素，具有自己的含义或语义功能。这既是音乐的短处也是其优势。音乐虽然不能像语言艺术那样，表达出某种相对明确的思想，然而，它完全有可能以更直接自由的方式，直驱人的内心深处，真切地表达出某种情感状态，以及由此升华而来的深邃的精神境界。

3. 流动性与序列性

音乐是在流动的音响中呈现、展开和完成的时间艺术，它具有在时间上进行的流动性特征，前一个音响出现不久，紧接着就被另一个音响所代替。音响不断出现、不断消逝，不容等值空间的并存。音响的这一流动过程，是按照肯定与否定的交替序列进行的，以达到完整而充分的表现。音响按照一定的规律和系列，组合成音乐语言，也就是旋律、节奏、和声、复调、调式、调性等表现手段。音乐家正是充分运用音乐语言的每种因素及其审美个性，将情感内容具体化和现实化，使之形成完整有序的统一体即音乐作品的。

（二）音乐美育的教学特点

1. 营造艺术的氛围和教学环境

音乐艺术的听觉性和表演性，决定了音乐是一门技艺性很强的艺术。因此，音乐美育的教学，在实施诸多技能教学时，格外强调对技能教学的各个环节加以审美教学氛围和环境的密切配合，以达到理想的教学效果。首先，技能训练的内容应突出审美要求。在选择演唱、演奏的练习曲目时，力求富有艺术性和趣味性，以唤起学生的审美情趣。其次，要尽可能将强制性的功力的技能训练，转化为生动活泼的音乐实践活动。具体落实在技能教学时，也注意想方设法创造出一个富有音乐氛围的教学环境，使学生在积极愉快的心理状态中，从事声乐、器乐、合唱与指挥技能实践。此外，技能实践的形式要充分照顾到学生的兴趣、个性与能力水平，力求灵活多样而不是一成不变的教学方式，以避免造成单调、呆板

[①] 黑格尔：《美学》第 3 卷上册，商务印书馆 1982 年版，第 332 页。

和机械的技术训练。对于要求注意力高度集中的听力训练、记忆训练来说,更要讲究形式手段的多样性和灵活性,以便在增添艺术情趣和审美娱乐的氛围中,造就学生"懂得音乐的耳朵"和良好的乐感。

2. 知识传授与审美实践同步进行

深入了解音乐艺术审美规律和特点,进行音乐专门知识的传授,是必不可少的。但是,作为音乐美育的教学,则应在方法上力求理论与实践的审美统一性。拿技能技法的教学来说,就不能光靠抽象的道理,而是须注意具体的审美感受。如我国古琴大师喻绍泽教学生曾成伟《流水》一曲,曾成伟总是感悟不出该曲的意境,技巧上也无甚起色。喻先生让他到乐山大佛脚下的三江会合处,去亲身感受江水奔腾的神韵,结果,他不但弹出了曲子的神韵,技巧也得到了很大的长进。同样,乐理知识、音乐理论和音乐史的传授,也不能一味地进行理论描述,而应辅之以音响资料、鉴赏实践,并充分调动各种直观性的教学方式和手段,加强审美实践在知识传授中的积极作用。音乐是音响艺术,任何知识的传授,都需要与听觉感受、听觉能力紧密结合。只有这样,才能加深对音乐音响本质、规律及其特征的理性认识。

3. 突出情感的体验和交流原则

直接表达情感是音乐的独特性质,这一特质不但是音乐的内容特征,也是其形式的功能。音乐的各种形式要素、结构形态、风格特征,实质上无一不是体现情感意蕴的具体手段、表现形式和特色。所以,音乐美育教学的主要途径在于情感的体验、启迪和交流。它一方面要求学生自己深入体验音乐作品所表现的情感内涵,从而对乐音的运动形态、乐音的结构及其构成要素,有更为深刻的感受和理解;另一方面,应着重发挥教师的情感传递作用。教师除了以饱满的精神状态投入教学活动外,更重要的是以自己对作品的深入体验和准确理解,唤起学生的情感共鸣,并且在具体启发和指导学生的同时,促使他们提高运用音响材料和音乐语言表现情感体验的传达能力。这里,或许应当特别强调一下教材问题。精心选择情感意蕴丰富、深刻的音乐经典作为教材,充分开掘教材本身的情感力量,对于教学中的情感体验和交流来说,其作用自不待言。

二、绘画美育

(一)绘画的审美特性

绘画是运用色彩、线条、明暗等造型手段,在二度空间塑造视觉形象,具体直观地反映生活,表达画家审美感受和审美理想的艺术形式。我们认为,绘画的审美特征主要有以下几点:

1. 直观性与暗示性

绘画擅长于造型。绘画虽然只能在二度空间中展开,但它可以通过透视、光影、色调等造型手段在平面上造成视觉的立体感和逼真效果。这使得绘画在客观事物方面较之音乐、文学等其他艺术,具有无可比拟的独特表现力。它不仅可以将无边的客观事物作为再现对象,而且也可以将想象和幻想的事物化为具体生动的视觉形象。但是,直观生动的造型并不是绘画的目的,因此,绘画总是要突破对物象外形的表面模仿,力求揭示事物的内在意蕴和人的丰富深奥的精神世界。这就使我们看到,优秀的绘画作品往往成功地运用夸张、变形、虚拟、象征等手法,与生活原型保持着或多或少的偏离,以暗示的方式,尽可能传达出形象内涵的丰富意义。

2. 寓动于静,以静写动

绘画是塑造瞬间视觉形象的空间艺术,它难以像小说、戏剧、影视那样展现动作、事件在时间中的持续过程。为了克服在表现时间和运动方面的局限,绘画就要善于捕捉人物和事件最富有概括性和表现力的瞬间,寓动于静,以静写动,从而扩展观众的联想和想象,开拓作品的容量,这是绘画的又一重要审美特征。

3. 材料语言的形式感

绘画所使用的物质材料,如纸、墨、颜料、笔、刀等,与文学使用的物质材料不同,它不只是单纯地起到一种工具的作用,而是直接与艺术形象的审美创造相联系,构成艺术美的因素。不同特性的绘画材料,在艺术构形过程中,经过一定的处理,也就会产生出各自不同的审美情调。如水墨画的笔墨情趣,油画的笔触、肌理感,版画的刀法与"木味"等等,可以说,本身就具有一定的审美价值。

此外,绘画具有自己独特的艺术语言,如线条、色彩、光线、明暗、形体、透视与构图等造型手段。这些视觉语言,作为画家审美意识和艺术传达的媒介和物态化手段,不只是画家所要表达的审美认识的具体承担物,而且也有其相对独立的审美意味。如水平线与斜线,分别包含着宁静平和和动荡不安的审美内涵。同样,红色与蓝色也各自代表着振奋欢快与平静安宁的不同情调,视觉语言的审美意味,是艺术构成绘画形式美或形式感的重要因素。所以,绘画要创造出富有审美感染力的优秀作品,也就必须注意视觉语言形式美的特点。

(二)绘画美育的教学要求

1. 突出视觉直观性

直观性是绘画的显在特点,这就使得绘画审美教育可以充分利用这一特点,在教学的课目和内容上,将参观实践与观察训练、审美欣赏与知识传授、作品临摹与技能操作等有机结合起来,从审美观察、体验、空间视知觉及艺术的表达与思考等各方面,培养学生的视觉审美能力。在这一强调直观形象的教学过程中,应特别注意引导、启发学生透过视觉形象的表面,深刻理解和感悟艺术的审美内蕴,探索画家的审美个性和审美观念,进而促使学生形成自己的审美观点和艺术思想。与此同时,还可以更广泛地利用各种直观性教具,除了传统的照片、画册、范画、挂图与实物外,尤其是幻灯、录像、电影、电视、多媒体等现代化教学工具,突出直观教学方法和手段的审美功能,开阔学生的审美视野,提高学生的审美素质,不断推动其审美水平的发展。

2. 造就空间想象和视像构形的本领

由于绘画是静态的空间艺术,要在二度平面上造成视觉的形象立体感和运动感,需要复杂的空间想象能力和构形能力。绘画美育的教学,要以优秀作品为范例,让学生在反复观赏中,结合空间感受力和视觉想象力的知识教育,登堂入室地领略其中的审美创造奥秘。同时,要尽可能提供艺术创造的机遇,不断造就学生选择最富有表现力的视象凝固在瞬间过程中的构形本领。

3. 把握视觉语言和技艺的审美性质

由于绘画所使用的物质材料和视觉语言，在绘画审美创造中，具有突出的形式美特征，因此，绘画美育的教学，应从发展学生对这种形式感诸方面的直觉和敏感性入手，培育学生的形式审美能力。形式感的教学，要灵活运用启发与诱导、交流与讨论等方式，使学生逐步了解这些材料语言的审美性能，即它们在创造绘画审美价值中的具体作用和艺术效果。并且，可以使学生掌握一定的审美概念，增强学生的审美描述能力。为了更有效地发展这种形式感，还应尽可能培养学生使用这些材料语言进行感受、思维和操作的能力。

此外，绘画的审美创造在制作过程中所体现出来的技艺或技巧，不同于一般的生产技能和技术而具有审美性质。为此，让学生在技能概念教学中，寻找和领略艺术的意味，或从技能训练教学中进行审美体验，对于培养学生审美创造的体验和技能来说，都是十分重要的。

三、书法美育

(一) 书法的审美特性

书法是以点画线条的组合运动与空间构造，不摹写具体物象而致力于传达人的精神蕴意和生命情思的艺术。它主要有以下几个方面的审美特性：

1. 以汉字为依据的造型与抒情

书法是汉字的书写艺术。汉字的字形作为书法的表现媒介，是书法空间造型的基础。书家可以根据自己的审美个性，在书法实践中创造出各种美的汉字形象，但都不可能离开汉字的形体结构，总是在既定字形的基础上，按审美规律进行改造。就这个意义说，书法是一种汉字形象的造型艺术。

诚然，汉字的字形经过历史的演化早已离弃客观物象的模拟痕迹，书法的字体造型也并不以摹写和再现物象为审美要求；但汉字的艺术造型在书法中并不占主导地位。事实上，书法从实用文字演变、升华为一门独特的艺术，固然有字体造型的艺术化、趣味化影响，但更内在的，是文字所赖以形成的点画线条，利用毛笔和宣纸的独特性，表现出丰富细腻、变化无穷的情感传达功能。因而，它可以通过在字体造型过程中的组合运动与人的情感建立起同构对应的审美关系。书法在表现人在情感世界方面，与音乐、舞蹈有相通或相似之处，但由于自身媒介与手段的特殊又显示出它独有的风姿。

2. 直观抽象与人格象征

书法是一种"无声之音,无形之相"①的艺术,无声而有音乐的情谐,无形而有造型的灿烂。它以生动直观但无可见物象的字体造型,以抽象的线条表现和传达各种形体、情思与动势,形成直观而抽象的审美表现形态。正是由于这种形态特征,书法不可能像绘画那样描摹生动直观的客观物象、生活画面,也难以像文学那样对人的情感作具体的描绘和表现,而是在字体的艺术造型过程中,凭借线条的节奏变化和动态空间构造,表现出某种宽泛或朦胧的情感境界。然而,书法可以借助于直观造型和抽象抒情的功能,较之于绘画与文学,能更自由灵活地将书家的精神气质、风韵和生命情调带入书法创造的情感境界之中,使之成为人的精神品格的审美映照。如在王羲之存世的字迹中,可以使人品味出书家潇洒平和的人格;颜真卿的碑帖,无不让人感悟到一种宽厚庄重的风度和气韵等等。这种书法的人格象征意味,正是书法艺术深邃的审美蕴意和艺术魅力之所在。

3. 律动感和动态空间感

书法的点画线条和空间造型都有其特定的审美品质。书法的线条,可以在字体造型的同时,通过有控制的操作即用笔,表现出抑扬顿挫、轻重徐疾的节奏、力度和动势感,一如音乐、舞蹈的节奏、旋律和律动。这既使得书法线条具有独立的审美内涵,也拓展了书法空间的审美意味。书法的空间造型是由结字、行气、章法等表现手段构成的。结字即字内的空间;行气是字距、行距的空间,与整幅书法的布白或章法的外空间,在充满生气和运动感的点画线条牵引下,融合为一个变化无穷的动态空间形式,从而以抽象而有生命意向的形态,赋予书法空间以显示生命力量和内涵的艺术张力。

(二) 书法美育的教学要求

1. 感悟书法艺术语言的审美特质的传统书法训练方法,主要是临摹书家名作和默读碑帖等

作为书法美育的教学来说,由于书法艺术的抽象审美品质,更应强调将感悟书法艺术语言即点画、运笔、笔势、结体、章法等表现手段的审美性能,作为学生临摹和读帖的训练重点。以一定的美学理论为指导,结合学生的书法实践和作品观摩,让学生在切身感受中领悟到如运笔的不同方式及其变化,何以产生不同的体积感、质感、力度感与韵律感,又如结体和手法何以要讲究神采、意韵,气脉贯通等等,以避免学生依样画葫芦地摹写,或片面追求手上功夫而不得审美要领。

2. 讲究静观默察的体验方式

书法是由动态转为静态的视觉艺术。从接受角度来说,书法在平面空间产生动势的视觉效应,是由视觉—心理的转换机制实现的。因此,"动的势,今只静静地留在静形中。要使静者变动,就得通过想象体会的活动,方能期望它再现眼前,于是在既定的形中,就会看到活泼地往来不定的势"②。书法美育的教学,应根据书法的这一审美要求,注重学生以静观默察的体验方式,去心领神会作品在点画线条与空间造型中一系列变化的运过程。

---

① 张怀瓘:《书议》,见《历代书法论文选》(上册),上海书画出版社1983年版,第146页。
② 沈尹默:《书法论丛》,上海教育出版社1979年版。

具体而言,即要求学生对书家在创作中的点画振动、挥运过程、线条运作中所显现的气势、韵律与情态,以及反映生命运动的动态空间形式等等,进行深入地体察和想象,从而在深层次上领略书法的审美价值,培养和提高书法的创作意识和水平。

3. 培育艺术修养和文化的悟性

艺术和文化方面的修养,在书法艺术中有其特殊之处,因而,在书法美育教学中有必要加以着重考虑。书法与中国的建筑、音乐、舞蹈、绘画与篆刻等艺术形态,在形式构成上有着密切的联系。比如书法的结构、布局、空间造型,犹如具有灵活空间处理特征的建筑。书法用笔的提按、徐疾、使转造成的流动连贯性,恰如节奏、旋律构成的"线条的音乐"。古代所谓张旭观公孙大娘舞剑器而草书大进,赵孟頫写"子"字先习画鸟飞之形,也都形象地说明了书法与舞蹈、绘画在舞姿、笔墨、手法等表现手段上的相通之处。所以,在书法美育教学中,加强艺术修养的培育,对于书法创作和审美实践来说,往往会起到借鉴、吸收和启迪的作用。

书法是中国文化的精髓,它的形成和发展都留下了中国古老哲学精神、思想文化意识和传统习俗观念的深刻痕迹,这就决定了书法美育的教学,应当让学生对中国文化有所了解,形成书法艺术的文化悟性,以便更深地感悟书法艺术的精神构成与审美观念。应该说,书法美育既是一种艺术美育的类型,同时也是一种优秀传统文化教育的形式。

四、舞蹈美育

(一) 舞蹈的审美特性

舞蹈是以人的形体动作为主要表现手段,通过有组织、有节奏的动作组合来反映生活、表达情感和生命体验的艺术。舞蹈的审美特征主要有这样几个方面:

1. 动作性与抒情性

舞蹈是一种人体动作的艺术。人体动作是人的心理、生理的直接表述,可以表述某些难以言状的精神状态与生命情结。正是这个原因,舞蹈才发展成为一种独特的艺术形式。舞蹈动作不同于人们的日常生活动作,它是在后者的基础上,经过概括和提炼,加以虚拟化和程式化的姿态动作。这种意在表达精神内涵的特定动作或动作体系,如表情、节奏、律动、造型等,被称之为舞蹈语言。

抒情性,即抒发人的胸臆、情思,包括生命的冲动和体验,是舞蹈的重要特征。舞蹈由于其媒介、表现手段方面的性能,擅长于抒情;虽然它出于表情需要,也有一些模拟性、再现性的因素,但在叙事上不及戏剧和电影,难以描述和再现客观生活。同样,舞蹈由于其动作本身造成的视觉上的感染力,也与听觉上的音乐形成不同的审美差异。

2. 节奏与韵律感

节奏是舞蹈在表现手段方面的特征。节奏不只是舞蹈动作的基本要素,也是情感传达的重要手段。动作只有按一定的节奏进行编排、组合,才能成其为表情达意的艺术。舞蹈由于节奏而与音乐结缘,它需要音乐伴奏,不仅是为了强化情感效果,也是为了赋予动作以节奏的规范。

正如以上所说,节奏是舞蹈律动即有规律、有节奏的运动的基础。因而,舞蹈动作的感染力,也就在于律动所产生的韵味感。如《敦煌舞》在持续变化的动作组合中,无不让人感到一种无穷的律动和韵味。韵律是舞蹈的生命,没有充满活力和生气的韵律美,也就根本谈不上舞蹈艺术。舞蹈动作的韵律,出自于人体各部位动作中按一定节奏显示出来的特定律动。它与节奏一样,既是舞蹈动作的构成要素,而且作为人体的旋律,也是表现舞蹈情感内容的重要手段。

3. 外显性与流动造型

舞蹈是动作艺术,显然,在运动过程中,每一瞬间显示出来的姿势和状态,都是具体可感的直观性画面,具有一定的造型性。具体而言,它包括两个方面:一是静态停顿的人体造型,二是动态变化的队形造型。舞蹈的这种动静结合或转换的造型性,与雕塑的造型性有着相似之处。当然相似并不是相同,舞蹈的造型是以持续不断的动作,出现于流动不息的时间过程,因而是流动的造型。用丹纳的话来说,就是"活的雕塑"[①]。

(二)舞蹈美育的教学特点

1. 形体训练与情感体验的结合

舞蹈的形体动作性,决定了舞蹈专业教学的一项重要任务,就是要使学生接受长期的形体训练,并使之达到舞蹈艺术创作与表演的审美要求。

舞蹈的形体训练,包括形体的机能、素质与动作训练,需要付出艰苦的努力,光凭强制性的、灌输性的手段,事实上并不能达到预期的目的。为此,作为舞蹈美育的教学来说,应当特别注重形体训练与情感体验的结合,强调学生在自由、愉快的心境和状态中自然地进入形体技能的学习过程。这样,既可以在形体训练中引发出学习的乐趣、审美的潜力,保持克服困难的动力和意志,也可以使这些训练不至于成为单纯的示范、枯燥的学习和机械的模仿。以形体动作的审美特性为中介,将形体训练与审美心理有机结合起来,是舞蹈美育教学的重要课题。在这方面,我国著名舞蹈家吴晓邦创立的呼吸、动作与想象相结合的教学方法,已有成功的实践和探索。

2. 把握动作技巧的审美要求

舞蹈的动作性特征,决定了掌握舞蹈动作的审美性能是舞蹈美育教学的重要内容。在这一教学过程中,不仅要使学生努力掌握动作的技术要领,注重动作外观的造型优美,而且更要深刻体验动作内在的律动和韵味,感悟到动作的表情功能和精神内涵。舞蹈在动作的技巧方面,也有自己独特的审美要求:比如,为了求得舞蹈动作理想的表情张力和审美效果,在技能技巧上非常讲究气息的运用,因为气息的长短、快慢、断续、轻重,直接与动作技巧的轻盈、飘柔、刚健、流畅等审美特点相联系,即是说,气息运用是否正确、恰当,直接关系到动作的完美性和感染力。所以,在舞蹈美育的教学中,不论是形体训练,抑或创作表演和鉴赏,都要使学生在直观示范和观摩实践中,充分领略气息和动作技巧的审美关系,以更深入地体察到舞蹈技巧的动人微妙之处。

3. 拓展形体造型的想象力

由于舞蹈的造型特点,因而,培养形体造型的想象力,成为舞蹈美育教学不可或缺的

---

① 丹纳:《艺术哲学》,人民文学出版社1981年版,第308页。

一个重要环节。人的形体,是一个占据着三维空间的物体,当形体各个部位向不同方向伸展和运动时,便形成了各种姿态的动作形象,所以,人的形体空间造型潜力是无限的。为了培养学生的形体想象力,舞蹈美育的教学在进行形体训练时,就要启发学生发挥形体运动与空间形式的想象力。要尽量设计自然、社会和教学相结合的教学环境,促使学生形成用形体动作去感受和想象生活的能力。并且,还应当鼓励学生自己寻找舞蹈素材,培养自编自导的创作表演能力。在上述方面,或许最有效的方法就是即兴创作课的教学。在这一教学方式中,可以围绕事先拟定的主题,如某种情景、意念等,让学生自由地发挥联想和想象,找到适当的形体部位、力量手段和空间形式,创造出独特的舞蹈形象。即兴课的教学,不仅有利于激发学生的艺术兴趣、创作意识,提高创造性思维的能力,而且对于形成学生的审美个性和艺术观念,都有十分明显的美育效果。

五、戏剧美育

(一)戏剧艺术的审美特性

戏剧是以演员的动作为主要表现手段,综合多种艺术因素,塑造舞台人物形象的艺术。它具有下列几方面的审美特征:

1. 综合性与表演性

通常,戏剧被称为综合艺术。因为在戏剧这一艺术形式中,吸收和综合了各种艺术成分。戏剧演出需要以文学剧本为依据,舞台的灯光、道具、布景、服装等,直接包含着绘画、雕塑与建筑的因素;出于舞台效果的考虑,戏剧还借助于音响和配乐,并在演员的动作方面吸收舞蹈动作的成分。戏剧的综合特性由此可见一斑。但是,戏剧的综合性只是形式构成的特征。戏剧之所以成为一种独立的艺术形式,是在于它通过演员的表演,塑造舞台艺术形象。上述各种艺术因素,正是服务于舞台形象创造,并由戏剧表演有机统一起来的。波兰著名导演格鲁夫斯基曾做过戏剧实验,在他的现代戏剧中,没有剧本、导演、布景等其他任何外加艺术成分,只剩下演员与观众。这种所谓"贫穷的戏剧""的存在,也说明了戏剧在本质上是表演的艺术。

2. 形体动作与语言动作

"一出戏就是一个动作体系。"[①]霍华德·劳逊的这句话,极其扼要地指出了动作是整个戏剧表演和造型的基础。戏剧动作是一系列经过组织、能展示一个完整情境并预示未来发展的动作。它总是在"过去"与"未来"、"已知"与"未知"的状态中形成尖锐紧张的冲突,以创造一种充满紧张悬念的"现在瞬间生活"。正是这种独具魅力的"现在瞬间生活"将全部动作、情境、表情、姿态、语调等表现手段或戏剧艺术语言凝聚起来,在矛盾冲突形如波涛的层层推进之中,在人物形象的个性鲜明闪耀之际,构成了令人心醉神迷的审美效果。

戏剧动作一般分为形体动作与语言动作。形体动作由动态和静止动作组成,是人物

---

① 约翰·霍华德·劳逊:《戏剧与电影的剧作理论与技巧》,中国电影出版社1978年版,第214页。

性格动机的外在举止行为。语言动作(台词)还包括内心动作(独白、潜台词)。台词既是人物心理的表露方式,也是富有动作性的语言。语言性与动作性的统一,正是戏剧的本质内涵。

3. 重体验与重表现

戏剧是演员创造角色的艺术。由于对演员"自我"与角色"自我"的美学关系理解不同,也就形成了表演理论各异的风格或体系。一般而言,戏剧艺术有重体验和重表现两大美学观对立的表演体系。前者以斯坦尼斯拉夫斯基为代表,被称为"体验派",注重以表演过程的内心体验方式,追求演员与角色融为一体,以引起观众情感共鸣为目的;后者以布莱希特为代表,被称为"表现派",强调以理性控制表演动作,采用"间离"或"陌生化"手法,造成演员与角色适度的距离,旨在引起观众的理性思考和判断。上述两大戏剧学派在美学体系和演出实践上都卓有建树,成就斐然,为戏剧艺术的发展做出了独到的贡献。

对于戏剧表演实践,不论是重体验还是重表现,在创造戏剧形象即角色的舞台幻觉上则殊途同归。尽管"表现派"提出破除幻觉的审美主张,但也只是将舞台幻觉减少到一定限度,并不意味着否定和忽视角色的创造。舞台幻觉是戏剧艺术"特殊的外观",或者说,戏剧本体的创造就是"虚幻的王国"。①

(二)戏剧美育的教学特点

1. 重视人体动作和器官的审美要求

戏剧的表演性和动作性,决定了戏剧美育教学的特点应当是重视人体动作与情感表现的协同性,以及肢体器官的审美训练。戏剧动作是在生活动作基础上经过简化和形式审美化所创造的表演手段,它要求动作本身隐含心理内容和体验,具有表情的艺术张力。因此,在戏剧美育的教学内容里,体现内部情感与外部动作的协同训练,显得尤为重要。与此相关,戏剧美育教学应利用各种手段和途径,突出肢体器官训练的审美要求。可以通过朗诵、歌唱、演讲训练人的嗓音和语调的音乐美,结合美术、舞蹈与摄影等活动,造就肢体动作的表情美与造型美。总之,应使学生在形体器官训练中得到审美开发和才能发展。

2. 把握戏剧性的审美内涵与特征

戏剧,顾名思义,就是要有戏或戏剧性。所谓戏剧性,简言之,就是如前所述剧情中的矛盾冲突,以及所造就的一种紧张悬念的"现在瞬间生活"。戏剧美育的教学,必须抓住这一戏剧灵魂,结合戏剧美学理论和审美实践,让学生充分了解戏剧的各种矛盾冲突,如人与自然、人与神、人与命运、人与社会等方式的内在审美含义和审美特征,以深刻领悟这一戏剧所独具的艺术魅力。特别是对于静如止水而深潜着巨大波澜的人物自我的内心冲突,更应加强审美的认识和理解。如老舍名作《茶馆》的最后收场,主人公没有一句台词,没有激烈的动作,但在这蕴含着剧烈内心冲突的一片寂静中,所收到的"此处无声胜有声"的令人震撼的艺术效果,就是最好的范例。

---

① 参见苏姗·郎格:《随感与形式》。转引自朱狄:《当代西方美学》,人民出版社1984年版,第486页。

3. 注重舞台艺术实践

戏剧是舞台表演艺术。因此,对于戏剧美育教学来说,提供和利用各种舞台表演实践,使学生增加舞台意识,积累舞台经验,从而加深戏剧艺术的审美理解,扩展综合各种艺术形式为一体的创造能力,都是必要而有益的。戏剧美育的表演教学,除了重视优秀剧目的排演,通过名剧的二度体验和创造,深入了解戏剧艺术精粹和戏剧艺术的各种审美特征外,还应积极创造条件,尽可能促使学生进行戏剧小品的创作表演活动。因为这种自编自导自演的戏剧形式,可以激发和充分调动学生在美术、音乐、舞蹈等各方面的艺术经验,将戏剧理论传授、戏剧观摩体验和戏剧评论赏析,通过自我消化和吸收,得到进一步巩固、发展和深化。

六、影视美育

(一) 影视艺术的审美特性

电影和电视(电视剧)是各种艺术中最年轻的艺术。尽管电影和电视的制作过程、技术基础不尽相同,但都是以镜头(画面)、蒙太奇、音响、色彩等表现手段,改变现实时空,表现运动影像的特殊综合艺术。由于电视剧的表现手段与电影基本吻合,因而表现出相通的审美特征,概言之,有如下几点:

1. 艺术与技术的综合

影视的显著审美特征是综合性。影视可以说是吸收、集中了所有艺术形式的精华而形成的一种高度综合的艺术复合体。影视既可以像戏剧、舞蹈那样,兼视与听、静与动、戏剧性与表演性为一身,而且还能够像绘画、建筑、雕塑等造型艺术那样,融虚与实、形与神、化无形为有形于一体,并直接与音乐相衔接,造就出声画结合、特殊时空的艺术整体。

当然,影视的综合性并不是各种艺术形式的无序整合,而是一种艺术的有机构成。任何艺术一旦进入影视,也就会质变为影视的一种内在因素。如音乐在影视中就不再是独立的音响运动。而产生这种变化的重要原因,是在于影视的技术性审美特征。我们知道,影视本身就是一种现代科学技术的发明。技术手段在其他艺术中,不过是某种制作技巧和外部因素,但对影视艺术来说,则有其特殊性。它不仅直接决定了影视的表现功能和艺术手法,而且也是影视的内在发展动力和审美构成品质。即是说,是影视艺术的技术性,赋予了其高度综合各种艺术成分的整合功能。

2. 逼真性与假定性的统一

影视由于摄像机的忠实性,可以按照人们的视觉规律,忠实而自然地再现我们周围现实世界的任何事物,甚至是某些稍纵即逝的运动现象。影视与物质世界的这种近亲性,可以在最大限度上逼真地再现现实生活乃至事物的一切细微特征。这是其他任何艺术所无法企及的。但影视的高度逼真性,并不是其艺术的生命,事实上影视也不可能真正实现"物质世界的还原"。就像所有艺术都具有表面模仿和内在蕴意的双重功能,影视也通过自己的视觉语言所造成的假定性,即并非原样地复制现实的方式,来深刻揭示人与世界的审美关系,从而也在最大限度上体现了艺术家的创作个性和艺术风格,体现了影视的假定性与逼真性的高度统一。

3. 运动的画面造型

影视是以连续运动状态中的影像再现为特质的。因此，影视中的人物塑造、故事叙述、内心展示、哲理阐释等内容，都必须通过画面造型体现出来。影视的造型不仅主要通过画面选择和构图表现出生动直观而风格迥异的视觉影像，而且还充分运用光线、色彩和声音等造型手段，与画面造型相结合，充分展示出影视在活动画面造型中所独具的艺术魅力。

由上可见，影视的造型性是与运动性相统一的。正是由于运动性审美特征，影视才区别于绘画、雕塑等静态造型艺术，得以灵活多变地表现在时间中展开和延续的人物形象和运动现象。而且，由于摄像机的运动，画面（镜头）组合方式的剪辑（蒙太奇），造成自由跳跃的特殊时空，更使画面造型形成一道连续不断的生命运动之流，将观众带入恍如置身其中的真实感性世界。

（二）影视美育的教学要求

1. 熟悉影视语言的审美特质

影视语言即影视表现手段的审美特质，直接反映出影视艺术的各种审美特征。因此，在影视美育的教学中，应把学生熟悉和了解影视语言的审美内涵与表现功能作为首要的任务。尤其影视语言是以蒙太奇技巧为核心的视觉语言，对于各种类型的蒙太奇结构，即在镜头与镜头相组接的"上下文"中，充分把握其中所产生的能指审美含义，是解开影视艺术审美奥秘的钥匙，理应作为教学中的一个重要课题。影视语言本身就是科学技术的结晶，并且随着科技发展而不断创新和变化，从而引起电影观念的发展和更新。从这个意义上说，给予影视语言以特别关注，正是影视美育教学的特点。

2. 强调影视观摩与评论的结合

影视美育的教学，由于受影视制作条件的限制，难以展开创作实践的教学，因而在很大程度上是一种作品观摩的欣赏教学。但是作品的观摩交流应当与审美的评论有机结合起来，并且与影视史、影视美学的理论传授相配合，力求在作品观摩的审美实践中，提炼出影视文化的审美品位。进行观摩与评论的教学，应特别注意选择三类有教学价值的影视作品：艺术上有探索性和创意性的代表作、影视经典或名作、观赏娱乐性较强的作品。这三类作品，分别从不同的角度或层面与影视本性、艺术风格及其发展规律相联系，有助于学生从审美的感性认识上升到理性认识，形成影视文化的素养，并且由此引发出对影视审美创造和理论探索的美学兴趣。

3. 涉及各种艺术形式的审美把握

影视艺术的高度综合性使得影视美育教学可以在内容上突出影视与其他艺术形式的审美联系和差异，收到兼顾各种艺术美育教学的效果。具体说来，也就是在教学过程中密切联系具体影视作品与其他艺术作品，尤其是由其他艺术作品改编的影视片，展开影视与小说、影视与戏剧、影视与音乐等多种艺术形式的专题鉴赏与理论教学，使学生在调动各种艺术经验的同时，既加深对影视艺术有机综合性的体验和理解，也深化了对各种艺术形式特性的审美认识。此外，影视既是一种艺术形式，也是审美信息的大众传播媒介，因而，影视作为各种艺术活动的传播手段，可以借此展开各种艺术美育的教学活动。综上所述，影视美育的教学，对于向学生展开各种艺术美育的教学来说，也能起到一定的积极作用。

本章小结

以上三节,我们从三个不同的角度,论述了艺术的美育功能、艺术美育的特性与类型。

第一节,我们就艺术的审美本质与审美教育的内在联系,阐述了艺术的美育功能,主要表现在造就人的审美人格上。艺术作为一种课程,在其实施美育过程中,也有其特殊的功能。

具体把握艺术教学与审美教育的相互关系,并且在此基础上对艺术教育在整个美育活动中进行定位是第二节的内容。这一节,我们着重对艺术教育是美育的基本途径、最佳方式与有效手段等三个方面,进行了较为具体的描述和说明。

第三节是关于不同艺术门类的美育。这一部分,我们试图从各种艺术的各自审美特性上,找到在美育教学实践中与之相应的特点、方法和要求并加以简要地归纳和概括,以使艺术美育理论更具有实践的指导和操作意义。

思考练习

1. 如何理解艺术美育是人的自我塑造和自我教育?
2. 为什么说艺术教育是美育的核心和最佳方式?
3. 试以建筑或雕塑艺术为例,描述其美育教学的特点、方法和要求。

参考书目

1. 列·斯托洛维奇:《审美价值的本质》,中国社会科学出版社2007年版。
2. 苏珊·朗格:《情感与形式》,中国社会科学出版社1986年版。
3. 恩斯特·卡西尔:《语言与神话》,三联书店1988年版。
4. 黑格尔:《美学》第1卷、第3卷(上册),商务印书馆1996年版。
5. 王元骧:《审美反映与艺术创造》,杭州大学出版社1992年版。
6. 魏传义主编:《艺术教育学》,重庆出版社1990年版。
7. 朱狄:《当代西方美学》,武汉大学出版社2007年版。
8. 吴晓邦:《新舞蹈艺术概论》,中国戏剧出版社1982年版。
9. 满天澄等主编:《艺术教育与鉴赏》,江苏教育出版社1994年版。

第七章 景观美育

【学习目标】

认识景观美育的价值不仅体现为促进学生的审美发展,而且具有环境教育、文化教育等多方面的价值,理解景观美育不同于其他美育形态的特殊意义。

理解自然景观和人文景观欣赏的特点,掌握自然景观和人文景观美育的具体方法。

【内容概要】

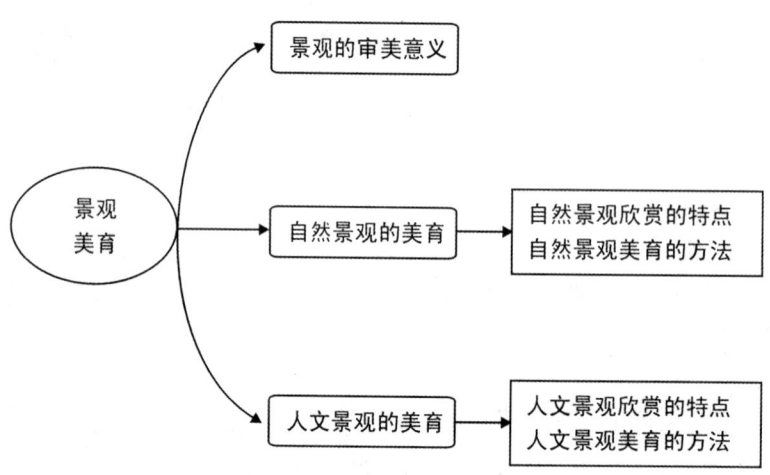

第一节 景观的审美意义

"景观"一词来自德语,这个词在英、德、俄等欧洲语言中的拼写形式较为相似,而且意义也相近。它早先指陆地上的景色、景物,后来范围扩大了,指自然风光、地面形态和风景画面。近代作为科学名词被引入地理学和生态学,具有地表可见景象的综合与某个限定性区域的双重含义,兼具经济价值、生态价值和美学价值。①从美学的意义上讲,景观是指环境中具有审美属性和价值的景色或景物。美学上所讲的景观突出了景色和景物的观赏性,并把这种观赏性归结为对象所具有的审美属性和价值。同时,景观范畴还有一个从单纯的自然景观向包含了自然和人文景观的扩展过程:原来景观仅仅是指自然景观,例如

---

① 肖笃宁、李晓文:《试论景观规划的目标、任务和基本原则》,《生态学杂志》,1998年第3期。

我国古代诗学、画论中讲的"景",一般是指自然山水;后来景观概念也扩展了,不仅包含自然方面,而且包含了人工制作的景色和景物。从学科发展的角度看,这种发展也是同地理学科中人文地理一支的发展壮大有关。

景观作为一个美学范畴是晚近才出现的,由于城市、环境等景观建设的需要,美学同某些自然科学和社会科学学科的交叉,形成了专门研究景观的美学分支,景观才成为美学专门研究的对象。例如,地理学中关于景观的研究同美学研究的合作、交叉,产生了一门新的学科——景观美学(landscape aesthetics)。随着环境科学、生态学的发展和美学研究范围的拓宽,产生了一个范围更宽的交叉学科——环境美学(environmental aesthetics),景观又被纳入到环境美学、生态美学的范围之中,含义更加深广了。由此可见,目前"景观"是一个内涵丰富而外延又很广的概念,具有交叉学科所赋予的特殊意义。所以,景观美育也就不可能仅仅是"纯粹的"审美教育,它必然包含着人文精神和科学精神的教育,也包含着生态、环境教育的意义。这样,景观美育既可以作为完整的美育体系中的一部分,又可以作为环境教育的一个重要内容。

虽然景观包含着自然科学的内容,但是,它与地理学(包括人文或文化地理学)或环境科学中的景观概念还是有些不同之处的。在地理学中,景观,甚至人文景观,都是科学认知的对象。地理学家虽然也重视景观中的文化成分,但是,他们对这些成分的处理却是科学化、客观化的。因此,在地理学中,"研究文化景观不仅要对文化景观的演变过程作全面分析,而且要对景观的形态、构成、特征及其反映的文化特征进行探讨,甚至还要探讨如何引导文化景观建设,使之向和谐的方向发展"①。在这里,景观不是作为与观赏主体直接关联、共同生成的对象来对待的,而是作为一种离开主体体验而客观存在的科学对象存在的。

美学意义上的景观概念不完全是科学的概念,它总是同观赏者的情感体验和评价直接关联,因而也不是纯客观的。那是因为作为审美对象的景观是以其审美属性和价值为基本性质和特征的,而审美属性和价值是相对于审美主体而言的,不同于景观自身单纯的物质属性和 **拓展阅读**

宗白华是我国著名美学家、哲学家、诗人,被称为"中国现代美学的先行者和开拓者",其所著《美学散步》建议详加研读。

构造。而且,由于景观(特别是自然景观)的欣赏在相当程度上依赖于主体的观念和原创性,所以,景观是一个偏向于主体的文化概念。中国古代讲"景"是同观赏者的"情"密不可分的,因为在古代的文人心目中,作为观赏对象的"景"是有灵性的,是在与观赏者的一种交融关系中被创造和呈现的。所以,古人讲对"景"的欣赏要做到"物我同一"。王夫之曾说:"情景虽有在心在物之分,而景生情,情生景,哀乐之触,荣悴之迎,互藏其宅。"②宗白华曾分析说,中国人真正发现自然的美是在魏晋时期,在陶渊明、谢灵运、宗炳这些诗人画家的眼里,"山水质有而趣灵"(宗炳语),山水灵虚化了,也情致化了,形成了一种"泛神论

---

① 汤茂林、金其铭:《文化景观研究的历史和发展趋势》,《人文地理》1998年第2期。
② 王夫之:《薑斋诗话》,转引自北京大学哲学系美学教研室编:《中国美学史资料选编》下册,中华书局1981年版,第278页。

宇宙观"①。其实,他所说的"泛神论",并非严格意义上的宗教观念,而是中国人观赏自然的一种观念或态度,即山水花鸟皆有灵趣,它的哲学源头在于"天人合一"的传统观念。也正是在这种主客观没有决然分割的观念影响下,中国人对景观总怀着一种亲和的态度,一种投入自然、与自然融为一体的态度。即使在科学精神不断发展的今天,这种观赏景观的态度仍是弥足珍贵的。否则景归景,情归情,物我分割,景观便没有情趣和灵性,也不可能成为审美对象了。

自然景观和我国当代有些美学理论中讲的"自然美"是两个范畴。概括地说,前者是具体的审美对象,属于审美形态范畴,是与欣赏主体相对的;而后者是抽象的美,属于审美哲学或美的哲学范畴,是与审美主体相对的。美育活动中直接涉及的是自然景观,不是自然美。当前美育理论界常常把美育活动中具体的自然审美对象与形而上的自然美混为一谈,是不合适的。

景观的范围十分广阔。随着人类的感知范围向宏观和微观两个方面的不断伸展,由于人类生态意识的不断发展,新的审美景观不断呈现在我们的眼前。而且,人类对景观审美价值的确认也是发展变化的,大量以前不受关注的景观如今深受人们的喜爱。例如,随着城市现代建筑的普及,人们却对传统的民居越来越感兴趣,那渗透着民俗文化、体现了传统建筑风格和质朴之美的乡间民居,在许多整日生活在高楼大厦的现代人眼里,是那么温馨而有灵趣。又如,许多动植物以前并不特别引人注目,如今却深得人们的赏爱,在这方面,生态意识起着重要作用。所以,我们或可以说,景观存在于人类生存着的整个环境之中,几乎是无处不在。

美学界一般是把景观分成两大类:自然景观和人文景观(又叫"文化景观")。这种分类着眼于景观载体的成因:天然形成的景观是自然景观,人工建造的景观是人文景观。自然景观就其本身的特点来说,是以形式取胜的。尽管欣赏者常常以移情的方式赋予自然对象许多观念性的内容,但是,自然景观的审美属性和价值首先在于其色彩、形状、体量、质地、运动以及自身的发展规律。而人文景观则是内容和形式的结合体,它不仅具有审美的形式,而且蕴涵着文化、历史的内容。从一定程度上说,人文景观与艺术作品有许多共同之处,而自然景观则是与艺术作品有相当的差别的。

但是,这种分类也是相对的。事实上,诸多风景名胜是天然与人工混合而成的。如杭州的西湖,它是人工挖成的,既有自然的属性,又有人工的烙印;四周的亭台楼阁是人工建造的,而湖边的山又是天然形成的。再加上关于西湖的诸多传说、故事和诗词文章,也给西湖增添了浓重的文化意味。又如泰山,它可以说主要是天然形成的;但是,自古以来,许多重要的文化事件使泰山成为中国的一处重要的文化名胜,它的自然景观意义或许还比不上它的文化价值了。再如川北的九寨沟,就其山水而言,那是天然的;但是,沿着那山水而筑的九个藏民寨子,早已把浓浓的藏民文化风俗以及藏民们关于那山水花木的神话传说注入到自然景观之中了。不了解那些奇异的文化和神话故事,就不可能真正理解作为审美景观的九寨沟。所以,把景观分为自然和人文两类只是就其主导景观而言,这种分类的意义在于更具体地分析认识景观,而在实际的景观欣赏中有时确实是不能简单划分的。

---

① 宗白华:《论〈世说新语〉和晋人的美》,《美学散步》,上海人民出版社1981年版,第179~183页。

由于景观存在于人们生活于其中的一切环境之中,而且审美景观是知识和文化的综合体,因此,景观美育的价值不仅体现为促进学生的审美发展,而且具有环境教育、文化教育等多方面的价值。从培养未来社会建设者的意义上讲,景观美育不仅能够培养自然景观和人文景观的欣赏者,而且,更有意义的是还可以培养热爱自然、保护生态环境、进行审美设计的建设者。因此,景观美育作为一种美育的形态是应该加以重视的。尤其是在注重可持续发展、儿童青少年的生态环境意识需要加强的今天,景观美育有着其他美育形态所没有的特殊意义。

第二节 自然景观的美育

一、自然景观欣赏的特点

自然景观由于其构成的特殊性,所以自然景观的欣赏有其自身的显著特点。但是,我国当代美学界长期以来比较关注"自然美"的问题,对自然景观和自然景观欣赏的特点注意不够,常常把自然景观的欣赏与人文景观的欣赏混同起来,没有深入地揭示自然景观欣赏的特殊性,不能为自然景观的美育的理论和实践提供必要的知识和方法。所以,这里首先有必要对自然景观欣赏的特点作一番探讨。

我们把自然景观界说为"具有审美价值的自然对象",它同人文景观、艺术作品有一个显著的不同,那就是自然景观本身不具备人工产品所具有的那种被赋予的"形式"。任何审美的创造,不论其构成材料如何,都内含着一个关键性的要素,那就是创造者对材料赋予一种形式,使其具有人工的构造特性。这个体现了人工构造特性的形式其实就是把材料组织起来的内在关系,它的意义在于:它改变了事物原先的组织结构,按照创造者的意愿对材料进行创造性的重新组织,使之成为一个艺术品。例如,一堆泥巴在雕塑家的手中被创造成为一个雕像的过程,就是泥巴被雕塑家重新赋予形式的过程,雕塑家的创造实质上正是体现于这个形式之中:作品的各个部分都是有序的安排,这种安排使一堆平凡的泥土成为一座有生命的艺术品,而艺术家的思想感情以及艺术理念、技术创新等等,也正是体现于所构造的这个形式之中。这个形式是艺术家构思设计的结果,表现为作品中一种特殊的秩序。即使是即兴创作的艺术品,如书法中的狂草、西方现代艺术中的行动艺术等等,虽然艺术家在创作之前并没有周密的构思,却仍使作品具有一定的秩序,纯粹杂乱无章的东西是不能成为艺术品的。著名艺术史家贡布里奇曾指出:"我们所说的'艺术作品'不是某种神秘活动的结果,而是由人为人而作出来的对象。"这个对象的"每一个特征是艺术家所作决定的产物"[①]。所以,艺术欣赏必然要接受艺术家的影响,不论欣赏者是否关注艺术家的创作意图,艺术家的创造,特别是他所创造的形式或秩序,总是艺术欣赏的焦

---

① E. H. Gombridge, *The Story of Art*, London: Phaidon, 1950, P5.

点之一。

因此,艺术欣赏(包括艺术性的人文景观的欣赏)首先是对人的创造性成果的欣赏,作品所体现出来的独特的思想感情、崭新的艺术理念、精湛的艺术技巧等等构成了艺术欣赏的重要内容。真正内行的艺术欣赏总是围绕着艺术家对材料的处理而展开的,所以,艺术欣赏不是对一个自在之物的观照,而是对人(艺术家)的创造的体认。正是在这个意义上,有的学者提出:"艺术欣赏是以艺术家或设计者为中心的"[①],欣赏者不仅直感式地对作品做出情绪反应,他还要关注艺术构思及其体现、作品的创造者和创造过程,而这些又集中于对创造者所创造的形式或秩序的关注。这种由对象性质特征所决定了的艺术欣赏,要求欣赏者不仅应具备相应的审美能力,而且要具有一定的艺术史知识,并且对创作该作品的艺术家有所了解。

欣赏自然与欣赏艺术有较大的差异。由于自然不是由艺术家创造出来的,因此,它不是被构思、设计出来的对象,不同于艺术品。欣赏对象的不同就决定了欣赏内容和方式的差异。自然,即使是极富审美价值的自然对象,它并不是专为人们的欣赏而创生的,它自身并没有一个被艺术家所赋予的审美形式或秩序。而且,艺术品往往是一个相对独立的观赏对象,艺术家的艺术创造也常常考虑到使艺术品相对独立于日常生活。例如,一幅画的画框起到了把艺术品与周围环境分离开来并聚敛观赏者视觉注意的作用。另一方面,除了极少数的例外,自然景观总是天然地作为自然中的一部分而存在,它之所以成为审美性的景观,是由于欣赏者根据一定的观念或经验在意识中选择、组织的结果。因此,对自然景观的欣赏是偏重于主体意识的,而且,由于对自然景观欣赏的主观出发点不同,便会形成不同的欣赏侧重和方式。

例如,孔子讲君子以玉比德,是从他的"里仁为美"原则出发的;晋人对自然注入深深的生命情调,讲自然的观赏可以"畅神",是从个性化的人物品质伸发开来的。由此,我们可以发现:对自然景观的欣赏在相当程度上依赖于人们对自然的某种观赏观念。从"比德"的自然欣赏观念出发,孔子对松柏的观赏注重在它的道德象征意义——"岁寒然后知松柏之后凋"。而晋代文人更注重于在自然中映现个性生命,把在自然中生命情调的投射或发现作为自然景观欣赏的根本,所以,自然景观不再同孔子眼中那样是"德"的比拟、象征,而是清新、活泼,充满了人的天性的对象。宗白华在描述晋人对清新自然的赏爱时曾说:"晋人向外发现了自然,向内发现了自己的深情。""晋人酷爱自己的精神自由,才能推己及物,有这意义伟大的动作。""'群籁虽参差,适我无非新'两句尤能写出晋人以新鲜活泼自由自在的心灵领悟世界,使触着的一切呈露新的灵魂、新的生命。"[②]这种主体意识与客体意义的相互作用却深植于主体意识的转换。

除了上述哲学或伦理学意义上的观念之外,对自然景观的欣赏还可以依赖于某种传说、故事或其他生活经验。例如,神话传说在中国人的自然景观欣赏中常常起着重要作

[①] A.卡尔森(Allen Carlson):"Appreciating Art and Appreciating Nature"(《欣赏艺术与欣赏自然》),see Salim Kemal and Ivan Gaskelled. *Landscape*,*Natural Beauty and the Art*,Cambridge University Press,1993,P206.

[②] 宗白华:《论〈世说新语〉与晋人的美》,《美学散步》,上海人民出版社1981年版,第183～184页。

用,许多风景点正是以神话传说中的人物故事命名的。在这种情景中,将自然景色同神话传说连接起来的是观赏者的比拟式联想,正是由于某一个自然景色看起来与神话传说中的人物故事相似,观赏者就用它来给自然物赋予意义。

无论是"比德"的观赏,还是依赖于传说、故事或其他生活经验的观赏,对于自然景观的欣赏来说,它们都可以被称作是"比拟的欣赏"。这种自然景观的欣赏方式是从某种既有的观念或经验出发,通过比拟的联想,把文化的或生活的意义注入自然之中,使之成为相对独立完整的观赏对象,并赋予它意义。这样的观赏内含着一个将自然对象人文化的过程,自然对象实际上是一个观念意识或生活经验的载体,如同比喻辞格中的"喻体",而"喻本"则是被赋予的人文意义。所以,这类自然景观的欣赏,要求欣赏者具有较为丰富的文化积累、生活经验以及比拟的联想能力。例如,不知道《西游记》的故事,没有相应的联想能力,观赏者就无法领略"猪八戒背媳妇"(张家界一景点)的情趣。值得注意的是,这种观赏过程中对自然对象的组织是以像某个要比拟的人或物为原则的,选择的重点是自然对象的外形,其他如色彩、肌理、质地等等则相对受到忽视。所以,观赏者常常可以发现,在诸多风景区里,景色更美之处往往由于没有被前人比拟地命名而被人们所忽视。看来,自然景观的欣赏还可以有其他的方式。

中国传统的自然观赏基本上依赖于欣赏者的人文知识修养,很少涉及自然科学的知识,这是一种民族特色,同时也存在着不足。自然科学的知识在自然景观的欣赏中可以发挥重要的作用,它可以帮助观赏者去把握、理解和感受自然景观的美。这就意味着:自然景观的欣赏还可以从主体的自然科学知识出发。这是一种不同于"比拟"的欣赏方式。它关注的是自然对象本身的自然属性,如自然的形状、色彩、肌理、质地、运动和力。它依据自然科学知识来把握自然的秩序,发现和构造自然景观的审美形式,使之成为审美对象。这时,自然景观不是一个"喻体",而是带有原创性的相对独立的审美对象。观赏者在这种欣赏过程中获得的感受主要不是象形的或联想的乐趣,而是对自然界某些运动变化的秩序感或对自然的伟大力量的惊叹、赞美之情。相对于"比拟的观赏",这种自然景观的欣赏更多地偏重于科学精神,因而也更理性化。

主要依据自然科学的自然景观欣赏涉及以下一些内容:第一,相关的秩序是自然秩序。第二,由于没有艺术家甚至没有同化的过程和材料,相关的力是自然的力:地理的、生物的和气象的力制造了自然秩序,它们不仅构造了地球,而且构造了

建议与思考

为什么说自然景观的美育对于促进学生的审美发展具有特殊作用?

地球上的一切。虽然它们同构成艺术品的许多力不同,但是,认识和理解它们是自然欣赏的关键。第三,使自然秩序成为可视和可理解的相关原因是自然科学所提供的关于自然的描述和故事——天文学、物理学、化学、生物学、遗传学、气象学、地理学、生态学,以及这些科学中的特殊解释理论。例如,认识和理解进化论就关系到对显示于某一地区或时代的植物和动物中的自然秩序的欣赏。① 对于欣赏者来说,这种欣赏除了应具备一般的审美

---

① 参见 A. 卡尔森:《欣赏艺术与欣赏自然》,see Salim Kemal and Ivan Gaskelled. *Landscape, Natural Beauty and the Art*, Cambridge University Press,1993,P220。

能力外,还应具有相应的自然科学知识,在这方面,自然科学知识的普及和自然科学态度的形成是关键。由于这种欣赏是直接面对自然景观而不借助于人文意义上的比拟,因此具有较强的原创性,也更能体现自然景观欣赏的特点。在这个意义上讲,自然景观的美育对于促进学生的审美发展具有特殊作用。然而,在自然景观欣赏方面,我国自古至今侧重于人文文化的理解,而对于基于自然科学的欣赏则相当忽略,相信随着自然科学教育的加强和科普的盛兴,中国人的自然景观欣赏观念和方式会有所丰富和转变。

自然景观的欣赏还可以从描绘自然景观的艺术作品出发,也就是把相应的艺术知识和艺术欣赏能力迁移到自然景观的欣赏中去,使对自然景观的欣赏有一个可借助的形式,便于对眼前的景色进行选择、处理和组织。描绘自然的艺术作品中体现了创作者观赏自然景观的角度、方法以及对景观的理解,人们在观赏自然景观时常常借助这类艺术作品来构建自己的审美对象,并赋予其意义。美学家王朝闻在记述他自己在黄山的观赏经验时谈到了黄山上云的魅力,并用古人"坐看云起时"的诗句来形容自己赏云时的愉快心情[①],而日本画家东山魁夷在桂林山水中的游历一刻也没有离开中国传统山水画的联想[②]。这两位观赏者均是具有很高鉴赏力的人,他们对自然的观赏尚且如此,更不用说一般的观赏者了。

二、自然景观美育的方法

自然景观的美育是以自然景观欣赏为基础的,所以,自然景观美育的关键是要培养学生相应的欣赏能力。当然,培养自然景观欣赏能力归根到底是要学生自己多到自然中去发现、体验和领悟。但是,自然景观的欣赏能力的培养需要其他方面的学习。只要方法得当,引导得法,这种学习对于促进学生欣赏能力的提高应该是有帮助的,与学生自己去摸索相比,也容易取得事半功倍的效果。

自然景观是一个综合性的审美对象,对它的欣赏涉及人文、社科和自然科学的多方面知识,所以,欣赏自然景观的能力中必然包含着相应的多学科知识。首先,自然景观具有鲜明的形式特征,在一定程度上属于形式美范畴,要学会欣赏自然景观,就有必要学习相应的审美形式构成原理,了解审美形式的各种形态。而且,自然景观的审美形式又包含着科学的秩序或法则,具有科学美的意义,所以,还应当学习相应的自然科学知识。必须认识到,自然科学知识可以帮助观赏者按照自然界特点和规律来观赏自然,从而使观赏者在自然界创造性地发现自然景观的独特、奇异之美。教师应该经常引导学生从自然科学的角度来观赏自然,有的小学教师结合常识课教学,带领儿童走进自然,在值得学生认识植物、动物和山水的科学形状的同时,引导他们发现和体会自然景观的美。这是一个很值得推广的做法。

当然,关于文化方面的知识也十分重要。东山魁夷曾说:"风景之美不仅仅意味着天

---

① 见王朝闻:《黄山石》,上海美术出版社1982年版。
② 东山魁夷:《中国风景之美》,《世界美术》,1979年第1期。

地自然本身的优越,也体现了当地民族的文化、历史和精神。"①

这种说法从一个侧面强调了自然景观欣赏对一定地域文化、历史知识的依赖。由于我国在自然景观欣赏方面具有深厚的人文主义传统,所以,对于诸多风景名胜的欣赏要依赖相关的神话传说、民间故事、历史典故、民俗文化等知识。例如,桂林有一个"还珠洞",明胡直在《还珠洞记》中就记述了一则传说:"相传昔有渔父,从穴深入,睹物如犬熟寐,旁有一珠,拾归。或谓曰:'此龙珠也!'恐触其怒,戒令还之,故名。"

倘若在组织学生观光时,介绍这一则传说,可以加深学生对还珠洞的印象,并获得丰富的观感。从传统来讲,中国的自然景观欣赏观念里深刻地渗入了道家的思想,对道家思想的批判性接受也是增强对中国山水名胜的欣赏能力的一条重要途径。由于景观美育是综合性的,所以,在自然景观美育中还要特别注意引导学生养成对祖国大好河山的热爱之情,培养他们热爱自然、保护生态环境的现代生态意识。

通过艺术来学习观赏自然景观的方法是培养学生自然景观欣赏能力的一条有效途径。从个体的成长过程来说,儿童对自然的观赏兴趣主要是比拟性的,这一点可以从它们的艺术创造中见出。所以,对儿童的美育主要依靠艺术活动。随着年龄的增长,自然景观开始进入青少年的视野。但是,对自然景观的欣赏要求有较高的审美能力,直接面对自然景观的教学也受到多方面的限制。实际上,学习自然景观欣赏方法的最简便途径应该是前人描绘自然景观的艺术作品。艺术家是最有创造性的观赏者,他们往往能以独特的方式把握自然的美。艺术中有大量关于自然景观的描绘,其中内含着艺术家观察、理解、感受自然景观和处理自然材料的方法,所以,对这类艺术作品的欣赏有助于人们领悟和学习其中观赏自然景观的方法。对于一般人来说,观赏自然景观的一个常见困难是如何把对象组织成为一个审美对象,这就可以通过多看风景画(山水画)来学习艺术家是如何"取景"的。这种作品看多了,心中自然也有了一些"摹本"(观赏样式),再去看自然山水就比较容易把眼前的景色组织成为一幅画了。而对于自然景观的理解更需要观赏者的主体创造,如果多读些描绘自然景观的诗词,增强对自然的领悟力,也就有助于对景观的情趣、意味的体会。当然,中国现有的山水诗、画主要是从人文的意义上把握自然景观的,要从自然科学的角度来学习自然景观欣赏则需要接触具有科学眼光的艺术作品。例如,现代科学家的一些摄影作品,就不仅仅关注自然的人文意义,其选景、构图等往往也关注着自然对象自身的一些物质特点。这也是学生学习欣赏自然景观的好教材。

随着人们对生活质量提高的不断追求,人们外出旅游观光的机会也多起来了。对于大多数旅游者来说,他们的观光往往是"走马观花",对自然景观的观察、体验不深,这不利于他们欣赏能力的提高。教师可以要求学生在旅游观光过程中用画画、写诗等方式记下当时所见景观的特征和感受,或是在旅游观光之后再回忆对自然景观的印象,写游记或画画。这种方法的作用在于:引导学生仔细观察、大胆想象、深入体验、反复揣摩自然景观,从中发现、创造和体验自然景观的美,并逐步培养起观赏自然景观的能力。另外,还可以组织学生就某一处自然景观的美展开讨论,相互交流各自的取景方式和感受,培养大家对欣赏自然的兴趣和欣赏能力。

---

① 东山魁夷:《中国风景之美》,《世界美术》,1979 年第 1 期。

第三节 人文景观的美育

一、人文景观欣赏的特点

从美学的角度讲,人文景观是蕴涵了多重意义、又具有审美特征的文化综合体。人文景观体现了人类文化创造的特征,因此具有鲜明的文化内涵,这是它区别于自然景观的显著特点。另一方面,人文景观又不同于单纯的艺术品。不管景观的建造或形成主要是以审美为目的还是以其他为目的,人文景观除了具有审美特征外,还具有其他的文化意义,有时这种意义甚至比其审美特征更突出。例如中国的长城,它是一个具有审美特征的人文景观,但是它的历史文化象征意义却大大超过了它自身的审美价值。而且,人文景观的文化意义还常常与其自身的审美形式相分离,例如庐山的建筑形式与庐山的历史意义就并不是和谐统一的。所以,人文景观并不是单纯物质性的视觉对象,其丰富的文化意义常常是非物质性的,而且有时是不能用视觉直接感知的。正如一些学者所分析的:"文化景观还有一种凌驾于各物质因素和非物质因素之上、可以感觉到但难以表达出来的'气氛',它像区域个性一样是一种抽象的感觉,是文化景观构成的非物质成分。"[①]

当然,也有一些人文景观具有比较浓重的艺术意味,例如中国古典园林,尽管它总包含着实用、经济、民俗、区域文化等因素,但是其审美价值十分显著;又如新近兴起的环境艺术,从分类上讲,它处在传统艺术和景观之间的边缘,虽然也可能包含着环境、生态和其他文化的因素,但它主要是艺术的创造。

人们容易把景观理解为静态的对象,其实人文景观还可以是动态的。例如,某个村落,作为景观,不仅是指那些固定的建筑物或其他人造物,而且包含着鲜活的劳作方式、生活方式、风俗习惯等等,活动着的人群甚至还包括村落里的牲畜与静态的建筑物一起构成了动态与静态结合的人文景观。

从审美的意义上说,人文景观欣赏所涉及的面也很广,建筑艺术、造型艺术、艺术设计多有涉及,还涉及自然景观,因为人文景观往往同自然景观融为一体。由于所涉及的主要属于视觉审美范畴,所以,把握对象的视觉形式以及蕴涵于视觉形式中的审美意味是人文景观审美欣赏的基本特点,特别是对那些艺术性比较强的人文景观更是如此。

但是,由于人文景观本身具有多方面的综合性的特点,所以人文景观的欣赏既不同于自然景观的欣赏,又不同于单纯艺术品的欣赏。首先,它是对人类文化创造及其成果的欣赏。严格意义上的自然景观是未经人类创造的天然对象,所谓"鬼斧神工"是对自然界演化、运动的赞叹。而人文景观则是人类创造的结果,是灌注了人的主体力量的对象,人们对人文景观的欣赏必然包含着对创造动机、过程以及精神力量和文化价值的认知和理解。

---

① 汤茂林、金其铭:《文化景观研究的历史和发展趋势》,《人文地理》,1998年第2期。

其次，人文景观的欣赏既是一种审美的欣赏，又包含着对社会、历史、文化因素的认知和评价。如果说，在同为人类创造性成果的意义上，人文景观的欣赏和艺术欣赏有相似之处的话，那么，在欣赏的具体内容和方式等方面，它们又是不尽相同的。由于人文景观的综合性，对人文景观的欣赏不可能都是单纯的艺术欣赏，而是包含着丰富的非艺术因素的欣赏。这就是说，虽然人文景观的欣赏要求主体以审美的态度来对待客体，也要关注对象的审美形式；但是，单纯地持审美态度还是不够的，也不应该仅仅关注对象的审美形式或艺术风格，还应该掺入多学科的认知和评价。所以，我们对人文景观美育功能的理解也不能仅仅局限于狭义的审美教育，而是应该充分意识到它在增长知识、提升情感、陶冶情操等多方面的综合性教育功能。

二、人文景观美育的方法

人文景观美育在理论上的提出和实践是近几年才开始的，没有现成的模式，以下仅在中国人文景观中选择历史文化景观、园林景观和城市景观这三个有代表性的方面，作简要的论述。

1. 历史文化景观的美育

作为人文景观，历史文化景观是以历史文化遗迹为基础而形成的，如埃及金字塔、罗马斗兽场、中国长城、西安兵马俑、绍兴的兰亭、英国的海德公园等。虽然历史文化景观是以历史文化取胜，但它们也往往具有较高的审美价值。那是因为人们在设计、建造大型历史文化名胜时总会把审美作为一个重要的因素加以考虑，而且深厚的历史文化内涵也强化了景观的审美意义。所以，历史文化景观可以作为美育的一种资源。

当然，历史文化景观不仅仅是美育资源，它还是人文教育的重要场所，因此，在组织学生观光时，要充分考虑到审美教育同历史文化教育的有机结合。人们讲起历史文化景观总会想到世界最著名的那一些，如果有条件去观赏，那当然是再好不过的了。但是，对于大多数学生来说，这种机会毕竟是难得的，所以，教师应当注意发掘当地的历史文化遗迹。其实，每一个地方都有文化遗迹，虽然它们或许还不著名，却是本地的名胜，也可能具有特殊的教育价值。例如，历史民居、古戏台、少数民族文化、地方博物馆，还有历史悠久的桥梁、道路、城墙、牌楼、人工河等等。这些历史遗迹保留着丰富的区域文化传统，与当地的民风民俗密切相关。而且，它们往往与民间艺术血肉相连，或者就是民间艺术的代表。所以是美育理想的乡土教材。目前学校美育中，本土艺术文化教育常常是空白，这是很不应该的。不少学生可能对贝多芬略知一二，却对民族音乐家一无所知；可能都知道而且从各种媒体上见过悉尼歌剧院，却从没有注意过家乡的古戏台。其实，乡土的艺术文化对学生来说，要比西方的艺术或历史文化名胜更容易理解和接受，也可以由此使学生认识生活于其中的城镇或乡村的历史文化和艺术，从而培养他们爱家乡、爱父老乡亲的美好情感和保护乡土文化的意识。这在现代化和经济全球化的今天，显得尤其有意义。所以，各级各类学校都要重视对本土文化景观的发掘，并把它们转化为教育资源。

历史文化景观的观赏是需要事先做知识准备的。教师的指导固然重要，也可以在教师的指导下，要求学生自己做准备。特别是乡土历史文化方面的材料，可能比较分散，若发动学生分头去收集和整理,更能发挥他们的能动性,培养他们的创新精神和实践能力。

2. 园林景观的美育

中国园林是我国审美文化创造的典范之一,蕴涵着丰富的传统文化精神;若是从人工与自然妙合无垠、实用与艺术水乳交融这个意义上讲,又堪称世界人文景观之最。所以,中国园林建筑,只要是品味纯正者,都是对儿童青少年进行审美教育和人文教育的理想资源。

中国园林是由建筑(亭台楼阁等)、山水、花木、奇石等组合而成的综合性艺术品。古典园林虽也有一些实用的功能,但是其主要作用在于悦目畅神、怡情养性,是富于诗情画意的审美景观。正因为园林不同于一般的庭院,所以,在组织园林观光之前,有必要先向学生介绍一些园林艺术的基本知识。这种知识准备的目的有两个:一是让学生了解园林是一个艺术品,观赏园林要特别留意艺术创造的美妙之处,以及如何去观赏园林艺术之美。二是帮助学生去体认中国园林所体现出来的传统文化精神。重要的是,教师应该把这两种知识的介绍有机结合在一起。例如,园林艺术十分注意把人工建造的东西与所处的环境协调地组合起来,所以"因地制宜"、"借景"等既是造园的重要构思方法,又是观赏者发现、体味园林构思、建造之妙的一个重要角度。每当夕阳西下,漫步在颐和园昆明湖畔,抬头见西边一抹青山,玉泉山塔隐倒映入湖,下面是长堤翠柳,玉带桥隐现于柳影中,真是园内园外融成一片佳景,足见古人造园"借景"之妙趣。[①]这种借景之妙不仅具有审美的意义,在它的深层蕴涵着中国传统的生态观念;那就是人与环境的协调相处。其实,在古代园林中,传统的"天人合一"观常常有突出的体现。古人讲造园的理论很多,但最重要的一条是处理好人与环境、人工与自然的关系。李渔在《闲情偶寄·居室部》中讲述造园的理论时,曾对处理人工的建筑物与自然的关系提出过精要的见解,他认为,户外的山水与居室之间要有一些过渡性的点缀,这样一方面可避免二者之间由于对比强烈而有失整体的艺术和谐,又可以保持居室与自然的呼吸贯通。这种造园的原则不仅体现了审美的追求,还体现了"天人合一"的传统文化精神,即使在今天看来,它与现代生态观念也是相一致的。事实上,中国传统景观审美意识当中蕴涵着丰富的环境、生态观念,所以,园林景观乃至大多数审美景观都不仅具有人文教育的价值,而且具有现代意义上的环境、生态教育价值。这就意味着,对古典园林的观赏,也要注意把传统文化的熏陶与当代现实融洽地联系起来。

园林知识的介绍固然重要,更重要的是实地观赏,也就是"游园"。在这个环节中,导游的作用直接影响着美育的效果。就目前的情况看,旅行社的导游还不能很好地胜任美育的任务,因为他们常常以掠奇逗乐为目的,缺乏专门的园林艺术和文化知识,并没有着力发掘园林艺术的教育资源。所以,最好请园林艺术专家来做导游,或者教师自己通过学习(如查阅有关资料、实地考察、请教专家等)来指导学生观赏。还要注意的是,每个好的园林都有自己的个性,李渔曾说过,园林的构思、布置是为园林主人"摹神写像,以肖其为

---

① 冯其庸:《园林丛谈·序》,见陈从周:《园林丛谈》,上海文艺出版社1980年版,第3页。

人也",是他的"神情"的体现①。所以,无论是在游园前还是在游园过程中,都要主要向学生点出某个园林景观的特点,这样园林在学生的心目中就更加生动,也使游园更有情趣。游园讲究动、静相宜,就是既要在游历过程中"面面观、步步移",又要停下来对一些主要的部位作细致的品味,切忌匆匆地"走马观花"。更重要的是,教师要设法让学生静下心来,细细品味园林艺术。目前一些学校组织的园林观光,往往贪图多走几个景点,结果没有一个景点给学生留下深刻印象的。学校组织游园要选择好日期,最好避开旅游高峰,这样在相对清静的状态下游园,学生的注意力容易集中,精神比较放松,视野也比较开阔,也比较容易接受适当的指导,美育效果也就会更好一些。

3．"城市景观"②的美育

城市是人类文化创造的重要成果,也是一定时代审美文化创造的象征之一。城市有许多功能,如政治、经济、社会、文化、军事和日常生活等功能。同时,城市是一部大书,它蕴涵着丰富的意义。尤其是近年来,城市的设计和建设越来越重视人文导向,更加追求城市的文化意蕴、区域特色、生态平衡和审美个性,所以,城市也越来越成为美育可以开发利用的有效资源。另一方面,我国正处在现代化进程之中,学生,作为未来的公民和建设者,也就是未来城市的建设者和居住者,城市景观美育在一定程度上也会对未来城市的建设和发展以及城市的生活方式产生积极影响。

与园林景观相比,城市景观具有更复杂的综合性。可是,从景观美育的角度讲,城市景观主要涉及城市建筑、城市公园、城市雕塑、环境艺术以及城市建筑的各种装饰等物质形态和城市文化氛围、城市精神个性和城市生活方式等非物质形态。当然,这两个方面是结合在一起的,而且,由于城市设施的多功能性,上述各要素之间也常常是相互关联的。一个城市往往是比较大的,面面俱到的观赏既不可能,也不必要。城市景观美育要抓住某一个城市最有特色和个性的局部景观,如上海这个城市,从历史角度讲,外滩和城隍庙是比较有个性特色的,而论现代城市景观,浦东的"东方明珠"、"国际会议中心"以及风格各异的现代化楼群则是有代表性的。如果说上海这个城市是以近现代城市文明取胜的话,那么,北京则以中国古代文明而显示出个性来。其实,许多中小城市也是极富个性的,如杭州、苏州、绍兴等均有着丰富的历史文化底蕴,这种历史文化特色与现代化城市设计融为一体,使这些城市成为江南水乡城市的代表。组织学生去城市观光,就要选择有个性的城市,抓住有特点的景观。因为,城市景观的美就在城市的特色之中。当然表面装饰是一种美化,但那是比较肤浅的,城市深层次的美在于蕴涵着文化内涵或时代精神的创造性视觉形象。只有抓住特殊景观这个重点,才能更好地发挥城市景观美育的作用,那就是使学生在观赏中学会观赏城市景观,并接受精神上的熏陶。

和其他的景观美育一样,城市景观美育也需要教师事先做充分准备。城市比较大,最好给学生一些文字材料。有的学校在组织学生去城市观光时,发给学生一张旅游线路图,并附有主要景观的文字说明,这样对学生是有帮助的。另外,城市交通相对发达,环境也

---

① 李渔:《闲情偶寄·居室部》,转引自北京大学哲学系美学教研室编:《中国美学史资料选编》下册,中华书局1981年版,第242页。

② 城市景观既有历史形态,又有当代形态,我们这里谈论的主要是当代形态。

比较复杂,教师应该充分考虑安全保障。

与自然景观的观赏一样,人文景观的观赏也需要事后的总结。教师可以根据美育的要求,结合历史文化教育,给学生布置一些写游记、感想之类的文字,这样可以帮助学生从感性观感上升为理性认识,加深印象,强化美育效果。

景观美育是学校美育的一个有机组成部分,但是,目前各地还开展得不多。上海师范大学附属中学从20世纪80年代开始就每学期组织学生走出校门,去附近各地观赏自然景观或人文景观。这项活动不仅学生十分喜爱,而且十多年的实践证明,它对于学生审美能力和审美意识的发展以及身心健康有显著效果,因而是值得推广的。

本章小结

景观美育是美育学的重要内容之一。本章所论述的重点,不外是景观的美育特性。自然景观、人文景观是景观美育的两大主题,其美育作用的核心在于感受、体悟自然之美和人文之美的同时提高受教育者的审美能力,从而提高文化艺术素质。要达到这个目的,必须通过以审美规律与教育规律相结合的形式,有计划、有组织、有目标的教育活动,将景观特有的美育价值转化为受教育者的内心体验,使其在思想道德素质、精神境界、文化修养和审美情操上有所进步,成为完美的人。

思考练习

1. 怎样理解景观美育有着其他美育形态所没有的特殊意义?
2. 为什么说景观美育能对个体的成长产生积极的作用?
3. 与艺术美育相比,景观美育有何特殊意义?

参考书目

1. 阿尔曼得:《景观科学》,商务印书馆1992年版。
2. 宗白华:《美学散步》,上海人民出版社1981年版。
3. 谢凝高:《中国的名山》,上海教育出版社1987年版。
4. 李浩:《唐代园林别业考论》,西北大学出版社1996年版。

第八章　人文学科的美育

【学习目标】

认识人文学科的特征和教育价值,理解人文学科教育的特征及在促进人的全面发展中的重要作用。

认识人文学科和美育的联系,掌握人文学科的美育价值。理解美育可以在人文学科的教材、教学过程等全面渗透。

掌握人文学科美育的途径和方法,理解人文学科美育的关键在于激发学生的审美体验。

【内容概要】

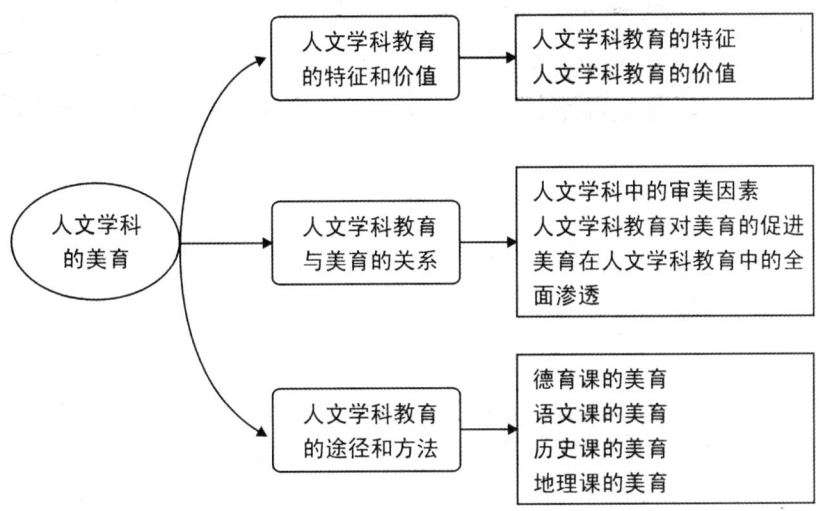

艺术美育是实施学校美育的主要途径,然而其他学科美育也有其不可替代的作用。人文学科和自然学科是中学教育中的重点部分,它们包含着大量的审美因素,也具有重要的美育价值。重视学科中的审美因素不仅会使学生得到不同于艺术美、自然美的审美熏陶,而且还将提高学生对各门学科的学习兴趣,从而更好地完成教学任务。

本章从人文学科教育的特征和价值入手,论述人文学科教育和美育的关系,并且介绍人文学科各课程的教育内容和方法。

第一节　人文学科教育的特征和价值

一、人文学科教育的特征

1. 人文学科的涵义

人文学科又称"人文学"。在西方,它是人类社会三大学科类型(自然科学、社会科学、人文学科)之一的综合性的学科,主要以人类的信仰、情感、道德和审美等为研究对象。

人文学科(humanitas)这个名称,源于古罗马哲学家西赛罗(公元前106至前43年)的一种理想化的教育思想。"humanitas"(拉丁文,意为"人性"或"人情";又与"paideia"通用,有"开化"、"教育化"之意),是指古罗马时代成长为人即"公民"(自由民)所必修的科目,大致包括哲学、语言修辞、历史、数学等。人文学科作为一门综合性的学科名称,是在12、13世纪意大利出现世俗性的学校时开始确立的,当时的世俗性学校出于与基督教神学的对立,在"神学学科"之外添设了关于人类自身事务的世俗学科,即"人文学科"。它以人为主要研究对象,以古代希腊、罗马的"人文典籍"为内容,主要包括语言、文学、艺术、历史、哲学,乃至自然科学等。与此同时,欧洲的一些大学的学者们也不局限于神学学科本身的研究,而开始从事有关人文学科的哲学问题和科学问题的研究。虽然他们的目的主要在为基督教神学寻找根据,但是,在客观上却是研究人文学科内容的开端。到了14至16世纪欧洲文艺复兴运动时期,人文学科这一名称得到广泛使用。文艺复兴首先就是指古希腊、古罗马人文学科的复兴。当时的新兴资产阶级学者和思想家们根据现实生产中新的发现和古代文化中唯物主义的思想,提出了人是宇宙的主宰,是万物之本,是一切文化科学的中心的世界观,用来反对中世纪统治欧洲封建社会的基督教神学的一切以神为中心、一切以神为本的旧观点。他们在反对封建、反对教会统治和反对"以神为本"中所形成的一套思想理论体系被称为"人文主义"、"人本主义"或"人道主义"。他们崇尚理性和智慧,以研究古代希腊、罗马的各种学术为中心,探索人类社会生活领域的新知识。当时学者们把这些被研究、探索的知识领域称为"人文学科",以区别于中世纪封建社会基督教神学和经院哲学。随着时代的前进,人文学科也在不断地变化;由于人文学家和自然科学家以及社会实践者的不断创新,使人文学科的内容更加广泛。18世纪,在启蒙运动的百科全书派那里,人文学科不仅广泛地指对社会现象和文化艺术乃至自然科学的研究,而且鲜明地被政治化了,成为他们启发民众争取资产阶级"自由、平等、博爱"的思想和舆论武器。19世纪末、20世纪初,由于社会实践的发展,人类对于自然和社会认识、改造的深入,各类知识不断发生分化,并循着自身的规律迅速向前发展,于是,人文学科又与社会科学分开而并驾齐驱。直到现在,世界上不少国家仍沿用这一学科分类。

人文学科现在有广义狭义之分:狭义指对拉丁文、希腊文、古典文学的研究;广义指对社会现象和文化艺术的研究,由于近代社会科学的兴起,对社会现象的研究多用社会科学一词表示。目前国内外大多认为社会科学是实证性的科学,而人文科学则是评价性的学问。

人文学科作为一门综合性的学科名称,在我国是20世纪初从英文翻译过来的;但由于文化传统的关系及其他原因,我国一直未将人文学科作为一门独立的类型学科,而是将它与社会科学结合在一起,统称为社会科学。本世纪80年代以来,人们对人文学科有了比较明确的认识,认为人文学科并非某些文科外在类聚的笼统称谓,而是以人性教化为内在目的的精神态度与方法,是某些教育性学科的统称,大致包括(但不限于)哲学、法学、历史学、语言、语言学、文学、艺术、艺术史、考古学、人文地理学等等。本章所说的人文学科主要是指中小学教育中的文科内容,不是严格意义上的人文学科。

2. 人文学科教育的特征

第一,价值导向。人文学科不同于自然科学的一个重要特点是:它既是一个知识体系,又是一个价值体系。人文学科教育不仅是传授知识的教育,而且是传播和引导一定社会价值观念的教育。

人文学科作为一类学科群,是对人类社会和社会发展的各种规律的认识,也是人类智慧的结晶。同时,由于社会生活的特殊复杂性,由于认识者不可避免地参与到认识对象即社会生活之中,因此它的基本前提和结论不能不带有鲜明的价值倾向性。一定的人文学科理论作为知识体系和价值体系的结合,是一定的历史条件的产物,体现着一定阶级、一定国家的观念和意志。因此,人文学科的发展中始终存在着科学性和意识形态性的关系问题。我国的中学教育特别重视把人文学科的科学性和意识形态性结合和统一起来,努力使学生们在认识这一门学科的过程中接受一种正确的价值观念。

第二,人文修养。人文性,或者说人文精神,反映的是一种思想态度,它认为人、人的价值具有首要意义,即以人为衡量一切事物的标准。人文主义的早期形式是与中世纪的宗教禁欲主义、蒙昧主义相对立的产物。它肯定人和人生的价值,重视人自身的经验和对自然的研究,颂扬自然界的美,包括人体自身的美以及人类精神力量。我们讲人文学科的人文修养,就是要使受教育者从这一人类共同的精神财富中汲取养料,重视人自身的价值,同时强调个体与社会的协调,使他们在整体上达到一个前所未有的精神高度。

当前,我们强调人文学科的人文性,就是要以科学的伦理思想为指导,以开发人力资源、促进人的全面发展为根本目的。社会主义的人文学科教育,必须在"人民主体价值观"的指导下,承认人的价值高于物的价值,信任人、关心人、尊重人,促进受教育者在德、智、体、美、劳诸方面都得到发展,成为具有高度的文化素质和道德修养的公民。

二、人文学科教育的价值

1. 人文学科教育的文化价值

人文学科是人类认识和改造社会、促进社会进步的科学知识,它作为与人类实践相伴而生的精神现象,能满足人类自身生存和发展的需要。人文学科的发展状况是衡量一个民族理论思想水平和素质高低的重要标志,是衡量它处理人类自身及人类与自然界关系的自觉度、成熟度的重要标志。具体地说,其价值至少表现在:观念变革是社会变革(包括经济变革)的前提和先导,而观念变革总起源于人文学科;人类实践活动中具体矛盾的合理解决需要人文学科尤其是哲学的智慧;就经济发展来讲,以哲学等文化观念为核心的价值观,还是规范并推动经济发展的重要文化动力之一。因此,我们必须从推动社会的全面进步的动力作用和衡量社会全面进步的重要标志这两方面的高度,看待人文学科的文化价值,加强中小学的人文学科教育。

2. 人文学科知识是受教育者成长的必备条件

人文学科对于受教育者开阔胸襟,启迪心灵,深化爱祖国、爱党、爱人民、爱自己的文化和爱社会主义的思想感情有着重要作用。人的文化背景越宽,思维领域越广,他的精神生活才会越充实,对社会和自我的认识才会越深刻,也才越有可能进入科学的前沿。一个中国人不了解中国历史、文化知识,其爱国主义思想就是无源之水;没有对国际背景的深刻了解和思考,一个人的爱国主义也难以形成。此外,人文学科对于陶冶情操、砥砺品行,增强坚韧奋发、积极进取的意志,对于提高分辨真伪、鉴别美丑的能力也都起着积极的作用。爱因斯坦曾尖锐指出:"用专业知识教育人是不够的。通过专业教育,他可以成为一种有用的武器,但是不能成为和谐发展的人。要使学生对价值有所理解并且产生热烈的感情,那是最基本的。他必须对美和道德上的善有鲜明辨别力,否则,他——连同他的专业知识——就像一只受着很好训练的狗,而不像一个和谐发展的人。"[①]

从培养人、塑造人的任务出发,以人文学科为主要内容的文化素质教育是所有学生都必须接受的教育,在科学的价值观和人生观指导下开展健康的文化素质教育,也拓宽了德育的内涵。人文学科教育在培养学生的思想、道德、精神、情操等方面的重要作用,是其他学科所不能替代的。

第二节 人文学科教育与美育的关系

一、人文学科中的审美因素

审美是人类社会实践,首先是劳动实践的产物,它具体地、历史地体现了人类社会发展的客观规律以及人们的进步思想、情感和愿望,而这正是人文学科关心的内容。因此,人文学科与美育有着天然、内在的联系。

1. 理论美

人文学科对各类社会现象及社会发展规律的探讨蕴含着对真理的认识,当这些认识以完善的理论形态出现时就有了美的条件。人文学科的理论美首先体现在理论的品格美。社会现象非常复杂,人们对社会客观规律的认识有对错深浅之分,从而也会对社会发展起着推动作用或阻碍作用。这就使理论显现出品格的高下与美丑。那些反映社会客观

[①] 《爱因斯坦文集》第3卷,商务印书馆1979年版,第310页。

规律、对社会发展起着推动作用的理论,就具有很高的审美价值。其次是理论的形象美,包括结构形象、图形形象、论据形象等。结构形象美指逻辑结构、语言结构等。符合辩证法和形式逻辑,又符合语法的理论,就有了美的结构。这种结构为人的视觉器官或听觉器官所直接感知,因此是美的结构形象。反之,如果矛盾百出,乱麻一团,便是不美的结构形象。图形形象指论著图表、符号等,它们对一般审美者来说,可能不会一看便产生美感,但对于有一定知识素质的人来说,则是具体、生动、可感的形象,如果它具有解释理论的价值的话,便是美的形象,如中国古代的八卦。再者是论据形象美。论据形象是论著中对论据具体生动的描述,或称形象性描述。这种描述更容易使人接受和理解,使人产生喜爱等感受。此外还有论著风格形象美。理论风格是指从论著的整体上呈现出来的独具的特点。总之,不论是哪种美,它们都反映了人们对社会规律的不懈探索的精神,都反映了人类的创造之美。

2. 艺术美

人文学科常以自然美和社会美为研究对象,是自然美和社会美的能动反映。它既遵循现实生活规律又按照艺术创作规律对生活素材进行概括提炼,又渗透研究者的思想感情。人文学科中包含着大量具有审美价值的艺术形象。在艺术中反映的社会美,包含人的个体美和社会整体美。艺术所反映的个体美有人体美、心灵美和性格美等,社会整体美有社会肌体健康美、社会活力充沛美、社会生活文明美、社会人口优质美等基本因素。

二、人文学科教育对美育的促进

人文学科教育对美育有明显的促进作用,具体表现在以"善"促美。美育必须以先进的科学思想、人文学科的知识和全面的智力发展为基础。正确的审美观和高尚的审美趣味,总是与智力教育的高度发展相联系的。人文学科的知识,作为善和真的统一体,构成了审美教育的深层次的理性内容;没有一定的深层次的理性内容作基础,美育必然失之于肤浅。

人类社会的文明史"不但是人类的实践史,同时也是人类的精神史、心灵史、情感史"[①]。在人的精神活动中,存在着相互联系的感性世界、理性世界和情感世界。人文学科的教育,使人们的认识从感性升高到理性。"理性"以成熟的思维活动为中心,具有"抽象"和"深层"的特点和含义。"理性"的发展使学生不仅认识了自然、社会,也认识了自身,希望发展自身。学生精神更为高级的状态是以充分的感性、深刻的理性为基础的感情世界的充分发展。当理智感和道德感处于肯定状态,强度和愉快程度都进入理想境界时,二者实际上已转化为美感。

就中学教育内容来说,人文学科的教学不仅将提高学生对语言美、艺术美的领悟能力,而且更为重要的是,它们还包含着有关人生、社会、道德等价值观念的教育,包含着对祖国的历史、现状的教育。这些教育内容是理解社会美和行为美的基础,是培养学生热爱祖国、热爱人民、热爱人生的崇高情感的前提,而这正是教育最大的善。因此,人文学科的

---

① 丁东:《情感论》,《晋原学刊》,1987年第6期。

教育实际上是培养学生对"善"的理解能力,也是培养学生对美,特别是社会美的领悟能力。

三、美育在人文学科教育中的全面渗透

美育不同于其他教育。美育可以渗透于任何一种教育形式。

美育可以在人文学科的教材中渗透。中学文科课程主要以语言文字为审美媒介,向学生展现自然界、人类社会的丰富生活,描绘艺术天地多彩多姿的画面,讴歌真、善、美,鞭笞假、恶、丑。通过语言所描绘的生活和艺术尽管没有其他艺术形式那样具有直接的审美特点,但它们也具有其他艺术形式所不具备的审美特点,如它们更能激发欣赏者的审美想象,对过程的描述也更有力。教师应当善于发掘教材中蕴藏着的这些审美因素,而不仅把它们看成是纯粹的知识与事实的罗列。

建议与思考

如何理解美育在人文学科教育中的渗透,试举一例说明。

美育可以在人文学科的教学过程中渗透。教师可将教材中美的潜因与一般的知识性内容组合在一起,内化到自己的头脑中并与自己已有的审美经验、知识相融合,然后,再将它们和谐地组织并物化在教案中成为教学内容。在课堂教学中,教师再通过教学手段将教学内容展现在学生的面前,教学内容随着优美、恰当的教学形式作为一种信息进入学生的感觉通道,引起学生的审美想象和体验。于是,主客体之间便出现一种和谐状态,美感体验随之产生,这也必将提高学生的学习兴趣,加深学生对教学内容的理解和吸收。

其实,不仅是教学内容、教学方法、教学手段、课堂结构,而且教师的个人形象、授课的语言和姿态等方面,也都可以使学生进入美的境界,在美的天地里遨游。如行云流水的语言、优美丰富的表情动作都能使学生陶醉。因此,良好的教学过程也是真善美和谐统一的过程,即传授科学文化知识(真)、培养良好的思想道德(善)、进行美的欣赏和美的熏陶(美)。

第三节 人文学科美育的途径和方法

人文学科的美育具体落实于各文科课程的教学之中,渗透于人文学科中的美育过程也不是概念的构筑和理性的逻辑过程,而主要是以形象和情感体验为基础的。人文学科课程的美育,其学习方式同样应该是审美体验。人文学科美育的关键也就在于如何激发学生的审美体验。

一、德育课的美育

德育课与美育的关系是十分密切的。从伦理学观点看,美是一种善,美以善为前提和基础,美归根结底要符合善、服从善。为此,德育课的美育应着眼于行为美的发现和培养,有序地引导情感体验的深化。

我们不仅要通过挖掘德育教材中的审美因素,使学生通过学习,发现和认识各种形式的美,而且要善于在教学过程中设计有利于实施行为美的各种教学方式,如现身说法、参观采访、自主体验、辨析讨论、价值判断、道德评价等。

现身说法是指用"直接形象",如讲述者的经历、遭遇等,对人进行启迪或劝导的教学方法。这种方法主要是根据教学目的,请英雄模范人物或同学身边的榜样讲自己的经历,启发学生设身处地去体验自己会怎么办、该怎么办等。采取现身说法,应注意挖掘人物的心灵,讲清当时这样做的动机等,这样才能使学生对之产生肯定的态度和引起满意、愉快、羡慕的积极情绪,成为实现教育目的的内驱力。

参观采访是指为了达到某种教育目的,师生一起走出教室,去实地参观、现场采访,让生活中的"活典型"通过第一信号系统印入学生的脑海,从而产生情感体验的教学方式。

自主体验是指把学生置身于某种惬意、和谐的活动之中,让他们产生自我触动、自我激励、自我教育效应的教学方式。

辨析讨论是指让学生在教学活动中,通过对辨析题的激烈讨论,明确是非,分辨正误。辨析讨论的形式主要有:一是充分利用教材和课后习题中的材料进行行为辨析、正误判断;二是根据学生实际,教师增设一些具有针对性的辨析题,引导学生辨析;三是围绕教学中心,让学生自己设计一些辨析题,然后师生共同讨论。

价值判断就是引导学生对人物道德行为产生的社会意义进行估价:一是引导学生从课文中寻找有关评价的语句并反复体会;二是引导学生联系自己的实际,说出自己的看法;三是逆向反问,即设想文中榜样人物如果当时不这样做,甚至产生与之相反的行为表现时,会有怎样的结果。

道德评价是指引导学生按照一定的道德规范对自己或他人的行为进行善恶褒贬和评论。引导学生进行道德评价时,要注意以下几点:一是要注意从效果引向动机,一般来说,年级越低的学生越不注意从行为动机上去评价;二是要注意从他人引向自己,教学中常有这种现象,即评价他人的言行时,学生个个"跃跃欲试",而当用同样的规范评价自己时又变得"沉默寡言"了,而且年级越低学生评判事物所得出的结论越具有片面性,随着年级的升高,他们会逐渐注意区分主要与次要、必然与偶然等因素;三是要注意从一个引向一类,即引导学生由对具体人、具体事的评判上升到对一类人、一类事的评判,这是最概括、最深刻的情感体验。

二、语文课的美育

中学语文所选的课文,荟萃了中外名篇佳作,都具有极高的审美价值。从体裁来看,有记叙文、论说文、旧体诗词、新体诗、小说、散文、戏曲等;从内容来看,有神话、寓言,也有真人真事,有歌颂真善美或鞭笞假恶丑、咏物抒情、阐明某个道理的,也有反映和描写自然风光、社会面貌、艺术世界的。教师要善于发挥教材内涵美的魅力,对学生进行审美教育。

语文课的美育要着力引导学生品味语言美,体验作者对其笔下人物的情感和这些人物自身的情感,并提高学生运用语言创造美的能力。为此,在整体阅读教学中,教师要有设计引导学生欣赏美、创造美的教学思路,从不同的角度设置几个问题,安排几个教学板块,带领学生反复地、整体地把握课文,让学生带着搜寻的目光和收获的希望去阅读课文,欣赏美。例如《爱莲说》的教学可以分以下几步:

第一步:读,体会课文的语言美。百字短文,融说理、描写、议论、抒情于一体,凝练流畅,内蕴丰富;一个"爱"字连缀全文,文句之中或叠音、或双声、或叠韵、或偶句、或奇句、或长句、或短句,错落有致,优美洒脱,音调和谐,节奏明快。

第二步:析,理解课文的形象美。作者突出"莲"的主体形象,精细刻画,反复烘托,着意点染,象征、拟人、对比等手法交织密合,画面鲜明、具体、形象。作者笔下的莲花神形兼备,品质格调高雅,令人景仰。

第三步:品,赏析课文的意境美。作者没有停留于对莲的外观的描绘和赞美,而是贴切地赋予莲花一种高洁的品格,以花喻人,借物言志,令人感受到一种崇高、幽默、隽永的意境之美。

教师还可以用艺术的手段设计教学课题和设置教学氛围,力争达到教师不讲课文而又完全能让学生进入课文并从整体上深入理解课文的艺术境界,让学生将课文内容"变"成另外一种形式的"作品",形成学生的创造性的学习活动。如《天山景物记》的教学:

教师设置了一个奇妙的教学氛围:师生按照课文描绘的游踪,去游览天山奇丽的景物。同时设计了一个奇妙的教学手段,让同学们选择自己喜爱的景物描写片断,撰写对联,大家在一起作一番"文人旅游"。于是,生动活泼的场景出现了,同学们吟联评对,热闹得很:

  (进入天山)
  红鳞映清流诗情一片
  蓝天补雪峰画意几重
  (再往里走)
  穿密林马蹄溅起漫流水更添密林幽静
  过野谷脚掌陷于苹果泥足见天山富饶
  (再往里走)
  骏马行花海步履矫健
  野花过人头色彩缤纷
  (迷人的夏季牧场)

雪水飞泻野马奔腾天山景物美
弦音远扬歌声婉转牧民生活甜

一课上完，同学们吟出了好多副对联。且不说场面之热烈，群情之激动，仅从对联的提炼来看，就可以想象同学们是如何深深地进入课文、咀嚼课文和领略课文意境的。

三、历史课的美育

历史学是研究人类社会发展规律的科学。历史是宏伟壮丽的画卷，它展示出气势磅礴的社会发展趋势、光彩照人的杰出人物和多姿多彩的典章、文物、古迹等，集中地表现了历史生活的社会美。因此，历史课是认识社会美和进行社会美教育的重要课程之一。

历史表象的形成，是中学历史教学中进行美育的核心。学习历史的过程，是以文字语言、图像为媒介，理解、记忆历史知识，而不能直接感知当时的情况。因此，进行历史课的美育，教师首先必须以历史教材为纲，用生动语言、直观教具、文物古迹，促使学生在头脑中形成历史表象。历史表象分历史时间表象（反映时间的持续性，即时间的长短；反映时间的顺序，即时间的先后）、历史空间表象（即历史事件和历史人物活动的地理位置、领域、山河风貌、交通情况等）。

历史人物表象的形成是运用历史课进行美育的核心之一。因为只有使历史人物活生生地再现在学生面前，如闻其声，如见其面，才能使学生充分感受历史人物的形象美和心灵美。如讲传说中的大禹治水，应使学生在头脑中形成一个热爱劳动人民、为了治水风尘仆仆、三过家门而不入的伟大形象。为此，也可以借用与历史榜样人物有关的文学艺术作品，如他本人的诗文，现代人创作的电视、电影等，以丰富学生头脑中的表象。在充分感受历史人物的崇高形象之后，还应引导学生联系自我，以期能促进学生完美人格的形成。

在阐述中外重大历史事件的过程中，培养学生的"唯物史观"，鉴赏历史发展规律之美，也是历史课美育的重要内容。再现历史上波澜壮阔的革命斗争，使学生既加深认识"人民群众是历史的创造者"的道理，又感受到社会进步的美，革命斗争的美。从古代中国的商汤伐桀、周武王伐纣、陈胜吴广"大泽乡揭竿而起"和大大小小几百次的农民起义和农民革命战争，到现代中国的气壮山河的两万五千里长征、百万雄师过大江；从古代西方斯巴达克斯领导的奴隶起义，到近代世界第一次无产阶级革命和专政尝试的巴黎公社，无数的社会革命斗争，都显示了人民力量的伟大和崇高之美。教师在历史课的教学中，除了要向学生充分展示历史发展的必然规律性，还应尽可能地利用文物、古迹（或其复制品），利用各种各样的直观材料（如电影等），展现历史，使抽象的遥远的历史呈现在学生面前。事实上，直观材料包括文物等本身就是极好的美育手段。

四、地理课的美育

地理学是研究地球的形状、组成、构造、历史和运动规律的科学，它研究各个地区的地形、地势、地貌、山川、气候等自然环境以及自然资源、人口分布、交通线路等社会经济因素。地理学中的自然环境与自然美有着密切的关系，这在景观美育中有较详尽的探讨。

我们可以从地理中学习和观赏先辈们的审美创造，从中受到美的教育和熏陶。在教学中应当充分运用直观材料、进行野外考察等实际感受自然之美、创造之美。先辈们留给我们的大量历史文物是看得见摸得着的具体历史存在，生动地提示了在已逝去的年代里人类物质文明和精神文明的伟大过程。当人们面对这些历史文物时，看到的不仅仅是历史，而且是以感性形式存在的人的本质力量；既可从中产生审美愉悦，又能充分感受自然历史的变迁。

应该充分运用地理课所提供的内容及其有关的典籍史料加深对祖国的认识，增强民族自豪感。如泰山浑厚质朴、稳重雄伟的形象一向是中华民族的象征。从秦始皇开始，历代著名的帝王，在他们认为国运鼎盛、河清海晏的时候，都要到泰山封禅。历史上的著名作家诗人也大多到过泰山。泰山上历代帝王和文人名士留下的摩崖石刻，山下苍茫浩瀚的齐鲁大地和那条抚育了我们民族的滔滔黄河，都会使学生不由自主地抚今思昔，感慨万千，都会使人感到泰山就是民族的灵魂、民族的化身、民族的摇篮和民族的未来。它的浑厚淳朴代表了我们民族的个性，它的雄壮气势显示了我们民族的力量。我们的国家将和泰山一样巍然屹立在世界的东方。这样就会大大增强我们的民族感情和民族自豪感。

在地理课中，我们可以看到整个自然界、整个世界、整个宇宙是一个普遍联系的统一画面，各种生态得到十分和谐的平衡。要在更大程度上扩大学生对自然现象的体验，积累各种各样的地理表象，形成一种与自然交往的需求和培养保护自然的能力。让学生懂得在享受自然美和社会美的同时必须懂得珍惜它，保护大自然，保护生态平衡，保护一切地理景观，并且用自己的行动继续美化客观世界。

本章小结

人文学科的教育是进行美育的重要途径，其中包含着重要的艺术美、社会美和行为美等审美类型。人文学科不仅给学生传授知识，而且还向学生传播和引导一定的社会价值观念。在人文学科的教育过程中，教师必须根据具体学科的特点设计教学方法和步骤，让学生形成特殊的审美表象，如语文课中的语言和意境，历史课中的历史人物表象等。这既是完成学科教学目标的有效途径，也是美育的基本手段。

思考练习

1. 简述人文学科的特征及其与美育的关系。
2. 如何在人文学科教育中渗透美育？
3. 举例说明德育课中的美育途径。
4. 请运用本章中介绍的语文课美育方法，选择一篇中学课文设计一个教案。
5. 怎样让学生形成历史表象？

参考书目

1. 高长江主编:《学校美育》(下编),吉林大学出版社1989年版。
2. 王启帆主编:《语文审美教育概论》第6、7、8章,浙江美术学院出版社1993年版。
3. 吴调公:《古典文论与审美鉴赏》,齐鲁书社1985年版。
4. 王南:《美育文萃》,花城出版社1986年版。

第九章　自然学科的美育

【学习目标】

认识自然学科教育与美育的关系,理解自然学科教育对美育的促进作用。理解美育可以在自然学科的教材、教学过程等全面渗透。

理解自然学科美育的途径和方法,掌握美育在数学、物理、化学、生物等课程中的具体体现。

【内容概要】

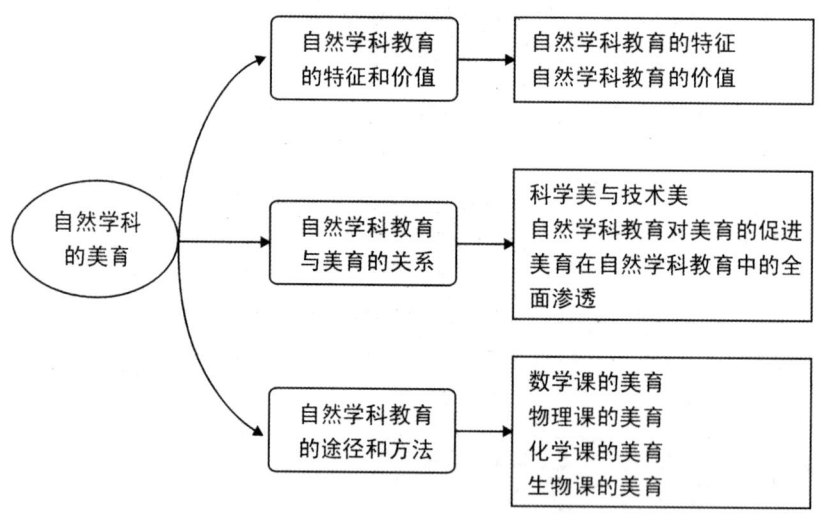

自然学科是学校教育中的重要内容。自然学科所传授的主要是关于自然界的客观规律的科学知识。就"真""善""美"三者而言,自然学科所传授的主要是"真"。要想圆满完成自然学科的美育,首先就要摆正这三者的关系。自然学科的美育要在确定美是合规律性与合目的性的统一的基础上,确定美就是真与善的统一,不仅要以美储善,以美储真,而且要以美引真。

第一节 自然学科教育的特征和价值

一、自然学科教育的特征

自然学科教育的特征主要是来源于自然科学的特征。科学是与人类历史一样久远的社会意识形态。古代的科学往往伴随有迷信,往往是经验的直接描述。15世纪以来,随着西方文艺复兴运动的蓬勃发展,自然科学逐步诞生了。特别是17世纪以后,自然科学迅速发展,逐步形成了一系列具有严密理论形态的学科。与艺术不同,科学,尤其是自然科学是以范畴、定理、定律的形式反映现实世界多种现象的本质和运动规律的知识体系。自然学科教育首先要考虑到自然科学是关于无机自然界和包括人的生物属性在内的有机自然界的学问,认识对象是以自然界为主的。这样,自然学科的教育就尤其要强化客观性。一个合格的自然科学工作者既不能以个人好恶影响他的理性判断,同时,在认识外在世界时也不能以自己的主观意志替代客观规律。具体来说,一个搞植物学的人不能因为喜欢花朵而讨厌能给植物带来养分的粪便,搞动物学的人也不能因为自己喜欢熊猫而讨厌蛔虫。自然科学工作者个人的主观意志要服从于客观规律,尽管现代科学的发展已经把研究者的个人因素看做是足以影响到研究成果的因素,但是,这只是科学的发展对认识主体提出了新的更高的要求,而不能看作是在尖端的科学研究中可以随心所欲。鲁迅的《藤野先生》一文中提到过先生给"我"改作业的事。"我"画错了小臂血管,藤野先生说那样画虽然好看,但却不对了。藤野先生的教诲给我们的启示是,在自然科学领域,即使是为了审美的目的,也不能违背客观规律。

自然学科教育的另一特征是系统性。这与自然科学大量运用数学方法有关。数学是自然科学里面占比重最大的学科。物理学、化学和生物学里面所揭示的自然现象和客观规律,最终都力图用数学来表示。抽象程度最高的科学——数学,也是系统性最强的学科。它的任何一个个体因素都不可能脱离整体而处于游离状态。就像国际象棋里的任何一个棋子脱离了棋盘就只是一个小木头块一样。每个数学符号,就连1和2这样的简单的数字,假如没有自然数系列作支撑,也是不可理解的。总之,数学具有极为严整的系统,自然科学中的其他学科也具有严谨的系统性。可以说,所有自然学科都具有严谨的逻辑体系,正是由于自然科学的严谨的逻辑体系,我们认识世界时由已知推导未知、由经验推导理论、由正确推导错误才可以得心应手。

自然学科教育的第三个特征是它的实

拓展阅读

弗朗西斯科·培根是英国著名的哲学家、思想家和科学家,被马克思称为"英国唯物主义和整个现代实验科学的真正始祖"。在自然科学领域,他重视科学实验在认识中的作用,认为必须借助实验,才能弥补感官的不足,揭示自然的奥秘。提出"知识就是力量"的口号。

践性。自然科学不是思辨性质的学问,尽管它的抽象程度很高。学校的自然学科教育的实践性主要是三点:第一,永远以实践作为学习的动力和旨归。第二,尽可能地进入操作层面。实验、考察及实际操作等是自然学科教学的重要环节,也是理解自然规律的有效途径。第三,自然学科是为实践服务的。

二、自然学科教育的价值

通常都认为人文学科以价值为中心而自然学科以事实为中心,例如,M. E. 普赖尔在《自然科学与人文主义》一书中就这样写道:"科学活动的最后成果,在任何方面对任何特定的人的应用或目标来说,都是不受个人感情的影响和约束的。而另一方面,文学创作的最后成果,不可避免地要凭借作者的特点和个人的艺术才华来鉴别。"[①]按照这种说法,自然科学家是不受价值观约束的。事实上,和人文学科一样,自然学科也有其价值体系。而且,自然学科的价值是人文学科所无法替代的。首先,自然学科对于经验和实验的重视就已经在人类的价值观创立方面有了很大的作用。培根在提出"知识就是力量"著名口号的同时,也告诉人们,"要命令自然,就要服从自然"。他倡导的实验的方法确立了用人为技术干预自然,使自然现象背后的因果关系更加明显的观念,可以说,培根和他所倡导的自然科学研究方法论开创了以往的一切学问所不具备的价值观念。直到今天,自然科学工作者还遵从培根所开创的这一方法论进行研究。其次,在人文学科所确立的价值观念体系里面,自然学科也承担着重要的角色。人文社会学科被看做价值标准的重要来源,而所有这些学科都有独特的价值概念群。但是,各门学科又各自承担着不同的价值。事实上,音乐和文学所分担的价值标准和数学、物理所分担的截然不同。

自然学科教育的价值可以分两个方面:

第一,科学的认识价值。所有自然学科的主旨首先在于培养学生的科学的世界观和方法论,而这样的任务不是单单依靠哲学理论课程就能够完成的。自然学科的科学的认识价值,在我国学校尤其需要着力提倡。这是因为西方文艺复兴以来的文化转型,在400年的时间之内已经完成了从以"善"为中心的中世纪文化模式转到了以"真"为中心的文化模式上来了。我们要建设现代化,就要在文化方面适应现代化的要求。而实际上我国的文化转型还没有完成,有待教育界的共同努力。同时,培养科学的方法论具体落实于促进学生科学思维能力的发展,使学生能自觉、熟练地用科学方法来观察、分析、理解、判断和评价自然和社会。

第二,实事求是的科学精神。自然学科的实事求是态度本身就是一种价值趋向。它和主观主义水火不相容,任何自以为是和"老子天下第一"的想法和做法都是与实事求是的科学精神相违背的。在我国两千年的封建社会影响下,在以"善"为中心的文化氛围里面,实事求是的科学精神尤其可贵。所谓以"善"为中心的文化的突出特点是以人治替代法制,在封建社会,我国以"家族"为基本单元组成了君君、臣臣、父父、子子的社会,形成了臣听命于君,子听命于父,人云亦云的风尚,缺乏独立思考、坚持真理的勇气和能力,实事

---

① 转引自乔治·A.比彻特:《课程理论》,人民教育出版社1989年版,第86~87页。

求是极难做到。"大跃进"时期近乎梦呓式的亩产几十万斤的汇报和"文化大革命"时期的"超天才"之类的说法概缘于此。自然学科的实事求是价值观念还学生以黑就是黑、白就是白的判断能力,这与现代法制社会是相适应的,也是社会主义计划经济向市场经济转轨的需要。

第二节 自然学科教育与美育的关系

一、科学美与技术美

科学美是许多科学家所关注的问题。古希腊的毕达哥拉斯学派对此早有论述。近代以来,对于科学美的探讨日益增多。例如天文学家开普勒在《宇宙的和谐》一书中就论述了他是如何借助对于和谐的领悟去探寻天体运行规律的;法国数学家、物理学家彭加勒《科学与方法》一书的开头三章都是对科学创造过程与科学美的研究。事实上,科学家们常常用"美"来评价科学理论,而且他们在科学研究中所获得的审美享受,也常常成为他们从事艰苦研究的动力。

科学美主要体现在科学理论形态及探索过程之中。科学美原则上包括如下方面:第一,真实之美。真实本身并不一定是美,而且,在许多的时候真实还会带来丑恶。但是,科学所揭示的是规律层面的真实,它展现给人们的不管是宏观的宇宙,还是微观的原子,都已经经过了人的认识的过滤。

拓展阅读

毕达哥拉斯主义是一个用于描述毕达哥拉斯和他的追随者所持的深受数学影响的思想学说的术语。在美学上,毕达哥拉斯主义认为数字是美的,提出了著名的黄金分割。

第二,严谨之美。科学是人类到今天为止所知道的最为严谨的认识。科学研究客观规律,客观世界的内在联系在科学里面得到了充分的表现,同时科学理论本身也具有某种内部的完备性,即它可以达成理论上的自洽,不出现矛盾。这充分表明了科学理论的和谐与严谨,这种和谐与严谨特别表现在数学表达的形式美上。第三,深刻之美。科学在人类历史上历来充任着认识先锋。不管是在自然、人类社会还是人类自身中的哪一个领域,科学都是认识的探险,科学美也不具有艺术美那样的直观性,因而也不同于艺术美的欣赏方式。在科学教育过程中,必须注重科学美的这些方面。

技术美是在现代大规模工业生产,特别是在现代化的综合性系统生产的基础上形成的。马克思早就指出过:"动物只是按照它所属的那个种的尺度和需要来建造,而人却懂得按照任何一个种的尺度来进行生产,并且懂得怎样处处都把内在的尺度运用到对象上去;因此,人也按照美的规律来建造。"① 技术美与现代文明社会对劳动产品的审美需要日益普及和提高息息相关。技术美主要体现于所谓的"迪扎因"之中,迪扎因是英文"设计"(Design)的音译,它主要是指"艺术设计"和"现代工业设计"等。

随着工业社会进入到后工业社会,设计与生产的流程之间的鸿沟也已经消解了。不管是传统上讲究美学的建筑、服装业,还是不大讲究的大机器生产,如今都已经讲究技术美了。技术传播速度和技术意义上的复制又进一步强化了这种讲究。生产产品的功能与美学效果的对立正在日趋弱化,而且功能及其操作正是技术美的决定性因素,传统的外观形式之美也日趋融合到整个产品之中,原来的艺术美被技术美取代了。

技术美与科学美有极为密切的关系,就如同科学和技术密不可分一样。但是,技术美又不同于科学美,具体来说它也有如下的特点:第一,技术美注重实际运用,所以技术美的前提往往在于它的可操作性。第二,技术美的效果评估通常与人的主观倾向有关,而不像科学美那样客观性极强。第三,技术美通常和实际产品联系起来。从这个意义上说,技术美也可以说是以物化形态存在着的。

二、自然学科教育对美育的促进

自然学科教育对于美育有明显的促进作用。

自然学科教育对于学生审美境界的提高有直接的推动作用。审美境界又可以区分为两个方面:其一是感官感悟的境界,其二是思想境界。自然学科是人类迄今为止最先进的认识手段,它所能提供的影像是其他任何手段所不能比拟的。高倍显微镜下的世界是在日常生活里面根本不可能接触到的,极普通的洋葱表皮在显微镜底下就会显现出令人为之赞叹的视觉形象来。老奶奶故事里的月亮和日常生活里观察的月亮,都不能代替学生们用天文望远镜观察到的月亮。在目力所及的范围,可以称道太白金星的明亮,而在观测站就可以引导学生进一步审视天蝎星座了。扫描隧道显微镜中的原子形象和"奇异吸引子"都是高能物理学所能给学生们提供的形象,其中的美是不接触它们的人难以想象的。学生用感官接受的境界随知识的增长而增长,就会使他们产生"无限风光在险峰"的感觉,在追求"真"的同时追求"美",在追求"美"的同时更热爱"真"。学生们所接触的自然学科越深入,他们就会越深入地接触到大自然的和谐与对称。

除了感官接受的境界之外,自然学科还可以提供思想境界。被称作"思维的体操"的数学可以为学生们提供一个让他们的思想自由翱翔的天地,圆锥曲线和立体几何不仅可以被视觉接受,更应该同时被思维接受才行。难怪数学大师们那么沉醉于自己的研究领域。物理学和化学、生物学也是如此。自然学科带领学生们去进行思想漫游,在思想的高深处领略优美与崇高。应该说,自然学科教育为学生们展现了另一种美,"深奥的美"、"理性的美"或者说"抽象的美",只有通过自然学科的教育才能让学生领略、享受这些美。因此,注重自然学科中的美育因素也将使学生的审美活动更完善、全面。

---

① 马克思:《1844年经济学哲学手稿》,《马克思恩格斯全集》第42卷,人民出版社1979年版,第97页。

三、美育在自然学科教育中的全面渗透

美育可以在自然学科的教材中渗透。可以说,自然学科教材的知识性和科学性是历来被教师们所重视的,而教材的审美特性还有待开发,教材所隐含的审美方面的潜能还没有得到发挥。从教育自身的角度来看,这样的局面也是不能令人满意的。教育工作是科学也是艺术,过分偏重科学而忽视艺术在自然学科教学方面是较为普遍的现象。许多教师把自然学科教育的艺术性理解为是在讲授过程和在课堂组织才会有所体现的教学技巧,而没有花力气去挖掘教材本身的审美特质,如理论及其推导、验证过程、实验方法等等所具有的审美价值;有些教师害怕在自然学科教学中融入美育,认为自然学科教育与艺术是水火不相容的。以上诸多现象都是既违背教育规律又违背科学规律的。美育可以而且应该在自然学科里渗透,"以美引真"的做法应当提倡。

美育可以在自然学科的教法中渗透。关于这一点,自然学科的任课教师已经有所探索,有人还积累了丰富的经验。如何在今后进一步提高认识,明确美育在自然学科教育教法中的地位和作用,将教学第一线的经验及时加以总结,是我们的

建议与思考

如何理解美育在自然学科教育中的渗透,试举一例说明。

工作重点所在。从目前情况看,美育在自然学科教法里的渗透大都处于无意识状态,绝大多数合格的自然学科任课教师都能在不自觉的情况下做到在教法里渗透美育,以完成教学的科学性和艺术性的统一。如物理学课堂上讲授"浮力定律"时,通常都是把阿基米德在浴缸里面迸发灵感、解决了王冠掺假问题的故事引进教程,使枯燥的定律变得妙趣横生。教师应变不自觉为自觉、变无意识为有意识的活动,把美育在自然学科教法里的渗透水准提高到新的高度。

美育可以在自然学科的实验过程中渗透。作为光学现象的"小孔成像",在我国是由墨子和他的墨家学派发现的。把"小孔成像"和后来成为电影产生重要依据的"小鸟入笼"现象在自然学科的实验室给学生们演示,在很大程度上就是在进行着美育的工作。"奥托循环"以及其他的热机实验也是如此。在实验过程中,学生们不是在背诵和机械地记忆知识,而是用自己的感官和理智配合理解知识。因此,自然学科教学的实验过程最适宜于美育的渗透。

总之,美育可以在自然学科教学中全面渗透。美育的渗透不仅是学生全面发展的需要,也是自然学科教育自身的需要。

第三节 自然学科美育的途径和方法

一、数学课的美育

在古希腊的毕达哥拉斯学派那里,数学既可求真也可求美。在他们看来,万物最基本的元素就是数,美的事物就是和谐的事物,而和谐首先是由数的关系来确定的。美就是数量比例的对称与和谐。这一学派也像中国古代的哲人们一样,把数量关系和音乐、天文联系起来。由于他们找到了音调的高低和琴弦长短之间的关系,他们很自然地把音乐的基本原则归结为数量关系。在天文学上,他们把星体的有规律运动也用数量关系表现出来,并且称之为"天体音乐"。毕达哥拉斯学派也企图用数量关系解释一切自然和人类现象,并且要求用贯穿一切的数量关系来教育人们,使得他们的外在和谐与内在和谐统一起来。

在数学的教学过程中实施美育,首先要抓住数学的精确性和严格性,在此基础上进行美的引导。例如,把马克劳林公式应用于函数 $f(x)=e$,就会有在一个无穷级数中取的项数越多、所得的值就越精确的现象。就这一现象,《科学·艺术·哲学断想》的作者赵鑫珊认为其中蕴涵着说不尽的美。[①] 赵宋光也认为,在数字关系里可以也应该找出美的因素来引导学生们,就简单的数字关系来说,例如 123456789 这 9 个数字里面就蕴藏着极其严格的排列美,每一个数字都是下一个数字减 1。就复杂些的数字关系而言,菲波纳斯数列的一般项是 $F_n = F_{n-1} + P_{n-2}$($F_1 = F_2 = 1$,n 为大于 2 的自然数),就是 1,1,2,3,5,8,13,21,34,55,89,144。其特点是数列中任何一个数都是前面两个数字之和。这样漂亮的数字排列还与大自然里的花朵的花瓣数目有对应关系。

和数字相应的是几何。在中小学教育中涉及的几何问题,例如毕达哥拉斯定理等,在其最初创立时本来就是带有审美的目的的。亚里士多德也曾经提出"美要依靠体积与安排"的命题,中世纪的阿拉伯学者伊本·穆阿塔兹(863~908 年)就这样写道:"形象的魅力——这是外在的美,而智慧的魅力——这是内在的美",而所谓的内在美的原型就是几何学[②]。

数学的简洁和严格本身就足以引起美感来。法国数学家彭加勒曾说,感觉数学的美,感觉数与形的调和,感觉几何学的优雅,这是所有数学家都知道的真正的美感。在现实生活中并不存在抽象的代数和几何,事实上,按照格式塔心理学的说法,第一个画出了直线的人在他的部落里面是被看做神明的。它们是最高的抽象,也是人类对于世界和人类社会自身认识的最为严格的表述。普朗克的极其深奥的思想就可以用 $E=hY$ 来表示,爱因斯坦的相对论就可以用 $E=mc$ 来表示。数学简洁优美的公式可以和但丁《神曲》的诗句

[①] 参见赵鑫珊:《科学·艺术·哲学断想》,生活·读书·新知三联书店 1985 年版,第 4 页。
[②] 参见奥夫相尼科夫主编:《中近东美学》,中国人民大学出版社 1992 年版,第 102 页。

相媲美,而几何学就像是交响乐一般。就数学的简洁和严格而言,可以说,数学就是形式美的化身;也可以说,数学是形式美的集中体现。

我们说数学是形式美的集中体现,还因为在数学里有极其整齐的关系。它们是对于世界认识的迄今为止最严格的表达。海森堡在和爱因斯坦的谈话中说:"自然界把我们引向极其简单和美丽的数学形式——我所说的形式是指假设、公理等等的贯彻一致的体系——引向前人所未见过的形式,我们就不得不认为这些形式是'真'的,它们是显示出自然界的真正特征。"[①]也就是说,在数学的美育中,还要以关系来带动学生们的思绪,在数字关系里寻找美的因素。几何就是数字关系的直观显现:圆的表达公式 $C = 2\pi R$ 就表达了比长方形和正方形更多方面的和谐与对称。相比之下,球体的和谐与对称比圆要更胜一筹。

几何图形不是僵死的线条组合,也不仅仅是无机体外形才有几何,生动丰富的有机界包括我们人类自身都有几何,而且是极其严格的几何。今天人们熟知"黄金分割律"(将线段 L 分割为两部分,即线段 a 和线段 b,要求 a:b=L:a),其实,达·芬奇就已经知道在人体线条里存在着"黄金分割"了。在长期的生产和生活中,人们还对几何图形产生了某些特定的情感,例如,尖角朝上的等腰三角形具有稳定感,尖角朝下的等腰三角形就具有开放感,而平行四边形则具有运动感;两个长方形竖立在一起就有亲近的感觉,而两个直角三角形竖立在一起就有威严感;倘若等腰三角形的尖角朝向左或右,就具有了移动的感觉了。横线和竖线的感觉也是不一样的。同样长短的线段,作为横线就让人觉得平易和平稳,而作为竖线就让人觉得崇高或不稳定了。

在数学教学过程中,应引导学生体会数学的简练、精确和图形线条之美,并且充分享受演算和推理过程的乐趣。

二、物理课的美育

自爱因斯坦以来的许多物理学家都相信,大自然在最基础的水平上是按照美来设计的。"对自然的考察越深入,她就越显得美,这一深刻的事实深深地震慑了自爱因斯坦以来的物理学家",以至于有些人认为,在物理的角度来看世界,我们这个宇宙的"终极设计者"是用美的方程来设计的。在这些物理学家看来,美先于真。[②] 因此,有必要用美的规律去统率物理课程,因为这不仅是对学生进行物理学之外的教育,同时也是在对他们进行物理学自身的教育。现代物理学的研究成果告诉我们,必须打破那种把美育看做是物理学之外的内容的陈腐观念。

具体地说,物理课程的美育可以从三个方面着手。首先,从最简单的美学规律入手来考察物理学。例如,美国物理学家阿·热的《可怕的对称》一书就是从"对称"入手的。在该书看来,运动的相对性是一种对称性,镜子里面和外面的世界也是对称性的表现,电和磁的相互转换也是一种对称性。而区分物理定律的对称性和特定情形下的对称性,是牛

---

① 《爱因斯坦文集》第 1 卷,商务印书馆 1977 年版,第 216 页。
② 参见阿·热:《可怕的对称》,湖南科学技术出版社 1992 年版,第 9～11 页。

顿的伟大学术成就之一。可以预见,在物理学的进一步研究过程中,还会有更多的美学规律被揭示出来,而物理学的讲授过程中美育的介入,既是对学生智力的开发,也有可能是对这一门学科的新贡献。实际上,物理学史上许多争论与假说极具悲剧意味,令人荡气回肠,同时也说明真理的来之不易,如"以太说"、牛顿的"第一推动说"等。

其次,把物理学的理论成果与艺术联系起来。爱因斯坦就称玻尔原子理论中的电子壳层模型及其定律为"思想领域中最高的音乐神韵";而玻尔则称爱因斯坦的广义相对论是"一切现有物理理论中最美的一个",是"一个被人永远观赏的艺术品"。物理学家德布罗意也认为,广义相对论的"雅致和美丽是无可争辩的,它该作为20世纪数学物理学的一个最优美的纪念碑而永垂不朽"。因此,教学中应当引导学生以一种艺术的眼光去看待物理学的理论。

最后,物理理论是需要实验支撑的,实验过程犹如音乐(理论)的演奏过程,给人以极大的审美享受。爱因斯坦曾认为迈克尔逊是位"科学中的艺术家",因为他与莫雷一起以其"对科学的艺术家的感触和手法,尤其是对于对称和形式的感觉"[①],设计了"以太漂移实验",证明了"以太"是不存在的。物理教学应当引导学生观察、感觉实验现象的美,激发学生的探索精神。

物理课的美育还包括对各种公式和定理的美感组合。麦克斯韦方程组就将法拉第电磁感应定律和安培定律、欧姆定律等分散的、孤立的电磁学定律统一组合成一个整体,化成优美的数学形式,并且据此预言电磁波的存在。该方程组被称为"神仙写出的公式"。

三、化学课的美育

化学现象显示了自然界物质的相互转化和相互作用的过程,而其中蕴含的奇妙的运动形式、结构等正是化学课所力求告诉学生的。其实古人早已对化学现象十分着迷了,诸如染色、炼丹之类常令人惊叹。古人对于天然染料的功能一定十分惊讶,因为那些染料可以使衣物变美。古埃及人在公元前3000年就已经在使用靛蓝。早期的植物染料除了靛蓝之外还有红花、木樨、石蕊地衣和茜草等。其中木樨用来染黄色,石蕊地衣用来染红色,茜草则用来染紫色。若先用黄樨浸染,然后再加靛蓝就成了绿色。化学现象在日常生活中随处可见,都可用以激发学生对化学的兴趣及对化学的审美情感。

化学课的美育首先应着力引导学生发现化学元素与物质结构的多样统一的和谐之美。如世界上所有的物质都表现在门捷列夫完美的元素周期表之中了,它使原先复杂凌乱的元素井然有序、和谐统一,这可以说是化学科学的形式美。再比如化学中的同位素、同分异构现象、同素异形现象等,都充满着奇异色彩,可以引起学生强烈的探索欲望和愉悦感。金刚石和石墨均由碳元素组成,但物理性质差异极大,硬度、导电性等尖锐对立,这犹如美术中鲜明的色彩对比,给人以强烈的印象。

其次应让学生通过实验感受物质变化的无穷奥妙。合成与分解、氧化与还原、酸性与碱性等这些基本的化学变化却包含着无穷的现实内容,而且当它们以化学方程式的形式

---

① 《爱因斯坦文集》第1卷,商务印书馆1977年版,第491页。

来表达时,自然界的变化就成了我们的掌上之物。这是科学的威力,智慧的威力,由此学生可以形成一个关于"自然"的严整有序的体系观念,这将是一种高层次的科学美感享受。总之,应当引导和激发学生以审美的态度看待元素、原子结构、分子式、电子式、化学方程式之类的概念,其实它们常常包含着简洁、对称、均衡、和谐等美感形式。

四、生物课的美育

生物课程的美育可以从植物和动物两方面来看。

植物课程里面有许多有趣的现象,可以用来进行美育。首先,几乎所有的植物都可以被欣赏。植物的花和茎以及叶子和果实几乎毫无例外地受到人们的欢迎,尤其是植物的花朵,更是令人赏心悦目。不仅如此,植物还包含了可以用数学表达的形式美,"实际上,大自然是最好的科学家和艺术家,植物在漫长的进化过程中,始终遵从着力学的和生物学的最优法则,其中蕴含了比我们人类现今所能理解和认识到的更深层次的美学内容"[①]。以往,人们都认为植物结构与数学没有什么关系,只有一些杰出的思想家如毕达哥拉斯和达·芬奇以及诗人歌德意识到了这一点。近来,"分形理论"的提出,以及L—系统在生物学界的提出,使得植物形态和生长过程可以用形式语言加以描绘,人们才逐步发现了植物背后的形式美原来是如此丰富多彩。其次,某些植物的生物特性还和人的品格具有了固定的联系。在我国,松、梅、竹"岁寒三友"一直是高洁品格的象征。再次,植物的演化也同样可以进行审美方面的教育。远古的蕨类植物、巨大的杉树及人工培育的物种所引发的新奇、惊叹也应该是和美感一起产生的。植物复杂的生物构成例如蒲公英和植物神奇的"光合作用"也会给学生们无限的美感。应当尽可能地让学生亲身观察、体会,引发学生的想象,让他们使书本上的描绘尽量地"活"起来。

动物课的审美欣赏也可以有很大的天地。在这里,多媒体技术手段大有用武之地。草履虫和变形虫等低级生物的研究可以使学生对生命在地球上的出现有所了解,了解生命是宇宙间最绚丽的花朵,生命现象是最美的现象。狮子和虎、豹、豺狼、大象、猴子等,都是可以直接进入审美欣赏的。而马和牛、羊等也可以对于城市里的学生进行审美教育。蜜蜂所造的巢穴和燕子搭的窝,也是美的。蜂房不仅是完美的,也是科学的设计:它的正面由正六边形组成,不仅美观整齐,而且使用面积最大;其底部由三个全等菱形拼接起来,而且每个菱形的钝角都是109度28分,另外的锐角是它的补角,为70度32分。数学家发现,这样的角度最能节省材料。在此利用必要的图片、电影、电视资料是非常值得提倡的。

生物学还告诉我们地球上的所有生物都是相互联系的,作为人应当懂得在发展自我的同时,保护其他的生物。因此,生物课美育应当强调热爱自然、保护环境的情感的建立。

---

① 常杰等:《植物结构的分形特征及模拟》,杭州大学出版社1995年出版,第128页。

本章小结

自然学科教育不仅可以而且应当渗透美育活动,这不仅仅是学生全面发展的需要,同时也是自然学科自身教学规律的需要。美育在自然学科教育里的渗透,应当提倡"以美引真"。应当充分肯定自然学科里美育的价值,研究自然学科教学里面的美育途径和方法。具体地说,数学课应当以形式美为核心,物理学课程则应当以对称等形式规律为重点,化学以"多样统一"为突破口,至于生物学则应当区别开植物与动物,在关心生命的基础上让学生们充分享受到大自然的造化之功,多样之美。

思考练习

1. 为什么要以美引真?
2. 数学、物理、化学和生物学在美育的途径和方法方面应有哪些侧重?
3. 具体设计一堂渗透美育的课。

参考书目

1. 《爱因斯坦文集》第 1 卷,商务印书馆 1977 年版。
2. 彭加勒:《科学的价值》,光明日报出版社 1988 年版。
3. 钟以俊、焦凤君:《教学美学导论》,广西教育出版社 1991 年版。
4. 《科学与哲学》,1980 年第 4 期。
5. 徐纪敏:《科学美学思想史》,湖南人民出版社 1987 年版。
6. 王秀芳、张永昌主编:《美育学教程》(第 12 章),北京广播学院出版社 1992 年版。

第十章　校园文化的美育

【学习目标】

认识校园文化的基本特征和审美属性。
理解校园文化美育对促进学生全面和谐发展的重要意义。
掌握校园文化美育实践的基本原则和方法。

【内容概要】

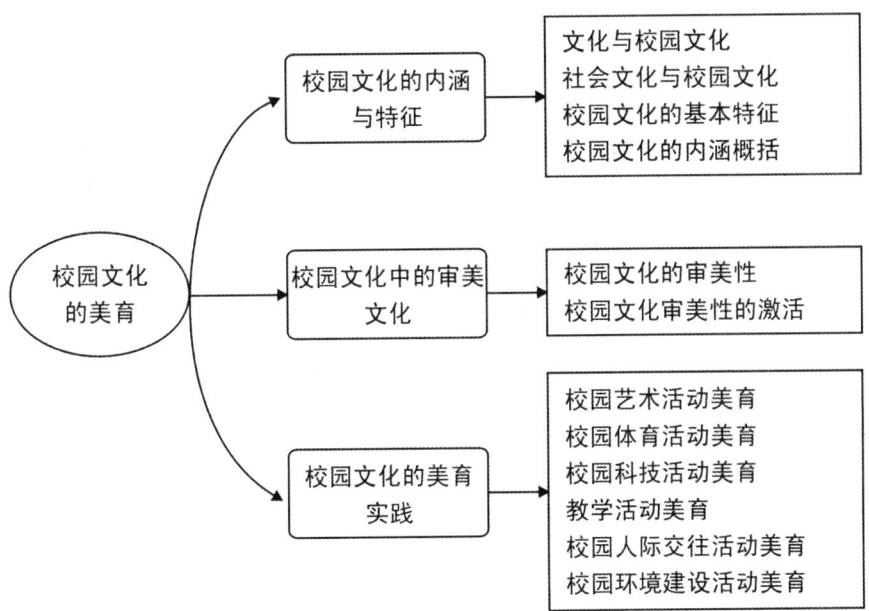

校园文化是学校教育的有机组成部分,它内涵丰富,形式多样,但在本质上属于具有鲜明审美特征的精神文化。研究和推进校园文化美育,对促进学生的全面和谐发展具有独特意义。

第一节　校园文化的内涵与特征

对校园文化内涵的理解,人们的看法并不完全相同。有人认为,校园文化是校园内特有的"文化氛围";也有人认为,校园文化是学校全体成员认同并遵守的价值观念和行为准则等文化因素的"综合";还有人认为,校园文化是"第一课堂"的补充和完善,等等。面对多种不同的解释,思考"如何理解"的问题显得尤为重要。我们认为,校园文化是社会文化的组成部分,它以特有的方式表现着文化的本质,因此,理解校园文化的内涵,应当把它和文化、社会文化结合起来。

一、文化与校园文化

在西方,"文化"一词的含义经历了由低级到高级、由简单到复杂、由具体到抽象的演变过程。最初,"文化"的含义是指"种植"、"耕种"等,后来逐步扩展到人身上,指对人的"培育"、"教养"。"到17世纪,西方人在使用'文化'概念时,特别强调'文化'是对肉体、灵魂和精神能力的训练,在某些时候也专指道德境界的提升。"[①]

在中国古代,"文化"先有一个"文"与"化"分开使用的阶段。"文"同"纹",指各种颜色、痕迹交错的纹理,《易·系辞下》有"物相杂,故曰文"的说法。后引申为各种象征符号、彩画装饰之义,再引申为文物典籍、礼乐制度、人为修饰等义,又进一步推衍为文德教化,与武力相对。"化"有改变、变化之义,一般指一物与另一物相互作用而产生的形态或性质的变化,"男女构精,万物化生"(《易·系辞下》)和"可以赞天地之化育,则可以与天地参"(《礼记·中庸》)中的"化生"、"化育",就是"化"的早期含义,后来引申出教行、迁善、化而成之等义。"文"与"化"并联使用较早见于《易·贲卦》:"(刚柔交错),天文也。文明以止,人文也。观乎天文,以察时变。观乎人文,以化成天下。"这里的"人文"与"化成天下"紧紧相连,意义已明确指向"以文教化"。可见,中国传统文化中的"文化"一词,一开始就有"教化"、"教养"的意思。

由上介绍看,文化的基本功能是对人的教化、教养,校园文化更是如此。校园文化形成、发展于"校园"这一专门育人场所,在体现文化育人之本上,具有更高的自觉性:在育人意识上,校园文化对"培养成什么样的人"的认识更自觉、更清醒。如果说,文化是为了使人成为人,那么,校园文化则能使人成为特定的人,即身心健康、全面发展的人。在育人内容上,校园文化根据明确的育人目标,自觉选择、整合教育内容,并使各种内容组合成为紧密联系的整体。这也是一般文化所不具备的,一般文化对人的影响往往自然而然发生,各种文化不分雅俗、不分良莠,都会对人产生影响。在育人过程上,校园文化具有很强的完整性。一般文化对人的影响是随机的、无序的,而校园文化则不同,它对人的影响是有序的、渐近的,每个学年、每个学期,乃至每一次文化活动,都经过认真组织,有序展开。

从上述比较看,校园文化是一种目标明确、内容集中、过程完整的高度自觉的育人文化。

---

① 汪堂家:《"文化"释义的可能性》,《复旦大学学报》(社会科学版),1993年第3期。

二、社会文化与校园文化

一切文化都是社会文化。但从概念逻辑看,当人们把社会文化与校园文化并举时,就涉及主文化与亚文化的关系问题。关于主文化与亚文化的区分,人们习惯上以文化群体的大小为依据,把一个国家的整体文化称为"主文化",把比它小的、从属于它的称为"亚文化"。比如一个国家中不同民族、不同职业、不同年龄段的文化等等,都属于亚文化。主文化由各种亚文化组合而成,没有各种亚文化,也就无所谓主文化。但主文化并不是各种亚文化的简单拼凑,而是在主文化的统领、制约下各种亚文化有机结合的整体。校园文化属于亚文化,和社会主文化形成互动关系:社会主文化不仅为校园文化的丰富与发展奠定了基础,同时也决定和制约着校园文化的发展目标、价值选择、文化模式等等;校园文化则对社会主文化起着传承和推动作用,一方面,它根据自身目的,主动选择、整合社会主文化中的相关内容,形成有利于促进学生发展的整体,另一方面,它十分关注社会文化发展的未来要求,自觉进行观念更新和模式创新,以培养社会未来发展所需要的人才,进而推动社会发展。

基于社会主文化和校园文化之间相互联系、相互作用的关系,我们主张把校园文化放到社会主文化中去考察,把握校园文化特性,促进校园文化发展。

三、校园文化的基本特征

校园文化的基本特征是它相对独特于社会文化的根据,也是它区别于其他亚文化的标志。从校园文化与社会文化、其他亚文化的比较中,我们对校园文化特征作如下概括:

第一,文化传授的整体性。这是校园文化区别于社会文化的特点。从上文分析看,"以文教化"是文化共有的特性,凡是文化都具有教化功能。但社会文化对人的教化往往在潜移默化中进行,而且具有很大的随机性、随意性。校园文化对人的教化则大不一样,尽管它包含着政治文化、道德文化、科学文化、艺术文化、体育文化、制度文化、设施文化等多种内容,看起来很散,实际上却是一个有机整体。因为校园文化具有很明确的促进学生的健康成长、全面发展的目的。人们总是依据这一目的认真选择、科学整合各种文化,精心设计教育计划,巧妙安排文化活动,科学配置育人设施与教育场所,使校园文化的各种因素在目标的统领下,形成相互联系、相互作用的整体。

第二,文化发展的创新性。文化的生命在于传承,文化传承的根本途径在教育。学校教育中的文化传承并不是机械式的传承,而是经过选择、整合之后的创造性的传承。如果说文化传承是教育的历史使命,那么,文化创新则是教育的本质要求,因为教育是面向未来的事业,学校是培养未来人才的专门场所。教育的未来性特征对文化创新(包括校园文化创新)提出了必然要求。校园文化创新不仅必要,而且完全可能,这是因为校园文化主体具有知识更丰富、思想更活跃、探索精神更强、责任担当更自觉等特点,他们勇于走在时代前列,以自身的创新实践培养具有创新精神的新一代,进而推动社会文化的发展。校园文化创新基于教师,同时也要求教师既要注重培养自身的反思能力、超越品格,坚定意志和献身精神,更要注重培养学生专心学习、认真思考的习惯和创造精神,为文化始终走在创新发展之路提供人才保证。

第三,文化育人的理想性。创新基于理想,理想是创新的依据。校园文化所培养的是未来人才,具有鲜明的理想性特征。点燃每个学生的理想之光,使他们在将来走向社会的时候,能够立足于社会,并和全体社会成员一起创造一个完满的世界,是校园文化的目标,也是它的职责。为此,校园文化注重提升自己的品质,启示人们理想地对待外物和自身,按照理想的要求改造环境和自我,永远保持向未来开放的心态。理想体现着价值取向,只有在人们看来是有价值的才会去追求。理想也体现着人的信仰,对理想的执著追求就是一种信仰。引导人执著地追求理想,并且把这种理想追求转化为一种信仰,是校园文化的基本职能。

第四,文化价值的精神性。这是校园文化区别于企业文化、社区文化、网络文化等亚文化的特点。亚文化基本上都与主文化保持同构关系,都可以分为物质文化、制度文化、精神文化三个层次,其中的精神文化处于核心地位,引导、支配另外两个层次的文化。而在校园文化中,精神文化不仅处于核心地位,成为校园文化的灵魂和发展动力,而且还能把其他两个层次的文化直接转化为精神文化,使校园物质文化、制度文化都为校园精神文化而存在。校园文化失去了精神性,就会失去发展动力而停滞不前,甚至会失去灵魂而蜕变为非校园文化。特别关注人的生存意义与价值,特别关注人的精神成长和理想追求,始终保持超越品格,自觉担当启蒙使命,促进人文精神与科学精神的互动统一,是校园文化精神性的具体表现。

四、校园文化的内涵概括

根据上述分析,我们把校园文化概括为:校园文化是校园人在长期的育人实践中经由历史积淀、自身努力和社会影响等的共同作用,而形成于校园这一特定时空中的文化形态,其根本宗旨是育人。

这一概括包含以下几层含义:一是校园文化有特定区域,在空间与时间上与校园同存共在,这使它与社会文化以及其他亚文化有了形态上的区分。二是校园文化有特定群体,其主体是生活于校园中的所有师生员工。校园文化由校园人所创造,表现着校园人独特的生活方式、精神追求,以此而区别于其他亚文化。三是校园文化与社会文化有着相同的结构,也可分为物质、制度、精神三种类型,但精神性是校园文化的本质属性。四是校园文化以育人为根本目的,为学生的健康成长提供良好环境,引导学生走向身心协调、全面发展的目标是校园文化的宗旨所在。

上述关于校园文化内涵和特征的分析,主要还是基于应然的思考与分析。如果从实然角度去作一番考察的话,便不难发现社会转型时期的校园文化中存在的问题:

一是重功利追求,轻精神提升。校园文化本应是学生精神成长、身心协调的沃土,精神性是校园文化的本质属性。但在现实中仍有不少人未能认识这一点,有意无意地把直接的功利目的作为组织开展校园文化活动出发点和归宿,或者是为了升学率,或者是为了获奖,或者是为了知名度,或者是为了给上级领导和来访者留下个好印象,等等。浅近的功利目的,使校园文化成了一种点缀,比如有的为了通过合格学校、特色学校评估,一时间把校园文化活动搞得轰轰烈烈,可是一旦通过了评估,学校迅速恢复原状,似乎什么都没有发生过;浅近的功利目的也使一些人把校园文化建设当做形象工程、政绩工程,不顾实际修文化长廊、建小桥流水、请名人题词、出书立传,等等;浅近的功利目的还使一些人只重物质文化,忽视精神文化,对直接体现学校精神的校训,不肯花工夫去思考与提炼,别人写什么,自己也跟着写什么,不是"团结、奋斗、求实、创新",就是"拼搏、超越、踏实、奉献"等等。

二是重形式张扬,轻内涵丰富。在考察校园文化现状中我们发现,仍有不少人把校园文化建设仅仅理解为栽树、种花、植草、写标语、挂名画、改大门、贴瓷砖、建花坛等,而对直接用于学生培养的设施,比如图书室、美术室、音乐室、科技室等等,却舍不得投资,关系到学生生活的宿舍、厕所、阴沟、卫生等等,也不肯花力气去搞好。校园文化活动单调乏味,除了晨会、周会、升国旗等外,很少组织开展其他校园文化活动。制度文化也只是贴在墙上装门面,内涵的丰富精神文化建设很少去抓。

三是重感性宣泄,轻理性追求。人是感性与理性相统一的存在,校园文化也应该是感性与理性相互融合的产物。但在大众文化影响下,校园文化重感性、轻理性的偏向日趋明显。好不好玩、是否让人快乐,成为人们判断校园文化活动优劣、决定自己是否参与活动的重要依据之一,"恶搞"也在校园文化活动中时时出现。校园文化的先进性、严肃性已经受到空前挑战,不少学生开始喜欢沉迷于情爱缠绵、明星逸事、武侠小说、吃喝玩乐等低俗文化之。其中,最让人担忧的是另类童谣的流行。童谣具有思想单纯、想象丰富、富有情趣、语言活泼等特点,很受儿童欢迎。而所谓的另类童谣,则是指近年来出现在校园内私下流传的内容消极、语言调侃的童谣,比如"今天星期四,小民去考试。考了四点四,回家看电视。看了少林寺,学了小本事。上街去混事,被人打成西红柿。""李白坐船不给钱,船夫把他推下船。桃花潭水深千尺,不知李白死没死。""一年级的小偷二年级的贼,三年级的帅哥没人追,四年级的色狼一大堆,五年级的情书满天飞……"这样的童谣对学生的心灵影响相当不好,但在少年儿童中的流传已经比较广。前些年,有人在福建省作过一次调查,结果发现,小学四年级以下的学生中,有28%的孩子传唱过另类歌谣,而在初中阶段的学生中,竟有近100%的学生传唱过另类歌谣。①

校园文化中存在的种种问题说明,加强校园文化建设,丰富校园文化精神内涵,提升校园文化品质,已是摆在我们面前的重要课题。近年来,人们针对校园文化中存在的问题,作过多方面的改革探索,但结果难以令人满意。这种

建议与思考

你认为应该如何理解和界定校园文化的内涵?如何评价社会转型时期校园文化的现状?

情况不仅增加了人们的忧虑,同时也增强了人们探索校园文化建设有效途径的愿望。我们认为,从校园文化的精神特性和促进人的全面和谐发展的根本宗旨看,审美化应当成为校园文化建设不可或缺的重要途径。

---

① 刘岩、李澍潇:《从"另类歌谣"看学生文化的重塑》,《鞍山师范学院学报》,2009年第2期。

第二节　校园文化中的审美文化

审美是否能够改造、引领、提升校园文化,取决于审美自身的特性,以及它与校园文化之间的关系。本节将从这两个问题入手开展分析。

对审美性的思考离不开对审美现象的考察。在我国,自改革开放以来,随着科技的迅猛发展和经济的持续增长,审美向生产、生活中的各个方面延伸,审美文化研究因此成为显学。审美文化是一种以审美性为内核的文化,它和校园文化的不同在于:校园文化着眼于文化形成的特殊性,与企业文化、农村文化、社区文化、军营文化等相对;审美文化着眼于文化内容的特殊性,与科技文化、政治文化、伦理文化等相对。但两者又有交叉:校园文化不仅包含着多种艺术形态的审美文化,而且那些非艺术形态的校园文化也蕴含着深厚的审美性;审美文化不仅可以存在于校园文化中,也可以存在于各种亚文化形态中。审美文化概念的外延十分宽泛的概念,内涵则是审美性。审美性是我们理解和把握审美文化的根本依据。

一、校园文化的审美性

1. 审美性的内涵

审美性是审美区别于他者而独立存在的属性。讨论审美性属于美的本质研究范畴。在我国美学研究中,有客观论美学派,这一派从唯物主义反映论出发,强调美的客观性,人感觉不到的东西不能算美。但应注意的是,美的客观性并不意味美是外在于人、无缘于人的存在。事实上,客观的"美"只有在人们"审"的过程中才能现实地显现出来,否则就无所谓美。因此,"美"这个概念实质上应该是"审美"。如果注意不到这一点,把"审美"简化为"美",进而把"美"当做一种纯粹的客观事物,那么,我们对美的认识就会远离美的本质。理解美的本质,应当,而且只能在人与对象的审美关系及其审美活动中进行。在审美活动中,人与对象相互吸引、相互作用、相互融合,人的心灵得以开启,情感得以升华,精神得以绽放,理想得以放飞,形成富有诗意的生存境界。由此可见,审美是人生实践的有机组成部分,它赋予人生实践以深厚的意蕴和理想的光华。基于审美是一种人生实践这一逻辑起点,我们把审美属性概括为人本性、体验性、超越性和自由性等四点。

审美的人本性

审美的人本性是指审美具有以人为起点、始终依赖人、始终保全人,并且以人的精神自由与身心和谐为根本目的的特性。审美活动中,人是第一要素,没有人就没有审美活动,也不存在外在于人的审美对象。在不同的活动中,人以不同的状态存在着,唯有在审美活动中,人以感性与理性统一的状态存在。没有人的感性活跃,无法感受、保持对象的感性形式,审美活动也不可能形成;没有人的理性活动,审美会沦为动物式的只知满足感性需要的活动。审美所具有的感性与理性相统一的特性,不仅使人回到了他本身,而且激发了人的全部活力去创造理想人生,从而成为人的本质力量的最充分的确证。审美也最鲜明地体现着促进人全面自由发展的根本目的。审美首先是感性的,不仅审美对象以感性的方式存在,进入审美状态的人也以感性的方式存在,在与对象的相互作用中关注自身当下的生存状态和生存境遇,倾听自己的心声,思考人生的意义,进而激发超越现世与自我之情,实现感性的丰富和理性的升华,走向人性完满。感性引导、关注当下——思考人生、激发超越——丰富感性、升华理性——人性完满,是审美走向自身目的的逻辑轨迹。

揭示审美的人本性具有重要的现实意义。当今所谓的日常生活审美化现象,虽然壮大速度很快,普及面很广,但它的功利化、粗鄙化、庸俗化倾向,把满足人的感性需要摆在首位,甚至成为唯一宗旨。感性虽为人性的必要组成部分,但在人性中它绝不是唯一的部分,甚至也不是重要的组成部分。人是"有意识"的类存在物,就其现实性而言,他是一切社会关系的总和。因此,人的理性、人的社会性更能体现人的本质特性。我们并不主张人的理性唯我独尊,更不主张粗暴地扼杀感性,扼杀感性也就扼杀了人本身。我们认为,人的全面性理应是,也只能是感性与理性的统一。因此,只有充分肯定审美的人本性,才能纠正传统审美推崇理性主义的片面性和当代日常生活审美化过分强调感性的片面性,才能真正让人通过审美摆脱物欲的奴役和理性的桎梏,走向精神解放、身心自由、人性完善之境界。

审美的体验性

审美的体验性是指审美具有以主体与对象相融如一为展开条件的属性,没有主体与对象之间相互融合的体验就没有审美,体验是审美有无形成的标志。对体验的解释,最常见的说法是"以身体之"、"以心验之"、"以思悟之"。这种说法虽有一定道理,但问题也很明显,那就是它在强调主体的主动性的同时,把对象当做完全被动的存在。当然,体验发生时,确实离不开主体对对象的主动接纳与积极融入,我国古人提出的关于审美感受的"应目"、"会心"、"畅神"三层次理论,西方哲人提出的主体"意向性"学说,都强调了这一点。在现实的审美活动中,无论是观赏影视、阅读文学,还是聆听音乐、领略风景等等,也都有主体的审美需要在先,继而有相遇时的主动接受,然后才有审美主体与对象之间相互作用。但是,主体对对象的主动接纳,只是主体与对象之间实现相互融合的条件,而不是结果,也不是体验的本质表现。审美体验的本质在于主体与对象的相互融合,在于"我在世界中,世界在我中"境界的形成。没有这种状态的体验,审美便不存在。体验在审美活动中是一种必然的、不可缺的因素。

审美体验的展开具有自然性。对此,我们可以通过教学活动和审美活动的比较来说明。教学活动特别是课堂教学活动,自始至终都围绕一个具体而明确的目标展开,教师、学生、教材、设备以及教学过程中每个环节的安排等等,都要根据实现目标的需要来组织,否则就算不上有效教学。教学中也会出现教师、学生、教材融合的情景,当这样的情景出现时,人们就将其称为"教学的艺术化"。不过,艺术化的教学依然属于教学而不是审美,审美与这样的活动有着根本的区别。审美开始前,主体可能也有某种愿望或目的,但是当

关键术语

审美体验,就是主体在具体审美活动中被某种独特性质的客体对象所深深地吸引,情不自禁地对之进行领悟、体味、咀嚼,以至于陶醉其中,心灵受到摇荡和震撼的一种独特的精神状态。

主体被对象吸引时,他就只关心对象的形式,"静观"对象,而不再考虑别的什么。主体的超功利态度,促进了审美关系的建立和审美活动的展开,主体随之进入忘我状态,和对象融为一体。审美就是这样,主体没有显在的功利目的,有的只是情感激动、身心自由,就像庄子梦蝶一样,一切都是自然而然地发生、自然而然地与对象相互融合、自然而然地获得情感陶冶和精神升华,这就是审美体验。

审美体验的拓展具有持续性。从应目到会心再到畅神是一种拓展,沟通古今、连接天地也是一种拓展;审美体验之所以能够不断拓展,一方面是因为每个审美主体都历史地、社会地存在,都会在当下的体验中融入历史文化、社会经验和未来理想,从而使体验不断拓展。另一方面,体验是在主体与对象的互动中形成和发展的,它从主体包容、接纳对象开始,进而激活对象,与主体形成互动。当两个生命的相互作用发生之后,世界成为人与对象、人与万物"共在"的"和谐"世界;人在这样的世界中不再觉得"孤独",随着倾心交流、互动融合的持续,人的心胸完全开放,本真全面袒露,在感受人的世界之广阔、人的未来之美好的过程中,领悟生存的意义与价值,追求审美化的人生。由此可以看出审美体验和其他体验的不同之处在于,它在本质上是一种生命体验、人生体验。随着审美体验对人性的不断丰富,对人生境界的不断拓展,审美超越也就自然发生了。

审美的超越性

审美超越首先表现为主体态度的超功利性。主体的超功利态度是为审美对象始终保持完整性、充满生气的保证。如果主体以功利的态度看待对象,就会在意识中攫取对象身上对自己有用的方面,舍弃对自己无用的方面。这样,一个完整的充满生气的对象就会被主体的意识所肢解,因而也不可能和主体建立审美关系、展开审美活动,主体超功利的态度是形成审美活动的关键。需要指出的是,不能把主体的态度同对象本身的属性等同起来。主体的超功利态度不是取消对象的功利性,而是超越对象的功利性,把对象当作无功利的来对待,只关注对象的形式。正是主体的超功利态度,使世间许多具有功利属性的事物(比如一个茶杯、一件衣服、一辆轿车、一幢建筑等),在审美活动中生成为审美对象。

审美超越也表现为向整体拓展。审美超越在审美体验的基础上发展。审美体验由情感推动,但情感不是体验的唯一因素。在审美体验中,"主体的各种心理因素都被充分调动起来,处于紧张和亢奋的活跃状态:感知、理解、想象、欲望、兴趣、意志,伴随着回忆、幻觉、潜意识,在情感的驱动下并以情感为中心形成了一股强大的生命流"[①]。可见,审美体验不是人的某种单一因素的激发与活跃,而是人的整个身心的活跃与亢奋。随着审美体验的深入,主体与对象之间的心灵对话开始朝着向外沟通和向内寻根的方向发展,丰富的社会文化和深刻的历史文化不断融入对话中,人与世界、历史与现实的统一得以实现,人也开始走向更加广阔的精神境界。

审美的超越性还表现为对未来理想生存的勾画与追求。审美体验造就了主体与对象相融如一的新境界,主体在感受这种新境界的同时,往往会激发改造现世人生、勾画理想蓝图、把可能性变成现实性生存的志向。这是审美超越最集中的表现和最根本的目的。

[①] 朱立元主编:《美学》,高等教育出版社 2006 年版,第 119 页。

超越是体验的产物,没有体验,就没有超越,但超越也能促进体验的深化,因为在体验中获得超越的人,能更自觉、更主动地投身审美活动,也能更快、更深地进入审美体验状态,进而实现更高程度的超越。在审美中,体验与超越就是这样循环往复着把人引向更高境界,使人性不断趋于完善。

审美的自由性

超越带来自由。从体验到超越,再从超越到自由,是一个自然而然的推进过程,也是一种顺其自然的归宿,因此,自由也是审美的内在特性。

自由并非为审美所独有,但审美自由却是一种更能体现人的本质、最为人所追求的自由。审美活动比认知、伦理活动更容易让人获得自由的感受,即使在异化劳动还没有消除的时代,人们也可以通过审美获得自由生存的感受,这也是人们即使在艰难困苦中也向往并积极参与审美活动的重要原因。在审美活

拓展阅读

席勒(1759~1805),德国诗人、剧作家、美学家。他在《审美教育书简》中提出了审美教育是使人走向自由的思想,认为要造就理性的人,把人的理性和感性统一起来,恢复完整和谐的人性,必须借助审美教育。

动中,人"在内不受功利欲望的支使,在外不受他者他律的限制,而全身心沉浸于天地万物一体的关系,与天地万物一道,自己如此地生成、显现、运作、存在",①人的个性因此而得到最大限度地张扬,人的本质力量也因此而得到最充分的实现。总而言之,审美自由是一种超越的自由,是人超越了功利的束缚、超越了欲望的控制、完全由自己做主、全面展开自己的自由;审美自由也是一种想象的自由,是主体张开想象的翅膀、自由地驰骋于天地万物之间的自由,是主体通过想象,灌注对象以生命,使对象成为"活的形象",与主体相融如一,造就自由活泼新天地的自由;审美自由还是一种精神自由,在审美中,主体与对象自由地进行精神交流,进而生成意义世界,昭示理想境界,获得精神升华。追求自由是人的本质要求,也是人类的最高理想,它的实现离不开审美活动,正如席勒所指出的:"人们在经验中要解决的政治问题必须假道美学问题,因为正是通过美,人们才可以走向自由。"②

从审美概念角度展开的分析,使我们更清楚地看到了审美与人、与人的生存实践之间的内在联系,也使我们合乎逻辑地归纳出了审美性的内涵。在上述分析中,我们首先发现人与美的不可分离性和相互作用性,人的审美过程就是体验的过程,体验引发超越,超越使人走向自由,成为自由发展的人。审美属性的四个要点之间前后相续、相互促进,前一特性是后一特性的基础和条件,后一特性是前一特性的深化和结果,从而构成一个有机整体。也因为是整体,所以它们虽然各自都表现着审美属性,但又不同单独作为审美判断的唯一标准。

2. 校园文化审美性的表现

校园文化中蕴含着的审美性,同如何认识这种审美性是两个不同的问题。我们认为,

---

① 朱立元主编:《美学》,高等教育出版社2006年版,第62页。
② 席勒著,冯至等译:《审美教育书简》,上海人民出版社2003年版,第21页。

认识和把握校园文化中的审美性应当注意两点：一是校园文化何以具有审美性，二是校园文化中审美性的表现如何。对于前一个问题，马克思关于美的论断已经作了深刻的揭示：美是"人的本质力量的对象化"①，"人也按照美的规律来建造"②。从马克思的论断看，凡是按照美的规律建造出来的、体现着人的本质力量的事物，就是具有审美属性的事物。以此来看，校园中各种形态的文化都具有审美属性，只要人们以审美态度对待之，并与之建立审美关系，它们就会生成为审美对象。对于后一个问题，我们想从校园的中心活动、生活特点和学习特点等方面，来分析一下校园文化所蕴含的审美性及其表现。

校园的中心活动是人才培养活动，它由师生的相互作用来推进。其中，教师处于主动、主导地位，他的思想观念、行为表现对师生相互作用状态起着重要作用。我们认为，教师确立让每个学生成长成才的信念、关注每个学生的当下状态、引导他们走向全面发展，是有效促进师生互动、有序推进人才培养活动的重要基础和保证。而无论是对学生成长成才的信念、对学生全面关心的情怀，还是对他们走向全面发展、人格健全的启迪与引领，都体现着深刻的人文性，这种人文性就与审美性内在相连，因为"审美的最终意义在于它的人生价值"，"只有把审美作为一个与人的生存发展、与人的个体生命活动直接关联的范畴"，③才能真正揭示审美的应有之义。

校园生活的显著特征是集体性。在校园里，无论课堂教学、课外活动，还是日常生活活动，都具有鲜明的集体性，即使一个人独处时，也总是作为学校、班级、宿舍等的一员，出现在校园生活中。校园生活的集体性不仅在形态上创造了一种有序的美，而且在情感上、精神上孕育着和谐的美。集体性使校园成为共在的场所，以宽广的胸怀接纳每个成员，以充满生气的活动吸引每个成员，以相互依存的氛围启示每一个体去和周围的人建立和谐的人际关系。以集体性为主要特征的校园生活是宽容的、和谐的，也是感化的、激励的，是个体拓展生活情境、丰富精神世界的重要途径。由此可见，校园生活的集体性与审美性有着内在的必然联系，集体性孕育着审美性，审美性发展着集体性。

校园学习的突出特征是知识。校园不仅是传授知识之所在，也是整合、创造知识之所在。教师在知识的整合中创造知识，并以自己对知识的理解与整合及其感受，给学生带来启迪，激发学生的求知欲望，培养学生求真向善的品德；学生通过知识学习，完善、优化自己的知识结构。一个人知识积累得越多就越容易进入到知识的深处，而知识的深处往往是真善美有机统一之所在。因此，知识学习的过程不仅是增长见识、提高自己的过程，也是追求真善美、促进人自身全面发展的过程，因而也可以成为审美的过程。

从上述分析看，校园文化的人文性、集体性和知识性，都直接地联系着、表现着审美性。需要指出的是，校园中各种形态的文化所蕴含的审美性，在一般情况下是潜在的、隐而不显的，只有当人们以一定方式去激活其审美性时，它才会成为审美化的存在。我们要在校园文化中进行美育，首先需要激活其中的审美性，使之成为审美化的存在，否则，就很难推进校园文化的美育实践。问题是，我们怎样才能激活校园文化中的审美性？

---

① 《马克思恩格斯全集》（第42卷），人民出版社1972年版，第126页。
② 《马克思恩格斯全集》（第42卷），人民出版社1972年版，第97页。
③ 杜卫：《美育论》，教育科学出版社2000年版，第18页。

二、校园文化审美性的激活

1. 激活校园文化审美性的方法

从审美实践看,衡量校园文化中的审美性有没有被激活的标志,是审美关系有无形成,因为审美关系"对于主体与审美对象的表层性质与形态有内在的决定性,它决定了主体与对象彼此从属的相互依存性、相互肯定性"①。就是说,只有在审美关系中,主

> **重要术语**
>
> 审美态度是审美主体摆脱了日常的功利和实用态度之后,所产生的一种观照、欣赏的态度。它超越了对对象物质本身的追根究底,超越了直接的物质利益关系,从对象上领略到的是精神的愉悦。

体和对象才能成为审美主体和审美对象。在这里,审美关系的形成与对象身上审美因素被激活是同时完成且互为条件的。但应注意的是,审美关系的形成,只是生成审美对象的标志,而不是动因。那么,动因是什么呢?动因是主体的审美态度。审美态度是"吾人于物象中发现生命之态度",是以"纯粹观照之态度以为纯粹感情移入之态度",②它能使对象显现生命活力,与主体展开情感的交流与心灵的对话(当然,审美态度在促进对象转化的过程中,也要以对象本身所具有的、能唤起主体审美需要的因素为前提。就是说,审美态度不能无条件地把一切客观对象都转化为审美对象)。由此看来,审美态度、激活、审美关系三者之间存在相互联系、相互证明的关系,其中,审美态度属于主体因素,处于主动地位,发挥着主导作用,是促使校园文化审美化的前提;激活是主体作用于对象的表现及其结果,是促使校园文化审美化的关键;审美关系是激活的标志,也是主体与对象相互融合的条件。只有当三者同时具备且产生相互联系时,校园文化的审美化才能真正实现,校园文化的美育实践才能真正开展起来。

2. 激活校园文化审美性的目的

激活校园文化中的审美性,目的是发挥校园文化独特的审美育人功能,促进学生的全面发展。审美化校园文化的审美育人功能可概括为以下几点:

首先,通过感性关注构筑生命整体。审美和科学、伦理一样,都是人的本质力量的对象化,都具有深广的理性精神。但审美首先是感性的,它总是以感性的方式存在,并且通过人的感觉器官作用于人的情感,通过情感激发调动人的各种心理因素,呈现人的生命整体,这是它和科学、伦理等的不同之处。正是由于审美特别注重感性、始终不舍弃感性,并且以本质上的理性补充、引导、丰富、升华感性,因而具有区别于科学、伦理的独特功能,那就是通过感性关注构筑人的生命整体。

其次,通过情感激发完善心理结构。在人的心理结构中,情感是一种动力,它的激发能活跃人的各种心理因素,对人的行为产生推动作用。失却了情感,人的其他心理因素都会弱化乃至僵化,人的行为无法产生,任何美妙的构想都只能是空想。更为严重的是,当

---

① 朱立元主编:《美学》,高等教育出版社2001年,第57页。
② 吕徵:《美学概论》,商务印书馆1923年,第8~12页。

某些心理因素长期处于僵化状态时，人的心理就会因失衡而分裂。因此，我们要促进人格完满和人性自由，就应当充分发挥情感的积极作用。和科学、伦理情感相比，审美情感因为超越了功利而显得更丰富、更深刻、更高尚。激发审美情感有利于唤醒人的感觉与知觉，推动人的想象与创造，活跃人的理性思维，燃起人的思想火花，促进人的心理结构的完善。

第三，通过引导体验走向自我超越。体验和超越各有自己的特点，体验强调"入其中"、"相融如一"，超越强调"出其外"、"创造新境界"。但在审美活动中它们又是相辅相成的：体验是超越的基础和条件，没有体验就不可能有超越；超越是体验的结果，同时也是动力，它会让人在新的情境中催生新的理想，推动人去再体验。引导体验在当代社会具有特别重要的现实意义。生活在现代社会的人，越来越多地依赖于网络，听命于媒体发布的信息，不注重现实感受，缺乏生活体验，直接的经验被间接的信息所取代，人也因此而变得空洞、狭隘和浮躁。对于当代校园人来说，审美是他们通过体验走向超越、获得精神救赎和升华的不可或缺的重要途径。

第四，通过人文关怀发展个性。审美的人文性在实现途径和表现方式上，不是从理性到理性、从理智到理智、从知识到知识、从思辨到思辨，而是从感性到理性且始终不舍弃感性，从情感到理智并使情理相融，从体验到思辨并在体验中思辨。审美的人文性最集中地体现在对个性发展和完善的关注、促进与引领。首先，审美的人文关怀以关注感性、个别性为基本方式，而感性、个别性便是个性的第一含义。其次，审美的人文关怀以情感为动力和中介，通过情感一方面激活人的感知、想象、兴趣等心理，另一方面在人与我、人与自然、理想与现实之间架起沟通的桥梁，引导人拓展生存境界，丰富人生意义，并在这一过程中培养学生的审美能力和追求人性自由的理想，达到个性完善之目的。

第三节　校园文化的美育实践

要在校园文化中推行美育，首先应当弄清楚校园文化的构成。学界倾向于将校园文化分为物质型文化、制度型文化、精神型文化三个部分。校园物质文化主要是指学校教育教学活动赖以进行的空间物化形态方面的文化，包括校园建筑、教学与文化设施、环境卫生与绿化等等。校园制度文化主要是指为保证学校教育教学活动顺利进行而组建起来的各种活动组织、制定出来的各种规章制度等。校园精神文化主要是指学校成员所共有的学校精神、道德情感、思维模式、价值观念等，它以校风、教风、学风为核心。这种分法囊括了校园文化的各个方面，对人们认识和建设校园文化有益。但从美育实践看，这种分法的可操作性比较弱。我们主张从校园文化活动角度去分类。事实上，无论是校园文化，还是美育，都是在活动状态中显现意义、实现价值的。

校园文化活动的划分可以依据不同标准进行，我们根据活动内容，将其分为艺术活动、体育活动、科技活动、教学活动、交往活动、环境建设活动等六个方面。下面，我们就从这六个方面来分析校园文化的美育实践问题。

一、校园艺术活动美育

1. 校园艺术活动现状

校园艺术活动主要是指学校师生在课余时间组织开展的音乐、舞蹈、美术、书法、影视、文学以及手工制作等活动,它是校园文化中最活跃、最丰富、最广泛的组成部分,同时也是校园文化美育最基本的途径和最有效的手段。随着经济的繁荣、科技的进步和教育事业的发展,我国校园艺术活动呈现出令人欣喜的新景象:艺术活动的内容和形式更加丰富多样,抒情言志的艺术活动依然存在,反映当今校园生活的艺术活动数量增多,愉悦身心的艺术活动更是随时可见;长期为校园人喜用的艺术活动形式,如歌曲演唱、诗歌朗诵、文学创作、影视欣赏、舞蹈表演、书画展览,等等,依然富有鲜活的生命力,网络艺术、手机文学、艺术摄影等,则如异军突起,深受广大青少年的喜爱,应用范围持续扩大。

当今的校园艺术活动还呈现出如下趋势:一是艺术活动更加注重气氛渲染。除了精心编排节目外,人们还在广告宣传、场面布置等方面下足工夫,并在活动过程中增加观众参与环节,使活动更加吸引人,更具影响力。二是更加注重多种手段的综合运用。歌曲演唱、诗歌朗诵等等,不再是孤零零地清唱、独诵,而是运用伴奏、伴舞、伴唱等多种形式,提高了艺术活动的观赏性和吸引力。三是新的艺术形式被广泛运用。随着科技的发展和网络的普及,很多最新鲜的东西,都能不分城乡差别,同步传播到每个角落,校园艺术活动因此而新潮迭出。中央电视台播出的新节目、运用的新方式,总能在很短时间内出现在校园舞台上。四是艺术活动与别的活动的结合更加广泛和紧密。体育、节庆、颁奖、班会等活动中,艺术已成为不可缺少的因素。艺术形式与日常生活的结合也更加紧密,青少年学生的服装打扮更讲究质料、款式、色彩,送贺卡、发短信、赠礼物,以及同学聚会等,更注重形式的美观、气氛的温馨和情感的表达。五是艺术活动的保障更加有力。随着教育观念的更新和教育事业的发展,越来越多的学校主动为艺术活动提供经费、师资、场所、器材等的保障,有的还建立了相应的奖励制度。总体上看,校园艺术活动的普及程度正朝着越来越高的方向发展,青少年学生的艺术感受力和表现力也在朝着更高的方向提升,通过艺术活动进行美育的条件,比以前更充分、更完善。

但是,我们也不能忽视当前校园艺术活动中存在的问题:一是艺术教育方式的专业化倾向依然存在。重教师主导,轻学生参与;重知识与技能的传授,轻艺术欣赏、艺术表现能力的培养;重被动模仿,轻主动创造,等等,一直没有得到根本性的改变,校园艺术活动缺少灵气与生动。二是艺术活动目标的功利化倾向相当明显。各学校的校园艺术活动显然比以前增加了不少,有的还搞得挺热闹。但在这种增多与热闹的背后,追求功利目标的倾向十分明显:或者是为了通过合格学校、特色学校的评估,或者是为了给上级领导和外地来宾留下好印象,或者是为了在展演、比赛中得个好名次,或者是为了培养少数特长生以提高学校的升学率,等等,校园艺术活动存在着走向艺术反面的危险。艺术的本质是心灵的自由、精神的创造,功利性的追求直接违背了艺术的本质,并将导致艺术的消亡。三是艺术活动功能的娱乐化倾向日渐突出。通过艺术给人带来娱乐,让压抑的情绪得以宣泄,紧张的精神得以放松,疲惫的身心得以解脱。娱乐本来是艺术的功能之一,但从校园艺术活动的现状看,娱乐功能显然被过分放大,为了博得一笑,人们不惜模仿歌舞厅里的庸俗化、低俗化的表现方式。在这个泛娱乐化时代,校园艺术活动的娱乐化倾向虽然难以避免,但任其发展,将导致下一代的精神危机和生存危机。

校园艺术活动中存在的问题,说明改造和提升校园艺术活动必要性和重要性。我们主张通过审美化来改造,使审美回归艺术。艺术的本质是审美的,在艺术被人当做追求功利的工具、进行娱乐的手段的情况下,只有让审美回到艺术的本质之位,使艺术成为审美化的存在,学校美育的主要渠道才会畅通,审美育人的目的才可能实现。

2. 校园艺术活动美育的基本原则

从校园艺术活动存在的问题和美育实践的要求看,校园艺术活动美育应当遵循以下原则:

加强理论引导。引导校园艺术活动走出功利化、娱乐化的泥潭,首先需要运用科学的艺术审美理论评析当今校园艺术活动现状。科学的艺术审美理论内涵丰富,其中,艺术本质理论最为重要。关于艺术的本质,自古就有不同看法,但把艺术活动视为自由的精神活动、把艺术作品视为感性的精神性的人工产品,则是学术界比较一致的看法。"自由"源于束缚的摆脱,自己给自己做主,"唯有服从自己为自己制定的法律,才是自由"[①];"自由"同时也源于对规律的尊重与遵从,违背规律不可能有自由。精神虽以物质为基础,但它并不甘心受物质的束缚,总是在作超越性的追求,而且永不停歇,永无止境。艺术所秉持和表现的就是这样一种自由的、超越的精神。但不少人对此缺乏清醒的认识,往往为了某个特定的任务、以社会大众文化为参照来组织校园艺术活动,这就很难避免陷入功利化、娱乐化的窠臼。因此,引导人们提高对艺术本质、对校园艺术活动根本目的的认识,是校园艺术活动审美化改造和提升的前提,也是科学推进校园艺术活动美育、实现审美育人的重要思想基础。加强理论引导就是要引导校园艺术活动的组织者和参与者,认真学习审美理论、教育理论,尤其是人的全面、和谐、自由发展理论,深入思考分析校园艺术活动中出现的种种问题,提高自身的理论修养和人生境界,促进校园艺术活动的健康发展。

突出学生主体。对校园艺术活动的主体,人们的认识依然模糊。校园艺术活动的成人化倾向相当明显,老套化现象长期存在(每年都是相同的内容和形式)。如果把校园艺术活动的主体地位让给学生,相信情况会发生根本性的变化。因为当学生处于主体地位时,他们参与艺术活动的主动性、积极性就会被调动起来,在活动中坦露自己的本真状态,表现最擅长的能力。这样,校园艺术活动就会因为每个学生的个性不同而更显生动、更富灵气。确立学生在校园艺术活动的主体地位,要求教师通过做好以下几个方面的工作来发挥主导作用:一是"析",即分析学生的艺术活动,指出其优劣得失,指明提高的方向,指点提高的方法;二是"组",即根据学生的个性特点和能力特长,把学生组合起来,使他们在具体的艺术活动中充分展示自己的长处;三是"提",帮助学生提高艺术活动水平,使之获得成功体验,增强进一步开展艺术活动的积极性;四是"堵",即堵住低俗、有害作品进入校园。这在信息化时代是件相当困难的事,但无论如何我们也要尽心尽责,竭力做好这方面的工作,并有针对性地提供艺术精品,供学生欣赏、学习、模仿。

---

① 卢梭:《社会契约论》,商务印书馆1980年版,第26页。

注重整体设计。从目前情况看,校园艺术活动存在日趋严重的零散化倾向:艺术欣赏活动如听音乐、读小说、观影视、看演出等等,都越来越多地以单独的方式进行;艺术表现活动则带有明显的时热时冷特征。造成艺术活动的零散化现象有多方面的原因,比如科技的发展和生活水平的提高,为人单独进行艺术欣赏活动提高了条件;应试教育的长期影响,使人把主要精力投放到考试课程上,缺乏参与集体性艺术活动热情;等等。零散化的艺术活动,削弱了艺术的育人功能,也阻碍了学校艺术活动水平的常态化组织和整体提高。改变校园艺术活动零散化的现状,首先必须认真抓好整体设计。校园艺术活动整体设计的主要内容,是对学生在校期间应参与艺术活动作出总体安排,包括每个学年、每个学期的艺术活动安排和语言艺术、造型艺术、表演艺术、综合艺术及其活动方式的安排。学校应当让学生在校期间经常感受艺术氛围,尽可能参与各种各样的艺术活动,而不是偶尔的、单一品种的艺术活动;同时要根据学生的基础,对每种艺术活动方式作出科学安排。以语言艺术为例,小学可以更多地进行诗歌朗诵之类的活动,初中可以更多地进行讲故事之类的活动,高中可以增加文学创作之类的活动。就某一次艺术活动而言,可以是专门性的活动,比如音乐专场、舞蹈专场、书法专场、美术专场等等,也可以是综合性的,还可以是专场与综合相结合的(不少学校每年举行的艺术节大多采用这种方式)。校园艺术活动的整体设计还包括把学校组织的艺术活动同学生自主进行的艺术活动(主要是指各类社团活动)结合起来。这样我们就可以建构起由不同时间、不同艺术种类构成的艺术活动整体。有了这个体系,艺术美育的整体推进也就可以得到保证。

重视走好第一步。"万事开头难",难在何处?不同学校有不同的难处,或缺经费,或少人手,或无设施,等等,其中,缺少参照也是造成开头难的原因之一。因此,做好第一件事、组织好第一次活动十分重要。因为成功的第一次,往往会成为后续活动的样板。在考察中我们发现,很多艺术活动的组织者都把"以前是怎么做的"或"别人是怎么做的"作为参照。有了参照,一方面便于本次活动方案的设计,另一方面也可以从中找到本次活动的创新点和突破口。问题是如何确定第一步。我们认为,第一次不一定是源头意义上的第一次,每个学期、每个学年都可以有第一次,每项新内容的展示也都可以视为第一次。校园艺术活动的第一次并不难找,关键在于我们的认识和把握。强调做好第一件事、走好第一步,不仅可以为下一次打好基础,提供样板,而且可以增强艺术活动参与者的历史感。有第一次就应该有第二、第三次,每一次都一头联系着过去,一头联系着未来,而且有可能是长远的未来。走好第一步的理念,还可以用来指导每一次具体活动。任何一项活动都由许多环节构成,抓好第一个环节的工作,就是走好第一步,

建议与思考

艺术教育与审美教育的关系是怎样的?你认为应该如何推进校园艺术活动的审美化?理解艺术教育与审美教育关系,是做好艺术活动美育工作的基础。

有了良好的第一步,第二步、第三步就可以走得更顺利一些,整个活动的质量和水平的提高就可以得到保证。因此,重视走好第一步,应当成为校园艺术活动美育实践的原则。

上述四条原则,"加强理论引导"是艺术活动回归艺术本质的必要条件;"突出学生主体"既为艺术本质所规定,也是推进校园艺术活动的关键;"注重整体设计"是校园艺术活

动有序、有效展开的保证;"重视走好第一步"是校园艺术活动水平不断提高的基础。遵循这四条原则,校园艺术活动应该能够走上常态化之路,有了常态化的艺术活动,审美育人的功能就可以正常发挥。需要指出的是,这些活动原则是我们选择和运用方法的依据,校园艺术活动美育应当根据上述原则去选择和运用相应的方法。

二、校园体育活动美育

1. 校园体育活动现状

体育是学校实施全面发展教育的重要组成部分,也为促进学生身心健康所必需。随着素质教育的深入实施和学校办学条件的改善,学校体育工作向前迈出了一大步:确立了"健康第一"的指导思想,把体育工作作为促进学生知识与技能、身与心协调发展的重要途径;大力推进体育课程改革,建立了新课程标准和目标考核制度;学校体育活动走向经常化、多样化,阳光体育运动、大课间体育活动、体育运动会等的开展,既促进了学生的身体锻炼,为学生身心协调发展创造条件,也活跃了校园文化氛围;体育活动水平明显提高,人们不再仅仅注重结果,同时也重视过程,还能注意在体育活动融入艺术因素,体现了健与美的结合。这一切都为体育活动美育奠定了良好基础。

学校体育工作中存在的问题,概括起来有以下几个方面:一是功利主义、技术主义倾向比较明显,"体育达标"摆到了学校体育工作的首要地位,重达标测试,轻达标训练,体育活动的常态化程度不高;二是体育教学内容单调,列入升学考试的项目成为学校开展体育活动的主要依据,非考试项目基本上不组织;三是简单模仿社会上竞技体育训练的做法,重视体育技能训练,忽视体育知识教学,学生处于机械训练中,体育走到了与智育截然相反的另一个极端;四是经费投入不足、设施不全、制度不严的情况长期存在。

要使学校体育活动走向丰富的、系统的、常态化的状态,教育者必须站在民族长远发展、学生人生幸福的高度,深入推进教育思想改革,牢固树立、认真贯彻促进学生全面发展的素质教育思想和促进学生协调发展的"健康第一"的体育理念,同时还应大力推进校园体育活动的审美化。

2. 校园体育活动美育的基本原则

体育活动本身蕴含着丰富的美,艺术体操、花样游泳、跳水等体育项目,本身就是美的艺术品,体育运动所塑造的既有强壮、飒爽的体形美,也有挑战极限的意志美,还有为国争光的心灵美,以及由娴熟的动作造就的技术美,等等。自古以来,人们就已认识到体育和审美之间的联系,主张把体育和美育结合起来。柏拉图就是最早提出这一主张的人,他认为"身体的运动和声音的运动有一共同的……节奏",所以,心灵的美化和肉体的健美是内在一致的。[①] 古希腊健美的人体雕塑(如掷铁饼者)就艺术地表现着这一主张。到了现代,人们更是自觉地把体育的健与美、肉体与精神、形体与心灵的完美结合,作为自己追求的目标和表现的内容。

从体育和美育各自的特点以及两者之间的内在联系看,我们认为,校园体育活动美育

---

① 丹纳:《艺术哲学》,人民文学出版社1981年版,第43~48页。

应当遵循以下原则:

引导感受。体育活动是生动的具体存在,每一个正常的人生来就有感受能力,为什么还需要引导?正常的人都有感受能力不假,但一个人感受能力发挥的前提是接触,有接触才有可能感受具体的事物或活动。在应试教育的长期影响下,学生已习惯于在书桌前埋头做作业,无暇顾及运动场上的生龙活虎。引导感受首先就是要组织学生走出课堂、走出教室,走进运动场,去感受龙腾虎跃的场景。其次要引导思考,每项体育活动都具有多层次性,表层是人体动作,深一层是动作技巧,再深一层是人的精神意志,以及人的心灵、人格、情操等等。但在一般情况下,学生往往只感受其动作状态和规则,至于动作为什么要这样做、这样的动作形态为什么是美的等问题,则知之甚少,思考不多。因此,在引导感受中应该让学生"知其所以然"。只有获得深切感受,才有主动走向运动场的愿望和行动。第三要把握形势、融入情感,这是审美的必然要求。在审美中,形式感受总是与情感活动紧密结合在一起的,没有情感的活跃就不会有审美的发生。当人们的情感被对象的外观所深深吸引时,主体与对象相融如一的体验就会发生。在这方面,体育有其独特作用。它以充满生命活力的形式吸引人的感官,并激发人的想象,使人在想象中和对象一起运动。尤其是那种竞争激烈的体育比赛活动,旁观者或紧张、或喜悦、或惋惜的感情,并不亚于正在比赛的运动员,而且无论是高兴,还是伤心,抑或是呐喊助威,往往都忘了自己的形态,表现出最本真的、完全为别人的那一面。因此,引导感受就是引导审美,引导人超越自我。

激发参与。对于学校体育活动来讲,引导感受除了营造体育活动氛围之外,更重要的目的是激发学生直接参与到体育活动中,只有这样,我们才能真正达到目的。激发学生现实地参与体育活动,需要注意以下几点:首先是引导学生发现体育运动之美,包括形态美(人体之美、动作之美、整体之美等)、生命美(体育活动所表现出来的人的生命活力、勃勃生气、挑战身体极限的生命意志等)、心灵美(体育运动中的团结协作、尊重规则、奋力拼搏、不骄不馁)、和谐美(似行云流水般的连贯动作、体育活动与乐舞的完美结合、团队之间的默契配合等)。只有让学生发现美,才能让他们在爱美之心的驱动下,主动地、现实地投身于体育活动之中。其次要引导学生领悟体育活动的意义。体育活动能增强人的体质,而一个人强健的体质是其人生实践、人生幸福的基础和保证。不仅如此,人的身心合一运动,还可以表现和升华情感,激发生命活力,开启心智,陶冶性情。因此,体育活动的组织者应当对体育活动项目、体育技巧进行美学诠释,让学生领悟其中的文化内涵和人生意义。有位中年人就谈过这样一件事,他说:"我最难忘的是小学体育老师,每到下雨天我们就特别开心,因为又可以听故事了。特别深刻的是马拉松的故事,现在每天晨起长跑时候,总是会想起那个在雅典战争中跑来报喜的人的悲壮的死。也是因为了解了这个故事,所以就喜欢上了长跑。"[①]第三要引导学生体验成功。成功往往会给人带来愉快的情感体验,增强人们继续参与活动、扩大活动范围的动力。为此,教师要精心讲解动作要领,从分解动作到连贯动作的认真示范,循序渐进地指导学生练习,使之熟练、优雅地表现动作。我们认为,成功是一个内涵丰富的概念,在比赛中取得好名次是成功,从不会到会、从单个

---

① 王深、陈俊钦:《当代青少年体育审美的特点与体育美育的基本途径》,《中国体育科技》,2009年第3期。

动作到连贯的优美动作、从单个人的完美表现到集体的整体和谐表现等等,都是成功的标志。让学生获得成功的愉快体验,激发他们继续参加体育活动的积极性和自觉性,是实现校园体育活动美育目的的基础。

促进健美一体。体育美在个人形体上主要表现为健美(即健康美、健壮美)。健美是体育锻炼的结果。体育活动造就了人本身的健美,"通过体育活动,可以使身体发展充分,骨骼匀称,肌肉丰满,皮肤光润而有弹性,这本身就具备了美的意义"①。校园体育活动应当遵循促进健美一体的原则,认真做好以下几个方面的工作:首先,揭示体育活动的审美意蕴。任何一项体育活动

> **重要术语**
>
> 形体美指人的形体结构美。形体美包括人的的体态、容貌,要求人体线条匀称,体现形式美的法则,但在本质上,它是健、力、美的统一,展现出人的活泼、勇敢、热情、蓬勃向上的精神状态。

都不是简单动作的机械重复,而是"常"中显"变","常"与"变"的辩证统一(比如团体操)。这种统一,既是对运动规律的把握,也体现着人类的智慧和生动表现自我的追求。其次,综合运用多种因素,营造审美化的活动氛围。这样就能既激发情感,又协调动作;既引发学生的想象,又促进学生锻炼,使健与美的锻炼有机结合起来。第三是认真组织学生训练,养成经常、长期锻炼的习惯。美给人带的感受是轻松愉快、赏心悦目的,但它的形成过程却充满艰辛。也唯有如此,健与美才能创造出来。

以上三原则,构成了由浅入深的过程,因感受美而参与训练,因参与训练而创造健美。

三、校园科技活动美育

1. 校园科技活动现状

在现代社会,校园科技活动在校园文化中所占比例越来越大,在培养学生创新思维和创造能力,促进学生全面发展方面的作用越来越突出。校园科技活动早就存在,但它的持续、深入推进,却与科技的迅猛发展、"科教兴国"战略的实施和中小学新课程改革的推进密切相关。从教育改革和发展的历程中我们可以看到,学校科技教育经历了从偏于科技知识传授到重视科技方法的训练,再到倡导科学素质的培养的转变,与此相应,校园科技活动也从课内走到课外,从零星走向系统,从冷清变为热闹。在课程建设上,以前以自然常识为主要内容的《自然》课改成《科学》课之后,内容上的变化表现在它以贴近儿童生活、体现现代科技发展趋势、适应社会发展需要、有利于学生建造知识大厦永久基础所必需为主,目标上的变化表现在它注重培养学生的科学素养。科学素养主要包括科学知识、科学技能、科学方法,以及情感态度和价值观等内容。与此相应,教学方法也由"坐中学"变为"做中学",强调让学生亲身经历以探究为主的学习活动,增进对科学本质的理解,培养学生解决问题的能力,为学生终身学习与幸福生活打好基础。

但是,科学教育中存在的问题依然比较突出。迄今为止,仍有不少人在思想上对校园科技活动重视不够,一些学校组织开展的校园科技活动数量相当少,已经开展起来的活动

---

① 杜卫:《美育与体育关系论》,《浙江师大学报》(社会科学版),2000年第3期。

也存在目标不明确、计划性不强、连贯性不够等问题。经费投入不足更是一个普遍存在的问题,在农村,有些学校甚至连基本的挂图、模型也没有,更不用说科技教育所需要的仪器设备了。在这种情况下,人们除了照本宣科读科学之外,别无他法,结果使神奇的科学探究变成了枯燥的知识符号传授。此外,教师自身素质不高,观念落后,方法陈旧,缺乏钻研精神,也直接影响着校园科技教育的效果。改变目前校园科技活动的落后状况,我们需要做多方面的努力,其中,更新教师的教育观念、改革陈旧的教学方法是重点。在这方面,美育思想的融入能产生独特的作用。

2. 校园科技活动美育的基本原则

人类科技活动与审美有内在联系。从活动性质看,科技活动作为人类为改善自身生存处境的求真活动,直接体现着求善的追求,进而与美相连,美是真与善的统一。从活动内容看,科技活动对客观规律的探索,对造福人类的追求,体现着合规律性与合目的性的统一,这种统一与美的创造一致。从活动结果看,科技活动是人的本质力量的对象化活动,其成果是人的本质力量的确证,而这也与审美本质一致,美就是人的本质力量的感性显现。从现实情况看,科技的迅速发展,不仅改变了社会景观,生产、生活活动中的审美因素越来越丰富,就像韦尔施所描述的那样,"差不多每一块铺路石、所有的门户把手和所有的公共场所,都没有逃过这场审美化的大勃兴"[①];科技发展也改变了审美创造、审美欣赏、审美传播方式,审美不再仅仅是少数高贵者进行的活动,广大普通老百姓也能进行这样的活动。校园科技活动同样也蕴含着丰富的审美因素,尽管它是粗浅的、模仿的、尝试式的,但对学生来说,即使是照着做的过程,也是第一次经历的创造过程,是他们的本质力量对象化的过程,他们需要调动所学知识,激发各种心理因素,才能走完这一过程,其成果可能难登大雅之堂,但他们都能从中获得精神愉悦。因此,在校园科技活动推行美育,是校园文化美育的题中之义。

从校园文化美育实践角度看,校园科技活动中的美育应当遵循以下原则:

引导发现。科技活动以自然为主要对象,大自然充满着神奇,吸引着无数人去一探究竟,揭开奥秘,进而改造自然,使之造福于人类。校园科技活动虽然不以改造自然、创造财富为直接目的,但同样要以自然为背景,要利用各种物质材料才能展开活动。在这当中,发现是创造的第一步。因此,在校园科技活动中,首先要引导学生认真、全面观察。全面观察包含观察某项科技活动所用材料、展开过程和活动结果等。同时还要认真思考:这项活动所用的是什么材料,有没有比这更好的材料,为什么要用这样的材料?活动过程环节有哪些,为什么要这样安排?参与科技活动的人动作如何,表情如何,相互配合状况如何?作为结果的产品,外形是怎样的,功能发挥得怎样,能不能再改进,如何改进?等等。这样,学生就不仅能获得科技知识,同时也能获得对材料的质地美、选材的思想美、相互配合的关系美、开展过程的动态美、活动结果的形态美等的感受与把握。当学生通过观察获得审美发现时,视野会变得开阔起来,参与科技活动的愿望会更加强烈,自信心也会增强。正在进行某项科技活动的人,虽然不可能停下观察,但他们可以在活动过程中凭感觉去发现,也可以在活动结束之后通过回顾反思获得发现。现实的情况往往是这样的:他在做这

---

① 沃尔夫冈・韦尔施:《重构美学》,上海译文出版社2002年版,第4页。

件事时并没有觉得有什么问题，但在事后的回顾与反思中，就可能会发现不少值得改进的地方。随着这种发现的获得，人开始走向超越。引导发现除了要求观看者认真全面观察、要求参与者冷静回顾反思外，还包括活动组织者的现场点评。从美育角度看，现场点评除了指出活动本身的优劣之外，更重要的是启示学生去思考活动的意义，包括设计的意义、选材的意义、人与人之间相互配合的意义、产品的意义等等，以及引导观看者、活动者感受自己的内心活动，也就是说，引导发现不仅要发现外在的实体，而且要发现内在的意义，发现自我。

鼓励创造。引导发现是为了鼓励创造，只有让学生积极投身于创造活动，才能推动校园科技活动的广泛持续开展，激发学生的情感，活跃各种心理因素，全身心地投入科技创造活动。创造是科技的本质要求，没有创造就没有科技的进步与发展。校园科技活动中的创造，虽然无法与科研院所、企业的科技创造相提并论，但活动过

 拓展阅读

沃尔夫冈·韦尔施，德国著名后现代哲学家。他在《重构美学》一书中，批判性地思考了当代全球的审美化现象，阐释了美学和伦理学、哲学的关系，特别是阐释了现代建筑和艺术中的审美问题，认为当今审美过于泛滥，过度追求时尚，美学必须重构。

程与结果对学生来讲，无疑是全新的，其中包括别人能做的我能不能做、我有没有可能做得跟别人不一样、比别人做得更好的尝试。教师应该鼓励学生在校园科技活动中运用所学知识去做没有做过的事，去感受成功的快乐和失败的痛苦。无论是成功还是失败，这样的感受都是人生经验的积累，有助于人生境界的拓展。从这个角度看，科技创造的过程，同时也是审美实践的过程。问题在于教师应该如何鼓励学生。我们认为，向学生讲清开展某项科技活动的意义是鼓励，讲述科学家探索、发现、创造的故事也是鼓励，展示同学做成的科技小作品同样是鼓励，但更重要的鼓励是让学生投身于校园科技活动之中，尤其是让学生体验成功。为此，教师一方面要为学生开展科技活动提供必要的条件，另一方面要根据学生的具体情况加强指导，同时还要分别不同情况全面展示学生的科技小作品。经过展示，这个小作品就不再是他个人的私有作品，而是一个共享的作品。在此基础上，组织学生畅谈自己参与科技制作过程的感受，不光对本人会起到鼓励作用，对别人同样也是一种很好的鼓励。校园科技活动也会因为体验、共享原则的渗入而使蕴含其中的审美因素活跃起来，成为审美的存在，成为审美育人的活动。

启示意义。科技是推动社会发展的动力，认真考察现代化、信息化、全球化的发生与发展过程，我们不难发现，这"三化"的基础是科技，核心也是科技。但科技是把双刃剑，它在造福于人类的同时，也给人类带来了恶。当然，福祸同体并不是科技本身之过，是福是祸取决于主宰科技的人。比如说核能，有人用它制造核弹，它就成为罪恶的存在；有人用它造电站，它就能为人类提供能源。科技既然是把双刃剑，我们就应考虑如何用好这把双刃剑，使它善的一面得到最大程度的发挥，恶的一面得到最大程度的限制或消除。由于科技的善与恶主要取决于运用科技的人，所以应当通过对人的教育，提高人的觉悟，以使人正确运用科技。启示意义主要是让从事科技活动、运用科学技术的人想一想这样几个问题：科技对人类、对每一个人的生存与发展意味着什么？好处是什么，坏处是什么？如何避免科技不好的一面？在校园科技活动中，还应该让学生想一想：为什么要选用这样的材

料而不是别的材料?为什么这样安排活动过程而不是别的?为什么要创造这样的产品而不是别的?这样的活动及其结果会我们带来什么?等等。在校园科技活动中进行意义启示是十分必要的。因为中小学生正处于增长知识、养成行为、健全精神、完善人格的阶段,让他们从小养成思考意义的习惯,更有利于促进他们提高创造意义的自觉性。

四、教学活动美育

1. 学校教学活动现状

学校教学活动可以说是变化最大、也是变化最小的方面。MIT媒体实验室的创始人尼葛洛庞蒂在《数字化生存》一书中讲述了一个生动反映教学活动无变化的小故事:一位19世纪中叶的外科医生神奇地穿过时间隧道来到一间现代手术室,发现这里所有的一切都让他感到完全陌生,他不认识任何手术器械,不知道怎么动手术,也不知道怎样才能帮得上忙。现代科技已经完全改变了外科医学的面貌。另一位19世纪的教师也搭乘同一部时光列车来到现代教室,在那里,他惊讶地发现,现代教室除了课程内容有一些细枝末节的变化外,他可以立刻从他的同行手中接过教鞭,因为今天的教学方式和150年前相比,几乎没有什么根本改变,人们不禁感慨:学校是过去150年始终没有太大变化的地方。

对于这个故事所反映的学校教育长期没有变化的现象,恐怕不宜用"对"与"错"去作简单的判断。学校教育自诞生以来,有些方面确实没有什么变化,比如教师和学生在一个特定的场所,围绕知识的传授展开活动,就是亘古未变的事实。正是由于有这些不变,规律才得以显现。规律是事物内在的运动,表现于外的就是恒常现象,就像日常所见的每天都有太阳的东升西落、每年都有春夏秋冬一样。但从另一个角度看,教学活动又是变化最大的。

首先,人们对教学概念的理解发生重大变化。习惯上人们一直把教学理解为教师教、学生学的活动,至于教师和学生在教学中各自的地位、相互的关系如何,人们思考得并不多,先后流行于教坛的先教后学、先学后教的说法和重教轻学、重学轻教等现象,就可以证明这一点。改革开放之后,随着教学本质探讨的深入,人们提出了教师主导、学生主体的观点。这一观点明确揭示了师生在教学中的地位和作用,显示着人们对教学本质认识的一大进步。但它仍然没有揭示师生在教学活动中的关系。后来,人们又从西方现代哲学理论中得到启发,提出了"主体间性"师生观。这种师生观强调师生双方在教学活动中都是主体,而且是相互联系、相互作用的主体,教师和学生之间的关系,是你中有我、我中有你的关系。应该说,主体间性师生观,无论在理论上还是在实践上都具有重要意义。

其次,教学着力提高人的综合素质的目标得到确立。教学究竟是为了什么?在这个带有根本性的问题上,人们的看法有一个多次转变的过程,从重知识轻能力,到强调知识与能力并重(即强调双基),再到强调知识、能力与情感、态度、价值等素质相统一。教学活动以着力提高学生的综合素质为目标,在今天已形成广泛共识,成为人们推动教学内容和方法改革的依据,虽然教学改革中仍存在诸多问题,但方向已经明确,成效也很明显。

第三,教学活动体系逐步走向科学化。在相当长的时间里,学校只有单一的课堂教学活动。十一届三中全会之后,教学改革持续推进,学校教育中不仅有第一课堂、还有第二课堂,教材不仅有统编的,也有校本的,教学内容不仅有知识的、还有技能的,教学空间不局限于学校,还有社会实践活动,教学方法更是丰富多彩、争妍斗奇,等等。更让人感到欣喜的,这一切都不再是各自孤立的存在,而是开始走向整合、系统、健全,新的教学活动体系趋于完善。

学校教学活动存在的问题主要有:第一,理性主义教学观念依然强势。教学中漠视人的感性存在、控制人的感性表达,甚至扼杀人的兴趣爱好等现象,一直长期存在,缺乏生命活力的机械式运动,仍然是教学活动的主要特征之一。第二,功利主义价值取向依然突出。人们往往把知识教学同升学考试联系起来,把技能训练同未来就业联系起来,很少关心知识学习、能力训练同一个人的人生意义、精神发展联系起来,结果导致教学内容的狭隘性和人的发展的片面性长期得不到根本上的改观。第三,教学方法陈旧仍依然普遍。陈旧教学方法的典型特征是机械性,具体表现为,教师只重视知识与能力本身的逻辑性,忽视学生在学习知识过程中的内化特点和能力形成规律;学生在学习过程中只知被动接受、机械训练,很少从学习方法与意义上去思考怎样接受知识和如何进行有效训练。总而言之,当下的学校教学活动很多都还是像一潭无生气的死水。

2. 教学活动美育的基本原则

教学是一种生命活动。激发生命活力,探索生命意义,促进生命的健全发展,是教学活动的本质所在,动力所在。从目前情况看,教学活动要改变唯理性主义的一统天下、功利主义的主宰地位、机械主义的长盛不衰状况,需要走审美化的道路。

任何教学活动都有两个特点:第一,教学活动必然满足师生的生理活动以及满足感性需要的要求,如果这些感性方面的需要得不到满足,就会严重阻碍教学活动的顺利推进。但在这一点上,人们长期缺乏思考。在不少人看来,人是理性的动物,教学活动是理性的求真活动,与感性格格不入,怎么能让感性要求出现在教学活动之中呢?第二,教学活动不仅存在科学性问题,也存在着人文性问题,关注人文,尤其是注重意义的领悟和价值的体认,对教学活动将产生重要的引导与推动作用。这一点虽为人们所认识,但重视不够,教学活动还是停留在从知识到知识的简单循环上,缺乏对活动意义与价值的揭示。由于这两个特点被忽视,当下教学活动中的动力缺失、师生不融、身心分离等现象,就很普遍。摆脱教学活动的机械性,关键在于师生身心融入教学过程,体验教学过程。人在、心在、意义在,教学活动的科学性与人文性就会得到有机统一,机械性就会被排除在教学活动之外。基于此,我们主张把审美体验作为教学审美化改造的主要原则。

审美体验在教学活动审美化改造中的作用基于其自身的特点,就是说,如果我们在教学活动中能够很好地发挥审美体验的特点,那么教学活动将会出现新的面貌。

体验有多种类型,比如生活体验、道德体验、宗教体验、科学体验等等。凡体验都具有如下特征:一是本源上的生命性。体验生成于人的生命活动,表达着人的生命感受,创造着人的生命意义与价值,并使人成为历史性的、与他人共处的存在。二是行为上的意向性。体验带有鲜明的主体意向,对象的选择、意义的生成,乃至活动的性质(功利性的或非功利性的)等,都与主体意向密切相关。三是过程中的互动性。体验以主体向客体的主动敞开与接纳为前提,通过情感中介形成互动,进而创造一个多元的、相互联系的、富有生气的世界。

审美体验除了一般体验所具有的特征外,还具有身体性、情感性和直觉性特征。身体性是指审美体验的发生以个体的身体存在、感性活跃为前提和基础,没有人的身体参与,没有人的感性活跃,就不可能有体验的发生,也不可能有体验的持续;没有"以身体之"在先,"以心验之"就会失去依凭。身体性还为体验由浅入深、由局部到整体提供了保证。一方面,人的眼、耳、鼻、舌、身等感觉器官所感受到的形、声、气、味、质,大体上就是一个由局部到整体、由表及里的序列;另一方面,人的各种感觉之间具有相通性,"视觉、听觉、触觉、嗅觉、味觉往往可以彼此打通或交通,眼、耳、舌、鼻、身各个官能的领域可以不分界限。颜色似乎会有温度,声音似乎会有形象,冷暖似乎会有重量,气味似乎会有锋芒"①。因此,全面调动并打通人的各种感觉,丰富、深化人的审美感受,是审美体验身体性特征的重要表现。情感性是审美体验的又一重要特征。情感是推动体验深化的动力,它和人的感知的结合能促使人更自觉、更主动地把感知同自己的生命、生存活动联系起来,从而彰显人的生命与生存的意义;情感的重要功能是感染,它的活跃能有效激活对象,使对象与主体相互接纳、相互作用、相互融合,从而造就"人我一体"、"物我一体"的情境。情感和体验相互作用:情感推动体验的深入;体验生成新情感,使情感更具活力,没有"人我一体"、"物我为一"的审美体验,情感会枯萎,甚至会变质。直觉性是审美体验的又一特征。审美直觉往往略去概念、判断、推理的逻辑过程而直接领悟对象的内在意蕴,同时又不舍弃对象的外形,总是把对象的外在特征与内在意蕴、主体情思与对象形质结合起来作整体把握,并在驻足于对象的感性形式、瞬间领悟对象内在意蕴的过程中,注入自己的情感,创造出主体与对象交相融合的新形象;审美直觉消解了主客、心物的对立,让对象在人的直觉中保持其多样性和丰富性,让主体在直觉中获得生命发展的自由感。审美直觉所创造的心物相通、物我同一的情境,拓展了人的生存境界,并能激发人的创造性生存(亦即审美地生存)的愿望和活力。从这个角度看,审美直觉不仅创造了审美情境,同时也创造了人生境界。

以上我们从形成基础、发展动力、创造方式等三个方面分析了审美体验的特征,无论是身体性、情感性,还是直觉性,审美体验最终都表现为主体与对象的相融如一。有了入其内的体验,才有心物相通、物我同一之境界的产生,人才开始倾听自己内心的声音,专注于意义的追问和对个性自由的追求,而不再听命于某个外在功利的驱使。

根据审美体验的特点改造教学活动,使教学活动成为审美化的存在,显然不是一件容易的事,但也不是没有可能。我们认为,根据审美体验特点改造教学活动成功与否的标志,是审美化教学情境的形成。审美化教学情境的形成,首先要求我们的教师必须关注人本身,关注人的感性存在与需要,并把人的感性需要同人的理性发展结合起来,从而把学生的整个身心都引入教学活动中,使他们以一个完整的人出现在教学活动中,而不是只重理性,排斥感性。其次要设法展示知识与技能本身的美,让人感受知识的简明性、秩序性、完整性与和谐性,技能应有的聪慧心智、娴熟技巧,以及时时闪烁的创造火花,摆脱教学内容的单一性与教学方法的机械性,活跃课堂氛围;第三要注重学生情感的激发和教学活动意义的揭示,引导学生把知识学习、技能训练同人的生存与发展、尊严和幸福联系起来,体

---

① 钱钟书:《七缀集》,上海古籍出版社 1985 年版,第 63 页。

验教学活动的人生意义,以丰富教学活动的内涵。当学生得到了全面的尊重,懂得了当下的具体活动对自身生存与发展的意义,那么,他的感情就会更加活跃,全身心地投入到教学活动中,在与教师的情感交流、思维碰撞和心灵对话中,创造一个审美化的教学情境,使教学活动成为感性与理性相统一的活动,成为寻求意义、赋予意义的精神活动,成为创造人生意义与价值的活动。

五、校园人际交往活动美育

1. 校园人际交往活动现状

人际交往活动以关系为纽带,没有特定关系的建构就没有交往。人际关系只有通过交往才能确定并显现出来。关系和活动,前者是内在的,后者是外显的;关系性质决定交往方式(以审美关系为纽带的人际交往方式,就不同于以伦理关系为纽带的人际交往方式),交往方式显示着关系性质(教学方式显示师生关系、孝敬方式显示伦理关系)。由此来看,我们谈校园人际交往活动的审美化,也就是谈校园人际关系的审美化。但校园人际交往活动是人际关系的感性显现,是动态的、当下的具体存在(而不是抽象的、凝固的存在),分析人际交往活动的审美化,更能把问题具体化,更具有现实针对性。

校园中的人际交往活动是影响学生发展极为重要的因素,正如马克思所指出的:"一个人的发展取决于和他直接或间接进行交往的其他一切人的发展。"[①]校园人际交往是纵横交错,其中最基本、最重要的是师生交往,校园人际交往活动审美化的重点,应该是师生交往活动的审美化。

考察校园人际交往活动的现状,我们可以看到发展中不断出现的问题和层出不穷的问题所显示的发展。从发展角度看,当前校园人际交往活动正呈范围不断扩大、内容日渐丰富、程度持续加深的特点。其中,随着家长对子女、长辈对晚辈就学的特别关注和网络的普及而形成的交往范围不断扩大,对交往内容的丰富和交往程度的加深具有直接影响的作用。

从现实情况看,师生交往活动中存在的主要问题是伦理性的根深蒂固和功利性的日渐强盛。在我国,广为流传并为人们所遵从的"一日为师,终身为父"的说法,就最集中地体现着师生关系的伦理性特征。伦理性的师生关系一方面可以增加为师者的责任感,把学生当做子女来教育,为学生的未来着想,为家庭和社会的未来考虑;同时也要求学生以对待父亲那样的情感对待老师,以子承父业的心态对待老师传授的学业。可见,伦理性的师生不仅突出了情感的作用,同时也强调了教师和学生各自所应当担的社会责任。但伦理性的师生关系,构筑了单一性和封闭性的人际交往圈子,并使师生之间相互理解的对话与交流变得十分困难,因为传统社会中的父亲是权威的象征,父子关系是服从与被服从的关系,而且这种意义上的服从不需要什么理由,这样,学生除了听从教师所讲的话之外,就很难再有别的什么,相互之间的对话与交流也就不可能形成。学校教育中长期存在的"满堂灌"、"填鸭式"等教学方法,与这种伦理性的师生关系有关。功利性的师生关系主要表

[①] 马克思、恩格斯:《马克思恩格斯论教育》,人民教育出版社1997年版,第58页。

现为师生双方都自觉不自觉地把考试成绩、近期升学、未来就业等显在功利目的,作为建构双方关系的依据。事实证明,当师生双方开始追求物质性功利目的时,情感交流、精神交流就很难得到双方重视,物质成了衡量情感的有无与深浅的重要标准,从而导致师生关系的庸俗化。改革开放之后,随着市场经济法则对学校的影响和传统师生观的被颠覆,师生关系的功利色彩越来越浓,形式也越来越多样,甚至连给学生安排座位这样的事,也由功利来支配。功利主义的兴盛,使师生之间应有的感动、感激、感谢等被潜滋暗长的自私、多疑、冷漠所取代,直接影响到教学活动的正常进行和教学质量的有效提高。为此,我们主张通过超功利的审美,启示教师和学生摆脱功利的纠缠和伦理的束缚,促进师生交往活动的审美化。

2. 校园人际交往活动审美化原则

促进师生交往活动的审美化是师生共有的理想,虽然在目前情况下,师生交往活动中的伦理性和功利性很难避免,但人们并不希望如此,他们总是深切怀念纯真年代里的那种诚挚的师生关系。这种愿望是我们促进校园人际交往活动审美化的社会基础。

实现校园人际交往活动的审美化,需要考虑多方面的因素,其中,对话是比较重要且有效的因素,它能把别的因素很好地结合起来。因此,我们主张以对话为原则,促进校园人际交往活动的审美化。

首先,对话显示着人与人之间平等、合作的关系。人与人之间如果没有平等、合作关系,对话就可会沦为训话或对抗,训话和对抗不能算对话。事实证明,真正的对话只能建立在平等、理解、合作的基础上,只有在平等、理解、合作的人际关系中才有对话;只有形成对话,校园人际交往活动的审美化才有基础。

其次,对话是自我认识、自我确证的过程。自我认识、自我确证,没有他者参与不可实现,正如巴赫金所说:"一个意识无法自给自足,无法生存,仅仅为了他人,通过他人,在他人的帮助下才展示自我,认识自我,保持自我。最重要的是构建自我意识的行动,是确定对他人意识(你)的关系。"①审美化的人际交往活动必然是双方的,而且每一方都有清醒的自我认识,都是确证了的自我,否则不可能形成人际交往活动,更不会有审美化的人际交往活动。试想,一个连自我是什么都不清楚的人,怎么可能和另一个对象去展开交往活动?尤奈斯库在《秃头歌女》中写的马丁夫妇丧失了自我,因而也无法展开夫妇之间的交往活动(剧中所表

建议与思考

审美对话具有超功利性的精神性和有广泛的的生成性特点。你认为在校园人际交往活动中如何进行审美对话?

现的完全是陌生人之间而不是夫妇之间的交往活动)。可见,师生之间的对话是确证自我、展示自我并保持自我的重要方式,同时也是确定师生关系、使交往活动走向审美化的重要方式。

第三,对话又是相互作用、生成意义的过程。平等、理解、宽容、合作状态下的对话,参与者都敞开心扉,接纳对方又进入对方,形成心灵的碰撞和精神的契合,共同建构人生意

---

① 巴赫金著,白春红、顾亚玲译:《陀思妥耶夫斯基诗学问题》,三联书店1992年版,第344页。

义,丰富内心世界。而这一切又成了校园人际交往活动达到审美化的标志。

以上我们分析了对话原则的运用在建构审美化的校园人际交往活动中不可或缺的积极作用。对话原则的运用,要求教师有爱心,能科学组织内容,充分调动学生的知识与经验积累,有针对性地设计问题,等等,其中,教师确立超功利态度尤为重要。超功利关键是这个"超"字。"超"不是主体彻底的"弃",也不是对象绝对的"无",而是主体搁置功利的考虑、超越对象的功利属性,把对象当做无功利的来对待,只关注对象的形式。正是这种超功利的态度,为对象始终保持完整性、充满生气提供了根本保证。因为如果主体以功利的态度看待对象,就会在意识中攫取对象身上对自己有用的方面,舍弃对自己无用的方面。这样,即使一个完整的充满生气的对象也会被主体的意识所肢解,不再是完满的整体。只有超越功利,才能进行审美的对话;只有通过超功利的审美对话,才能使对象保持充满生气的完整性,才能进行自由的心灵的对话,才能建立起审美化的校园人际交往关系,展开审美化的人际交往活动。

六、校园环境建设活动美育

1. 校园环境建设活动现状

校园环境是在校学生生存与发展不可或缺的条件。校园环境包括物质环境与精神环境两大部分。从理论上讲,这两个部分是统一的。因为人不仅是物质性的存在,也是精神性的存在,人在他的活动及其成果中总会打上精神的印记,他的情感、思想与理想等等,从而使各种物质性的东西体现出人的精神品质。校园环境也如此,由人所创造的校园物质环境,不仅为人们提供了生活的保障,同时也会给人带来精神的影响。在校园环境中,精神是一种"不在之在",它虽不为人的肉眼看所直见,但却能让人时时感觉到它的存在,感觉到它在引导着人们去发现和把握那些有形物质身上的精神内涵。

不可否认,改革开放之后,特别是上世纪九十年代中后期以来,我国中小学校园环境发生了重大的、令人耳目一新的变化。结合学校布局调整的推进,一大批新建学校拔地而起,校园占地面积大大增加,校园空间给人带来宽敞、舒适之感;校园建筑设计新颖,功能齐全,从而为素质教育的实施提供了有利条件;学校教学设施、生活设施和校园环境的净化、绿化与美化等等,也总让人有焕然一新之感,在不少农村,学校建筑成了当地最好的建筑。

但是人们仍然感到不满。这种不满除了对物质有更高的要求外,更重要的还是由重建设、轻管理所致。在很多地方,校舍是全新的,但人们的思想观念、行为方式却依然陈旧落后,所以在新的校舍里很快就出现脏、乱、差现象。草坪被脚印分割成大小不等的块状,墙上被脚印、手印、球印所占有,走廊里的痰迹、厕所里的粪便、教室里的垃圾、课桌上的刀痕与笔迹等等,都让人觉得学校缺少精神追求。这种现象同时也印证着精神与物质相互依存、相互作用的关系,人们正是从校园物质形态上看到了学校的精神状态:物质环境方面存在的问题,反映着精神的缺失和文明的衰微。如果校园人高度重视精神的指导与支配作用,那么,无论新校园还是老校园的物质环境,都会给人带来精神的滋养。

由此,我们也看到了校园环境建设活动的突破点和重点,那就是加强精神教育,提高人的精神修养,着力在校园物质环境建设中显现精神内涵,进而实现校园环境的优化,否则,校园环境建设无论如何都不可能达到应有的高度,发挥不了应有的作用。基于精神在校园环境建设中的特殊作用,我们主张通过审美对校园环境建设活动进行进行改造。

2. 校园环境建设活动审美化原则

优美的校园环境是无声的"教科书",它潜移默化地熏陶、塑造着学生的心灵,具有极大的美育功能:优美的校园环境可以丰富学生的感官刺激,提高他们的审美感受力;赏心悦目的校园环境可以使学生的身心获得松弛、安宁与愉悦;审美化的校园环境以直观的方式呈现着崇高的审美理想和高尚的审美情趣,从而净化学生的心灵,陶冶学生的情操,升华学生的道德,激励学生奋发向上的志向。审美氛围浓厚的校园环境对学生还有某种自我约束的功能,学生置身于优雅、宁静、整洁的校园,总会自觉约束自己,自然而然地按照美的规律与要求,规范自己的言行,养成良好的生活习惯。

但是,审美化的校园环境需要人们去建设。根据审美创造的基本规律,我们主张把共在共建作为校园环境的审美化原则。

环境是一个人生存与发展的条件。为着自身的生存与发展,我们应该爱护环境,建设环境,优化环境,使环境更好地服务于人的生存与发展。人是环境的产物,人的生存环境发生变化之后,其生活方式、精神面貌等等,也都会发生相应的变化,这一点,我们只要对比一下中国人在改革开放之前和现今的状况,就不难理解。从环境与人的密切关系中,我们可以得出如下结论:建设环境的过程,同时也是塑造自己的过程,人们打算建设什么样的环境,在一定程度上显示着他把自己塑造成什么样的人。我们应当根据培养目标,把每一个人都吸引到环境建设活动当中去。只有使校园环境中的每一个人都有共在共建的意识、态度和行动,校园环境建设才能真正实现审美化,从而有效发挥环境育人的功能。从审美化的要求看,校园环境建设中贯彻共在共建原则,需要注意以下几点:

首先要提高对环境美化意义的认识。正如环境与人的辩证关系所揭示的那样,审美化的环境是校园人成为审美的人的必要条件。所谓审美的人,就是情趣高尚、身心协调、个性丰富、不断超越、追求审美生存的人,这样的人与全面发展的人具有本质上的一致性。就是说,美化校园环境,对于学校教育来讲,是实现教育根本目的的

> **重要术语**
>
> 环境美指人生活于其中的物质环境和精神环境的美,术语社会美之一,广义包括山川草地、气候风物等自然环境的美,社会风俗习惯、社会制度以及人与人的关系等社会环境的美,狭义即人们生活、学习、工作场所的美,一般多用以指狭义。

内在要求,美化校园环境的实践也就是促进人全面和谐发展的实践。在这个求实利、讲世俗的年代,提高对美化环境的思想认识十分必要。思想是行动的先导,高远的思想往往是高尚行为的动力与支柱。同时,我们也只有把学校教育的根本目标同校园环境美化的具体实践结合起来,才能真正做好美化环境的工作,为学生的全面自由发展创造条件。

其次要科学把握共在共建的内涵。校园环境的美化离不开每一个校园人的共同参与。笼统地看,共在共建也就是平时人们所说的人人参与,但审美意义上的共在共建又有其独特的含义。我们所说的共在,首先是作为感性的人要亲在,其次是每一个人都应成为与他人、与各种环境因素互动的共在。在美化校园环境的过程中,人如果不身临其境、不

与对象构成互动关系,那就算不上真正意义上的共在。有了身临其境的互动共在,就能"形成在'审美对象'中才能见到的部分与部分、部分与整体的关系,每个人都是这个群体中不可缺少的一员,每个人都在群体中占有一个重要的任务,每个人都以一种'相互作用'的方式改变着他人,每一个人都依照一种基本的生存秩序发展与他人的关系和与自然的关系",并"获得一种强烈的'在一起'的感受","发展一种'共通的'经验"。[①] 这样,环境建设活动同时也就会成为塑造审美人的活动。从目前情况看,强调互动性的共在具有特别重要的意义,因为很多人都把环境建设活动看成是苦差事,当做受罚而做的事,或者看成不该由自己独自去做的事,以应付的态度对待这样的活动,结果使环境建设活动应有的意义丧失殆尽。互动性的共在强调人与环境的相互影响,你以什么的态度和方式对待环境,你所生活的环境就会向世人显示你是什么样的人。因此,学校教育者在校园环境建设活动中,应当设法让学生懂得这一点,自觉通过环境美化实践来升华自己的人生境界。

　　第三,按照共在共建的校园环境美化要求,我们应当从学校教育目标和校园人的不同特点出发,全面推进校园美化活动,包括校园规划布局、体现教学要求和学生特点的各类作品展示、各种激励性标语和画像布置、校园各个方面的净化等等。同时要改革校园环境建设活动的评价方式,仅仅用公布打分的评价方式太过单一。校园环境审美化建设系统的评价,应当着眼于每个人,着眼于他们的生活方式和习惯,展示建设活动的良好结果,引导他们切身感受美化了的校园环境对人的心理世界的良好影响,激发创造美好校园环境的自觉性和积极性,使学校环境越来越美好。应当看到,让校园人"自己动手,美化校园",这本身就是一种极好的审美教育、劳动教育。师生通过自己辛勤的汗水换来了校园的美化,会更加珍惜与保护自己所创造的美。这样就进一步加深了师生的环境美意识、爱校意识、艰苦奋斗和勤俭创业意识。

本章小结

　　校园文化美育内容丰富,形式多样,是学校美育的重要组成部分。从促进学生全面和谐发展目标看,校园文化美育实践首先应突出精神性。校园文化可以有各种各样的功能,但精神性是校园文化的核心,关注精神成长,促进全面发展是校园文化的本质所在。而要突出校园文化的精神性,审美化是十分重要而独特的途径。其次要把握生成性,这是审美的必然要求。校园文化内蕴着丰富而深刻的审美性,但这种审美性只有当主体以超功利的态度对待对象,和对象建立起审美关系之后,才能生成和显现,进而为人们现实地、全面地展开校园文化美育提供条件。第三要注重活动性。校园文化美育只有显现为活动,才能让人身临其境去感受、体验,从而实现美育价值。校园文化美育活动形式多样,教育者应当根据不同活动的特点确定相应的活动组织原则,以充分发挥校园文化活动的审美育人功能,促进学生的身心健康,人性完善。

---

① 聂振斌等:《艺术化生存》,四川人民出版社1997年版,第438页。

思考题

1. 什么是校园文化？其内涵是什么？
2. 如何理解校园文化的性质、特征以及审美功能？
3. 你认为应当如何促进教学活动的审美化？
4. 结合自己的生活经历，谈谈建立审美化的校园人际关系的重要性与原则。
5. 结合自己所在学校的实际，谈谈校园环境的审美化问题。

参考书目

1. 杜卫：《美育论》，教育科学出版社2000年版。
2. 蒋孔阳：《美学新论》，人民文学出版社2006年版。
3. 朱立元主编：《美学》，高等教育出版社2006年版。
4. 曾繁仁等著：《现代美育理论》，河南人民出版社2006年版。
5. 杜卫：《当代中国美育问题》，山东文艺出版社2008年版。
6. 聂振斌等：《艺术化生存》，四川人民出版社1997年版。
7. 王邦虎主编：《校园文化论》，人民教育出版社2000年。

第十一章　青少年的审美发展

【学习目标】

认识青少年审美发展的意义、特征和基本规律,理解审美发展是青少年个体身心发展的重要组成部分,也是实施美育的基本依据。

理解审美发展是人们进行审美活动所需的心理结构和能力的发展,青少年个体的审美发展包括审美创造能力的发展、欣赏能力的发展和审美个性的形成等。

认识青少年的审美发展速度、方向及性质受到学校的美育状况、家庭的态度、社会的审美观念和审美理想等多方面因素的影响。

【内容概要】

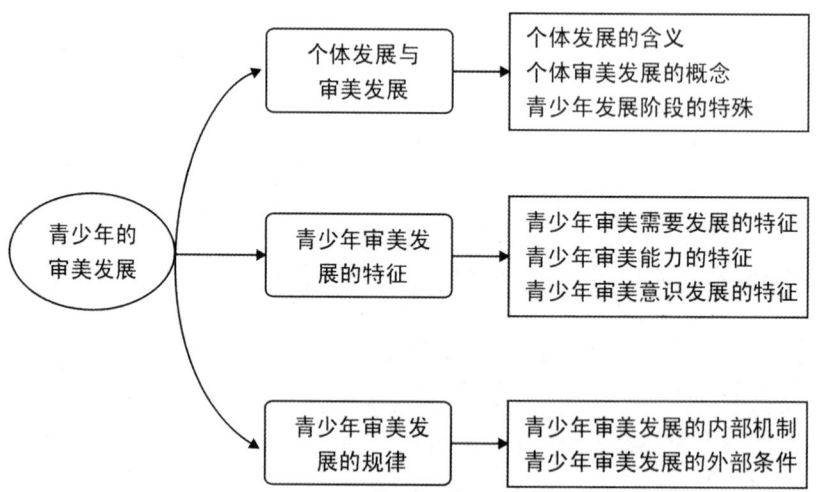

审美发展是青少年个体身心发展的重要组成部分,也是实施美育的基本依据;同时,促进青少年的审美发展及个体的全面发展可以说是美育最基本的目的和任务。50年代以来,西方美育理论的进展也主要体现在对个体审美发展的研究上,这些研究提高了美育实践的针对性,能使教师更科学地确定美育的具体目标、内容及方法。

在我国,关于青少年审美发展的研究几乎还是空白,美育实践缺乏科学的依据。这种状况极大地妨碍了美育工作的开展和提高。因此,阐明青少年审美发展的特点和规律应当成为美育研究的基本任务及今后努力的方向。本章主要从心理学角度,对青少年(中学生)审美发展的意义、特征和基本规律作概要阐述。

第一节 个体发展与审美发展

个体从出生到死亡经历着许许多多的变化和发展,审美发展则是这一历程中的一个方面。理解个体的审美发展不能脱离个体总的发展趋势,也就是说,审美发展只有被放到整个个体发展的背景下来认识和分析才是有意义的。因此,我们必须首先看一下个体的发展过程及其与审美发展之间的关系。

一、个体发展的含义

简单地说,个体发展是在人的一生当中所发生的有系统的变化过程。发展心理学把个体发展分为四个方面:身体发展、认知发展、社会性发展和情绪发展。身体的发展或发育是所有发展中最基础的因素,它包含着认知、社会性及情绪发展所必需的各种身体结构和机能的发展,如身高体重的增加、第二性征的出现、神经系统的完善等,身体发育不健全或出现衰退现象就会影响其他的发展;认知发展则涉及感知、记忆、思维、言语等活动,这是人类认识世界并与之产生各种联系的主要手段;社会性发展表现在任何包含着与他人相关的行为形式之中,个体的社会关系真正体现了人的本质,如道德行为、交往技能、分配活动等;情绪发展包含人类基本情绪和高级情感活动的发展,它们体现在表达和控制个体情绪和情感的能力上。

个体发展有许多影响因素,如家庭、学校、社会等。但如果从个体发展的直接形式来说则表现为两种方式:成熟与学习。成熟过程是由基因所控制的生理上的变化过程,主要体现为身体的发育与衰老。人们主要依据个体的成熟程度来划分不同的发展阶段,如幼儿、儿童、青少年、成年、老年等。当然,年龄阶段的划分并非只具有生理学上的意义,实际上它更重要的目的是确定每个阶段不同的心理特征及心理发展任务,它们构成了个体学习、生活和工作的内容。学习可以说是人一生的任务,并非只有未成年者才需要学习。广义的学习乃是通过经验而导致行为或行为潜能的变化过程,是人类获取各种知识、技能及感受的主要手段。学校、家庭及社会对个体的影响实质上都是通过各种各样的学习方式实现的,并且因此而带来个体认知、情感及社会性等方面的相应变化。成熟是一个非经验的过程,人们不可能借助外部力量去加速成熟;但不同的成熟阶段却为个体提供各种活动的条件和限度。其实,个体发展是一个整体的过程,任何一个方面的发展都不能脱离其他方面的进步。著名的教育心理学家林格伦指出:"我们不能期望儿童在认知方面的进步比他们在身体、情绪和社会方面的进步更迅速。"[①]他认为,学校只重视个体的认知发展是不行的。然而儿童青少年在学校接受的教育恰恰如此,教师们把主要精力放在认知发展这个目标上了,其他方面的发展只是作为认知发展的条件而不承认是同等的教育目标。事

---

① 林格伦:《课堂教育心理学》,云南人民出版社1983年版,第67页。

实上过去心理学家提出的各种个体发展的理论及教育方法,包括我们现在所说的个体发展包括四个方面的观点,大多是以认知发展为中心展开的,即使是道德发展理论也是如此。这样,关于人的全面发展的理想逐渐让位于学校教育实际的目的,结果对个体的发展带来许多不利的甚至是极为严重的损害,如个体情感生活的单调与扭曲、对外界纯粹理性的利用观念等。

总之,个体发展是以整体的方式进行的,把各个方面分开来描述只是为了研究的方便,并不表示它们可以不顾其他方面而独立发展,这个观点具有方法论意义。无论是教育活动还是学习都应当是全面的,如此才会造就全面发展的人;同时我们的理论研究也应遵循这个原则。

二、个体审美发展的概念

审美发展是个内涵丰富的概念,从国内外的研究状况来看还未见有大家一致公认的解释。但是有一点几乎都是相同的,就是审美发展与认知发展、道德发展是不同的,而且具有相对的独立性。因此,尽管皮亚杰为个体心理发展提供了极好的研究范式,而他的认知发展理论却不宜直接搬用到审美发展的研究中来。美国的发展心理学家 H. 加登纳就指出,皮亚杰所关注的抽象逻辑思维的发展并非是艺术发展的关键,而且它有时甚至是不利于艺术发展的。他提出了所谓的制作、知觉和感受三个系统,并从这三个系统由分立到不同的结合方式说明儿童的审美发展。换言之,这三个系统的不同作用及结合方式使儿童出现创作者(艺术家)、欣赏者、批评者及表演者的角色转换,即审美发展。但是有人也提出相反的路线,即个体的心理在最初几年是整合在一起的,审美发展之类的只是以后的分化。但是无论如何审美发展是无法与其他方面的发展分开的。帕尔森就认为审美发展的阶段性是建立在认知结构基础上的,他认为审美发展与儿童从自我中心转向对审美对象的知觉或直觉认识是相互联系的。英国教育哲学家 L. A. 瑞德则更明确地指出,在审美发展中认知能力和感受能力(包含动机)是密切相关的,审美发展可以看成是通过教育获得的对特定艺术的独特理解的发展,这种独特的理解是对包含在艺术中的价值观念的一种认知情感的感受能力,它可以说是一种独特的认知能力,只不过无须像认知和道德发展那样需要以概念命题的方式来表现,作为一种认知性的感受乃是直接的直觉经验,无须作出概念和命题表述。M. 罗斯也把感受能力看成是审美发展的核心,不过他所说的感受能力就是一种智力的功能:一种了解的方式,一种理解的手段。可以说,审美发展与人的认知能力肯定存在着某种关系,其实审美作为一种价值判断不是凭情绪情感或其他单一的心理能力就能完成的,个体的感知、记忆、想象、思维、情感能力及有关审美对象的知识经验都会对审美过程产生作用,但是它们的作用又是难以分析出来的,至少目前情况是如此。

因此,一般的发展心理学研究尽管不能直接应用到审美发展上来,却对理解审美发展极有启示。美学家门罗就认为心理学的发展概念比较关注基本的和一般的人的特征,它们并不需要对人类在各种艺术活动中的表现作出详尽的阐述,研究审美发展必须把心理学与艺术联系得更加紧密,即把心理学的概念应用到艺术领域中来。

从以上的分析可以看出,审美发展并不是一个确定的概念,我们可以说审美发展是人们进行审美活动所需的心理结构和能力的发展。描述个体的审美发展必须从几个方面入手:首先是个体的审美创造能力的发展,即个体建构某种形式和表达观念的艺术能力是如何发展的;其次,个体的欣赏能力是如何发展的,包括审美需要、趣味、价值标准、对艺术对象及其他审美现象的知觉、习惯等;第三是审美个性的形成,即不同年龄阶段、不同性别特征的个体在上述两方面究竟有何差异,形成差异的原因何在等。本章后两节将从这几个方面讨论青少年审美发展的特点及其规律。在此需要指出的是,由于审美活动本身的丰富性,每个人的审美心理结构和能力是不同的,个体审美发展的方向也就可能多种多样,因此确定个体的审美发展不应当简单地以"取平均值"的办法决定谁正常、谁超常或谁落后,而必须就某一特定的审美活动类型并结合个体发展状况来讨论个体的审美发展水平。这一点对于从事具体的美育工作的教师来说是应时刻牢记的。我们在本章中提供的材料是一种思路,而不是定论,必须结合具体情况作进一步的分析。

三、青少年发展阶段的特殊性

青少年阶段是个体从儿童向成人的过渡时期,从年龄上来说大致在13岁左右到18岁左右,相当于初中和高中阶段。在这个阶段个体的身体发育和心理发展处在个体发展中的第二个高峰期,所引起的身心变化常使青少年陷入困境。

首先,从生理上来看,青少年正处在青春期,性机能逐渐苏醒并趋于完善,从而奠定从儿童向成人转化的基本条件。但是青少年心理上的发展速度往往跟不上生理上的成熟速度,很容易产生性的烦恼,害羞、恐惧、焦虑等不良情绪状态的出现非常频繁。另外由于骨骼发育十分迅速,身高激增,儿童期的活动习惯和协调性都遭到了破坏,对精细活动及需要高度协调的艺术表达活动的损害尤其明显。这是青少年时期形成闭锁性心理倾向的重要原因,从此中学生的心理活动包括审美活动的重点开始由外部转向内心。

其次,从自我意识的角度来看,儿童期建立起来的以自我为中心的思维习惯随着交往和思维深刻性的提高而肢解了,但并没有立刻建立一种稳定的自我观念,常常出现在儿童与成人意识之间摇摆的现象。这种自我意识和角色上的摇摆使青少年的心理活动呈现出不稳定及动荡的特征:心理上渴望自主与独立,而在现实中却不得不依赖家庭与父母;想以成人的方式思考和行动却总不被成人所接受。这些现实的矛盾和冲突也使青少年无法建立一种清晰统一的自我意象,搞不清楚"我"是个什么样的人、人家是怎么看"我"的。这种自我意象决定了青少年的可塑性,但也潜藏着危险,如过度的自我膨胀和自我中心、自卑与自怜等,反映在现实活动当中就是不稳定。在审美活动中,由于找不到"自我"的确切基准,因而也会出现不稳定现象,特别是审美趣味的变化。不过到了高中二年级之后这种情形会逐渐减少。

第三,青少年与社会的联系日渐紧密,不再局限于家庭圈子里,这在青少年个体发展中是个极为重要的转变。其中有重要意义的是同辈群体的形成,它不仅成了重要的价值标准的来源,而且还成了寻求情感依托的对象,青少年不再像儿童期那样依恋父母老师,而希望能在朋友同学面前显示独立性,对成人的指导和教育不再完全顺从,甚至会产生逆反心理,使得他们与成人之间出现所谓的"代沟"现象。这在很大程度上使青少年接受社会上的不良影响,如低级趣味及过度的偶像崇拜等。

中学的学习生活也给青少年造成了深刻的影响。如学校教育过于偏重理性和知识的传授、学习负担过重等问题很容易使青少年在课余陷入另一个极端,即直接的感官刺激,录像厅、舞厅、游戏机房等成了许多中学生向往之地,更有甚者还以破坏性的和恶作剧的方式来寻求发泄。当然学校教育绝不止这些负面的作用,但一旦其负面的影响与中学生特有的心理特点结合起来就可能成为一个社会问题。因此,中学阶段作为青少年从家庭走向社会的第一站,在他们个体发展的整个历程中是极为重要的,必须更多地从社会化的角度来看待此阶段。青少年发展阶段的特殊性当然不仅表现在上述几个方面,也不是只表现在认知、社会性或情绪发展当中。实际上,作为青少年时期的发展基调,它们会表现在他们所有的活动之中,当然也包括在审美活动之中。这使青少年审美发展问题更显复杂。

第二节 青少年审美发展的特征

青少年的审美发展在很大程度上反映了青少年身心发展的特殊性,并且使青少年的审美发展也呈现出许多前所未有的特征。洛温菲尔德等根据绘画的研究指出:"儿童的绘画不只是在一张画纸上涂抹,它表达了儿童在他作画时的所有状况……每一幅画都反映了每个儿童的情感、智力潜质、身体发育、知觉能力、创造能力、审美趣味乃至社会性发展等。"[①]但是,审美发展绝不是各种心理发展状况的简单相加,它具有自己的某些特性。下面将从青少年的审美需要、审美能力及审美意识等三个方面介绍有关青少年审美发展的一般特征。

一、青少年审美需要发展的特征

青少年的审美需要是激起审美欲望的内在动因,它表现为情感交流及表达的要求,这是人类特有的一种情感需求。审美需要的发展意味着个体肯定的、积极的情感体验的发展,意味着个体积极的人生态度的提升。青少年审美发展表现在这个时期所特有的过渡性:从自发到自觉、从个体到社会。

1. 从自发到自觉

儿童期的审美需要并不一定被自己意识到,他们的审美和艺术活动与令人愉快的游戏是同一的、不可分割的,因此他们总是以极大的热情投入被我们称为审美和艺术活动、被儿童称为"玩"的活动中。而进入青春期之后,青少年完善自我、寻求自我价值的意识日

---

① V. Lowenfeld, W. Brittain, *Creative and Mental Growth*, Macmillan Publishing Co. Inc. 1975,第31页。

渐增强,审美活动就常被用来实现这个目的,这表明中学生时期的审美需要已被青少年清晰地意识到。到了高中阶段,青少年审美需要的认识更为明确,也更加深刻,其中一个明显的表现是对自己的活动包括审美活动的批评意识日趋完善,并由主观向客观转化。批评意识的出现可以说是从自发到自觉的转折点。

值得注意的是,我国青少年对审美需要的认识更多地与传统观念中的"修身"相联系,而对于审美活动的直接情感效应的认识则相对退到比较次要的地位,加之目前家庭、学校的课业压力,使中学生的审美需要处于被压抑的状态。这也许可以部分解释为什么青少年的审美需要及审美能力常处在停滞和衰退状况。

2. 从个体到社会

小学时期儿童的审美需要直接表现在具体的活动之中,儿童决定是否从事某种审美活动的依据几乎完全是随意的和不稳定的,反映了儿童期的自我中心倾向。这种状况直到 12 岁之后才会开始转变。

青少年的审美需要融入了更多的社会内容,也反映了学校教育的作用。他们不仅从自我的角度而且还从他人的、社会的角度来评价审美活动的重要性。这既反映了审美活动的自觉性,也反映了青少年对社会的敏感性,他们开始把社会对个体的要求转换为个体的审美活动动力了,这一特点与青少年社会化的速度加快、加深是密切相关的,如对同伴群体的重视、对传播媒介的接受能力的提高等都会使青少年的审美活动呈现社会性、群体性的倾向。应当指出,青少年(特别是高中生)正处于审美个性的形成时期,但个性与社会性并不矛盾。实质上个性乃是社会化亦即社会因素影响的结果,个性只有针对共性来说才是有意义的。因此,可以说审美需要个性化是个体审美需要与社会普遍的审美需要之间相互作用的结果。事实上,在很多情况下青少年审美活动的动力来自于与同伴交往的需要。

对青少年审美需要由个体向社会转化有重要作用的另一个因素是自我意识能力的提高。自我意识包含着如何认识社会对个体的评价,因而社会的审美价值观念必然通过青少年自我意象的建立而融合进去。

二、青少年审美能力发展的特征

青少年的审美能力在不同的领域具有不同的特征,如批评意识得到了发展,但是创作能力常没有明显的改变,还会出现下降趋势。这说明青少年的审美能力还处在一个调整和重新组织的时期,我们也可以从青春期急剧的身心变化历程得到某些印证。

1. 审美心理结构的变化

有人(如加登纳)认为儿童在 7 岁之前就已具备了作为艺术家所需要的各种潜质,"7 岁以后的艺术发展似乎包含着各种技巧与感受性的一种日益精细的发展,包含着与传统及符号的日益加强的熟悉性,包含着自我感、他人感以及交流过程感"[①]。这个观点似乎过于激进了。青少年的确是儿童期的继续,但却是两个有质的区别的阶段。青少年期个

---

① 加登纳:《艺术与人的发展》,光明日报出版社 1988 年版,第 299 页。

体的感知觉发展处于人的一生中最为发达的阶段,情感能力和思维能力也大大加强并趋于精细;只是情感的闭锁性特征及思维中对逻辑理性过程的偏爱,使得青少年似乎没有像儿童那样适合于感性过程的审美活动,青少年不再像儿童那样率真自由地表达情感,而且也不像儿童那样经常把活力与生命赋予他们所遇到的东西。这在很大程度上阻碍了青少年审美想象的丰富性。因此,可以说青少年心理能力的发展常常无法在审美活动特别是创造活动中表现出来。另外,青春期运动协调性的破坏及理性能力的提高,也必然会在审美活动的形式上产生变化。

2. 审美欣赏能力的发展

儿童在欣赏过程中还无法获得成熟欣赏者所具有的那种距离感,这使儿童的欣赏过程过分地依赖于知觉和个体自身的情感状态,并且通常以主题而不是以形式来作审美判断。因此他们对没有明显主题和情节特征的审美对象通常不感兴趣(如对自然风景)。可以说,儿童的审美欣赏通常是淳朴的、简单明了的,因而也是不稳定的。

青少年的审美欣赏和批评能力却有很大的发展。首先,由于青少年感知觉的敏锐性增强,内心体验日益丰富,因而他们有极强的情感投射能力(移情能力),特别是对文学和音乐作品的欣赏更是如此。其次,青少年的审美欣赏和批评由于理解和思维能力的提高而更加深入全面。如进入青春期之后,他们才能从审美对象(艺术品)的风格、构成及情感等艺术特征来评价,并从传统的、社会历史的角度解释艺术作品,而这在儿童期几乎是不可能的。再次,青少年对自己的创作开始了严肃的比较和批评,这可能会影响他们的创作兴趣。最后,青少年的欣赏对象也不再限于优美简单的东西,悲剧、崇高、丑等都已进入审美视野,欣赏和批评的性别差异也日趋明显。加登纳认为:"只有到了青春期,只有当儿童能以自己的主张去进行说理,能从事有假设的思考时,批评的敏锐性才会充分表现出来。"[①]

3. 审美创作与表达能力的发展

儿童期具有很强的创作和表达欲望,但从技能和技巧来说还没有将其所体验到的、所观察到的一切反映在其创作和表达之中的能力。事实上,除非有特别的指导,儿童总是把艺术活动看成是了解外界、表达情绪的手段,并不存在明确的创作意图。但是青春期之后,他们就有了相对明确的艺术创作和表达的动机。如在绘画艺术当中,青少年已开始关注透视、构成及再现对象等问题,对细节和整体结构的关系也开始明确起来。这表明青少年对创作和表达的追求已进入自觉的阶段。

但是,有一部分青少年由于对自我的过分批评及他们所特有的过分自尊,往往无法容忍自己作品的幼稚转而放弃艺术创作活动;也有一部分青少年则更为狂热地投入创作和表达活动之中,这很容易造成同伴的侧目,造成与同伴的疏离,而到了高中后期这部分人开始显示出某种个人风格。总的来说,青少年的创造和表达兴趣及能力似乎并没有随着认知、情感和社会能力的提高而相应地发展起来,相反,它们处于一种停滞甚至倒退的状态。

---

① 加登纳:《艺术与人的发展》,光明日报出版社1988年,第302页。

三、青少年审美意识发展的特征

由于青少年思维能力的发展和生活范围的扩大,他们的审美意识开始形成并逐渐趋于社会化。但是,审美意识"与一个人总的人格相关",因而真正的审美意识的形成可能要到高中阶段才有可能。[①] 这样,整个青少年时期都处在审美意识发展的关键期。

1. 审美趣味的发展

审美趣味是审美意识的外在表现,也对个体审美观念和理想的形成起着重要作用。青少年的审美趣味正趋向于多元化、社会化和个性化。

首先,青少年的审美趣味的发展表现为范围上的扩展和选择上的稳定。尽管在儿童期已表现出某种程度的审美偏爱,但是范围有限,绝大多数都局限在简单优美、形象鲜明的对象上,且不稳定。而青少年的审美选择范围大大扩展了,如他们对崇高、悲剧等审美形态发生了真正的兴趣,对生活和自然的审美趣味也出现了。同时,青少年的审美趣味呈现出愈来愈明显的个性化倾向,形成了稳定的与个人的气质、性格特征相对应的审美倾向。

其次,青少年的审美趣味日益地与社会影响因素相协调,并且出现了有趣的趣味二重化现象。儿童的自我中心倾向及其活动范围、经验的限制使其不可能对社会审美倾向有多少认识,而中学生则开始关注现实,对现实的矛盾有了自己的思考。大众传媒对青少年的影响也已加强,这就使得成人的审美趣味及整个社会的审美倾向能够渗透到青少年的审美意识之中。从总体上来看,大众文化已经成了青少年的审美趣味的直接刺激因素,而且大众文化所特有的利益驱动很容易使青少年的审美趣味产生不良的、甚至是有害的发展。

但是,青少年毕竟是在学校中接受教育,而且对家庭具有很大的依赖性。因此,传统的、偏重于思想与道德价值的审美意识也必然会出现在青少年的审美趣味之中,这种影响在大多数情况下是观念性的,很少对他们实际的审美选择产生影响。这突出表现为青少年的审美趣味在观念和行动上常出现矛盾和双重标准。他们知道什么作品是优秀的、感人的、深刻的,但他们并不一定把它们作为自己的欣赏对象。这种现象与儿童时期教师是否在场会作出截然相反的审美判断的现象是一脉相承的。可以说,青少年对通俗文艺、流行歌曲的偏爱有其合理之处,而对严肃的、经典的艺术作品的忽视也不能简单地看成是趣味不高,实际上他们没有足够的体验和经历,也没有足够的时间去领悟和理解被社会所珍视的那些艺术和文学作品。也就是说,二重化现象的产生具有某种必然性,但不是件值得称道的事。

审美趣味的性别差异,是青少年审美发展的第三个重要特征。性别意识并不是青少年期才产生的,但真正让人感到性别差异及其后果却是在青春期。一般来说,由于青少年自我意识的提高,他们对表现各种心理活动的艺术作品非常感兴趣,特别是女中学生更是

[①] 参见 V. Lowenfeld, W. Brittain, *Creative and Mental Growth*, Macmillan Publishing Co. Inc. 1975,第 395 页。

如此。① 实际上，女性青少年的审美趣味更趋于生活化和情感化，更富于幻想性。这与传统女性角色意识是相一致的。男性青少年则更喜欢抽象的思辨，因而对那些具有控制意味的作品及活动更为热衷，如他们对现实题材作品的关注、对具有硬朗风格的创作和表演的偏爱说明了他们对社会成年男性角色模式的认同：想成为真正的"男子汉"。值得注意的是，女性青少年的审美发展水平比男性青少年略高，这很可能是由于各自的性别角色意识及审美活动特点所造成的。

2. 审美观念和审美理想的发展

稳定的审美观念和审美理想是在青少年末期才开始形成的。初中阶段青少年的审美观念和审美理想可以说是群体的，他们在作出审美判断时通常会考虑同伴的观点，因而社会上的"追星现象"主要是以初中生为主，说明他们常常不能自主地、独立地作出自己的审美选择，即审美观念和审美理想尚未形成。

到了高中阶段，由于生活阅历的增长，思维能力和道德判断水平都发展到了接近成人的水平，青少年的审美观念和审美理想接近稳定了，特别是某些坚持艺术创作活动。把艺术作为自己的职业理想的高中生更形成了自己独立的观点。趣味二重化现象也开始逐渐地减弱，说明青少年是以自己的，而不是他人的审美观念作出审美选择，从事审美活动。另外，根据一些调查，高中生的人格特征与他们的审美选择直接相关，说明高中生的审美观念与理想已经融合到整个人格结构中去了。如巴朗发现："喜欢人物、风景和传统题材绘画及简洁规则的雕塑的高中生，与他们保守、严肃、谨慎及负责的人格倾向密切相关；而那些喜欢探索性的、感性的和原始意味的绘画及复杂的不规则的雕塑的学生，其人格倾向于悲观、情绪化、多变性等。"②

高中生的审美观念与审美理想也呈现出性别差异，这可以在审美趣味的发展中得到印证。

第三节 青少年审美发展的规律

青少年审美发展所呈现的特征有深刻的内部原因和外部条件，它们构成了青少年审美发展的基本趋势和规律。研究青少年审美发展的规律，不仅有助于理解形成青少年审美发展特征的原因，而且还能帮助我们更好地设计美育活动，促进青少年审美能力和审美意识进一步发展与完善。

---

① 参见杜卫主编：《教育新概念：青少年美育》，华中理工大学出版社1995年版，第80～81页。
② V. Lowenfeld, W. Brittain, *Creative and Mental Growth*, 第396页。

一、青少年审美发展的内部机制

个体心理发展的动力来源于个体心理的内部矛盾,从发展心理学的观点来说,这个内部矛盾就是个体原有的心理发展水平与他们所意识到的新的需要之间的矛盾。就青少年的审美发展来说,我们认为青少年的审美发展动力来源于青少年所意识到的新的审美需要与满足这种需要的能力等主观状态之间的矛盾。

青少年的内心情感活动随着年龄的增长而日益丰富、强烈,因而产生了表达的强烈动机,这使青少年的审美需要迅速发展。社会及学校也向青少年提出了越来越高的审美素质的要求,这也将内化为青少年个体的新的审美需要。然而,青少年的审美能力却没有因此而自动地提高起来。实际上,无论是欣赏能力还是创作能力,都是需要学习和训练的,它们往往跟不上青少年审美需要的发展。这就构成了推动青少年审美发展最基本的因素,即审美需要与审美能力之间的矛盾。如他们对各种类型的艺术都会产生探索欲望,对古今中外的艺术名作和大艺术家都有崇敬的心理。但是,他们缺乏必要的艺术和审美知识,欣赏理解能力也未达到相应的水平,因而总是感到无法满足审美冲动。在创作活动中也同样遇到这个问题,他们希望能将自己的所感所思、所见所闻用文学、美术或音乐的方式表达出来,但总是力不从心,害怕因自己的幼稚而招致别人的耻笑。应该说,这些矛盾将会有助于青少年更加努力地投入审美活动,以期能提高自己的审美能力。而一旦青少年真正自觉地投入到审美活动,那么他们的审美需要在获得满足的同时又将得到进一步的提升,从而又会产生新的矛盾;在活动中个体的审美趣味、观念和理想也将得到发展和提高。

然而,在现实当中似乎并没有这样的现象产生。青春期之后的青少年似乎再也不去碰他儿时的画笔,他们只是热衷于流行艺术。实际上,这是由于青少年的审美意识得到提高、新的需要无法满足而产生的负面现象。在目前我国的中小学教育中,审美能力和审美素养并不是一个重要的评价标准,绝大多数中学生没有足够的时间用于审美欣赏和创作活动,学校更缺乏有力的指导,因此审美能力得不到相应的提高。这样他们只好放弃更高的追求,转而寻求直接简便的大众文化中的审美对象,或者只是把自己表达情感的欲望仅限于较安全、简便的日记当中。可以说,中学生文学创作成为主要的艺术表现手段,有些无奈的味道,如果他们有其他的表现手段,并不一定非得选择文学。

因此,我们认为在审美需要和审美能力这对矛盾当中,矛盾的主要方面是审美能力,解决这对矛盾的主要措施也在于提高青少年的审美能力,包括欣赏能力和创作能力的提高、美学和艺术知识的传授等。

审美能力的提高和审美需要的满足当然也受到个体其他方面发展的影响,实际上个体各方面的发展既是这对矛盾产生的重要根源,也是解决这对矛盾的重要的内部条件。儿童期的审美发展显然受制于他们的身体发育;青少年尽管没有像儿童期那样对身体发育状况的依赖性,但青春期所带来的身体各方面的变化常常会阻碍审美发展,特别是创作和表演性的活动。如变嗓期就对青少年音乐演唱、朗诵等带来损害,第二性征的出现也容易引起他们的羞怯感而使他们失去表演的勇气。

心理和个性的变化对审美发展的影响更大,它们常常会影响到个体的审美选择,使得具有某种心理倾向和人格类型的人把他的审美欣赏和创作表达活动过多地集中于某个类型的艺术形式和风格上。在对更广泛的自然和社会现象进行审美评价时,青少年的认知思维能力、道德判断能力等的发展是一种重要的前提条件,如果青少年不懂得什么行为是道德的,什么行为是不道德的,那么,他们就不可能真正领会人的美、社会的美。

因此,审美发展是与个体的总体发展不可分割的,我们不能随意地超越个体发展的水平而进行独立的审美教育,也不能在进行审美教育的同时忘了对个体其他方面的发展应负的责任。可以说,审美发展与个体发展的矛盾是审美需要与审美能力这对主要矛盾的具体表现形式,必须引起足够的重视,以防止阻碍主要矛盾的解决。

二、青少年审美发展的外部条件

青少年的审美发展绝不是个孤立的过程,它受到多方面因素的影响,学校的美育状况、家庭的态度、社会的审美观念和审美理想等等都会影响青少年的审美发展速度、方向及性质等。

1. 学校的美育状况

青少年的学习和业余活动在很大程度上是由学校控制的。许多学校不能正确处理美育与德育、智育的关系,常常忽视、取消甚至禁止学生的审美活动与艺术实践,学科教育更是为了应试的目的。在这种教育思想的指导下,青少年的审美需要自然得不到重视和满足,缺乏基本的审美机会。而对青少年课业时间的审美活动,学校也无力关注和指导,因而各种流行艺术就几乎毫不费力地把青少年变成自己忠实的拥戴者。流行艺术有其自身的特点,但无论如何也不可能代表我们这个社会的审美意识和价值观念。学校不应放弃关乎学生素质的美育活动。

从大量的实践来看,学生的审美发展水平与学校对美育的重视与否有着极大的关系。学校的教学计划和教师的教学工作都必须把美育放在重要的地位,为学生提供适合他们发展水平的、积极向上的审美活动,使整个学校的教学气氛和人际关系成为情感化的、能促进审美沟通和创造的心理条件。在设计具体的美育活动时,必须有利于激发学生的审美兴趣,提高他们的审美意识。如在内容和形式上应与青少年的审美需要和审美能力相适应,在活动中提高他们的审美发展水平。

在进行艺术教育的过程中,教师不能完全以任务的观点把学生引入"作业"状态,而应当以引导青少年的审美体验和情感交流为主线,同时提高学生的艺术创作表达和欣赏的技能。

2. 社会审美文化的作用

社会文化是个体成长的参照系,也是个体发展的营养源。现代社会的审美文化日益复杂和丰富,对青少年的影响也从没有像现在这样全面和深刻。

首先,传统审美文化塑造了现代青少年审美发展的民族性特征,如青少年的审美方式和审美趣味与传统审美文化中追求抒情、含蓄和人格修养的特点有着十分密切的关系。不过,这些特点常常是在特定的文化氛围中不自觉地形成的,现代青少年对我国许多优秀的传统艺术、文学作品却知之甚少,这会有使我们的审美传统逐渐弱化甚至消失的危险,因为它们正失去许多现实基础。

其次,以现代社会文化和技术为依托的现代审美文化成为青少年审美活动的主要对象,特别是在课余活动时更是如此。由于现代的文学艺术更注重个体情感的宣泄,主题、形式及构成要素都更通俗易懂,使青少年更热衷于欣赏富于现代意义的文艺作品。这一方面是由青少年特有的喜好新奇与时髦的特点决定的,另一方面也与青少年没有足够的能力与时间从事更高级的审美活动分不开。因此,我们在学校中既可以运用现代大众化的文艺进行美育,但又必须指出其不足之处;更重要的是必须从培养高雅的审美趣味和高尚的审美观念的角度出发,提高学生对优秀的文学艺术作品的鉴赏和批评能力,促进学生审美鉴别能力的提高。

毫无疑问,影响青少年审美发展的外部因素尚有许多,如家庭的态度及经济条件等等,在此不一一列举了。

本章小结

青少年的审美发展是个体发展中的一个重要方面,并与个体其他方面的发展有着密切的关系。青少年个体发展中所呈现的过渡性、社会性及动荡性等特点都能在青少年的审美发展中找到印证,同时审美发展也具有自身的许多独特之处。青少年审美发展的特点和规律是青少年美育的重要依据,也是美育学研究的新课题。

思考练习

1. 如何看待个体发展与审美发展之间的关系?
2. 青少年的审美需要、审美能力及审美意识各有何特点?如何看待青少年审美发展的特殊性?
3. 你认为青春期的审美发展停滞甚至倒退现象是不是必然的?如何才能避免?
4. 怎样运用青少年审美发展的规律来认识青少年的审美发展?它有何意义?

参考书目

1. 加登纳:《艺术与人的发展》,光明日报出版社 1988 年版。
2. 杜卫主编:《教育新概念:青少年美育》,华中理工大学出版社 1995 年版。
3. 鲁道夫·阿恩海姆:《艺术与视知觉》,中国社会科学出版社 1984 年版。
4. 朱智贤主编:《中国儿童青少年心理发展与教育》,中国卓越出版公司 1990 年版。

第十二章　教师的审美修养

【学习目标】

认识教师审美修养的基本内涵,掌握知识、品德、审美修养是教师修养的三要素,掌握教师审美修养的价值与意义,提高加强审美修养的意识。

了解教师审美修养的实质是在于个体审美心理结构的自我塑造、自我完善,它既是一种行为过程,又是一种行为效应,增强提高教师自身审美修养的主动性与自觉性,掌握自觉、全面、持久和技术性等四个原则。

认识教师审美修养的四个主要目标,掌握教师审美修养的四条基本途径,尤其要弄清技术修养在其中的意义与内涵,学会利用这些方法达到提高教师审美修养的目的。

【内容概要】

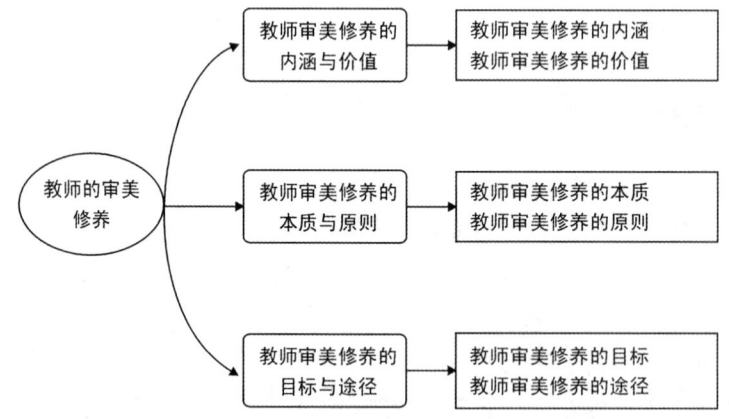

在美育实践活动中,教师与学生是不可分割的两大主体,前者是美育任务的具体承担者,后者是美育的具体接受者。从素质教育角度看,在美育活动中教师与学生没有主次之分,教师是美育实施的设计者、导演与指挥者,而学生是参与者、受教育者,二者在人格上是平等的,没有高低之分、贵贱之别。当代美育实践应改变过去以教师为主体、学生为客体,教师是美育的实施者、学生是被动接受的教育观念。因此,对于教师来说,他们自身文化素养与审美素养的高低决定着美育活动的效果,强化全面深厚的个人修养成了当代审美教育的核心。因为教师既是文化知识的传授者,又是青少年心灵的塑造者;教师的任务不仅是教书,更重要的是育人;对学生的塑造不仅在课堂,更在于教师的整体形象。这就是说,教师的审美修养既是为了满足教育实践的要求,个体发展的要求,也是为了更加充分地实现美育的目的。因此无论哪个专业领域里的教师,都应该树立教育是一门艺术的观念,努力把一般教育形式创造性地提升到审美高度,通过提升自身的审美修养与审美境界,用美的教育来感染人、塑造人。因此,加强教师各方面修养,培育教师的高尚情操,提高教师的审美能力,塑造教师完整的人格形象,直接关系到整个美育的实施及其效果。

第一节 教师审美修养的内涵与价值

一、教师审美修养的内涵

审美修养是教师素质结构的重要组成部分。

教师作为现代社会中的一个特殊角色,全面提高其个人素养已成为全社会的共识,因为个人素养是教师素质结构的重要组成部分。通常来讲,教师的素质结构主要包括知识、品德、审美修养三个要素,三者相互关联与影响,其中品德修养是根本,知识修养是核心,审美修养是关键。

首先是知识要素。

作为"教书育人"的主体,教师担负着传授知识、培养学生学习能力的重任。对于教师来说,具备精深扎实的专业知识,是完成具体教学任务的必要条件,此即所谓"学业不精,无以教人"。但是知识要素并不等同于"专业知识",它包含专业知识,同时也包含一般常识、相关专业知识等。例如一位教授语文的教师,除了要对语文课本身有特殊的敏锐和认知之外,还要对与之相关的知识如社会学、人类学、哲学、宗教学、心理学等等有所熟悉与了解,因为语文课本身既会涉及这些方面的知识,又是扩大学生知识视野所必须的,有些甚至就是这篇课文的文化背景。不仅如此,丰富的知识学养积淀在教师胸中,会逐渐变成为自己的血液和灵魂,这些都会在自觉和不自觉之中影响自己对社会、对人生、对事物事件的看法与评价,都会直接或间接地影响对学生的教育与引导。同时,在广泛而丰富的知识结构滋养下,教师也会渐渐地形成自己的教学风格,从而达到"率先垂范"的基本教学要求。

随着现代科学的不断发展,社会生活正在发生深刻变化,人类的知识领域也在迅速扩大,各种知识间的联系变得越来越紧密,每一种知识或每一个学科都不再是孤立的存在。因此,作为一名合格教师除了具备必要的专业知识以外,还要丰富其他相关知识修养,具备尽可能广博的现代科学文化知识储备。特别是面对青少年这一特殊教育对象,教师掌握一定的心理学、教育学、社会学知识是非常必要的,这些知识可以同专业知识相互融合而渗入整个教学过程之中,从而达到有目的、有针对性、有规律和科学地从事教学活动,提高教学效果。因此丰富的知识修养是作为一名合格教师所必备的。

其次是品德要素。

教师不仅要"教书",同时要"育人",培养学生健康积极的人格精神。应该说,以教师自身的人格魅力潜移默化地影响学生,以教师自身高尚的道德品质感召学生,亦即在"言传"过程中体现"身教",这一深层的追求,乃是整个教育实践的更高目标,也是影响具体教学效果的直接因素。我国古代思想家、教育家孔子曾说:"其身正,不令而行;其身不正,虽令不从。"因此,正人先正己成了教育界的共识。显然,教师个人的道德品质就成为其素质结构的重要组成部分。培养教师的学校称为"师范","学高为"师",身正为"范","范"即有率先垂范之意。良好的道德修养一直是我国传统教育追求的目标。上文提到的孔子之所以能够成为"百代之师",正在于他完善的人格修养与人格形象。孔子既倡导谦谦"君子"的良好标准,又处处克己奉公,他本人既是学生求知的良师益友,又是弟子们在道德品质、人格精神方面的学习榜样;他的教育既能以理服人,又能以德感人。因此才有"弟子三千,贤者七十二人"的教育成绩。在现代教育中,在追求师生互重的素质教育理念下,对教师的道德品质要求更高,我国《教师法》中对此更十分强调。也只有如此,教师才能不仅教育学生"成才",而且使之"成人"。

其三是审美要素。

强调教师的审美修养,就是突出教师素质中的情感结构和对艺术的审美感悟能力。现代教育实践已经突破了以往一般知识传授的模式,要求作为教学主要力量的教师,在具备丰富的知识素养和良好的道德品质修养之外,还要有着积极健康的内心情感、美好的生活理想和敏锐的审美情感能力,亦即具有较高水平的审美修养,从而能够在具体教学活动中同学生进行广泛的情感交流与审美交流,将知识传授的过程转化为以审美力、情感感染力影响学生及其学习的过程,使教学活动真正成为令人愉悦的过程。

在艺术普及与艺术生活化的今天,无论什么学科的教师都不能再是"美盲",它既不符合时代的要求,也不符合现代教育的规律。因此如今的时代已经是艺术化时代,"审美地生活"、"艺术地栖息"已经成为社会发展的趋势与潮流。这一点,我们将在本节下一个问题里专门讨论。

因此,艺术审美感受能力成了教师审美修养的重要方面,假如只有情感能力的修养,学习一门心理学课程也许就够了;事实是审美不仅是情感的、心理的,还是精神的、艺术的,提升教师审美修养、丰富教师内心情感的另一个重要方式,就是增强艺术审美感悟能力。

强调教师的审美修养,也是美育所提出的基本要求。现代教育观念与实践的更新,日益突出了美育在整个教育体系中的地位。当代新的教育观念与实践决定了美育不仅是一种感性教育、趣味教育,同时也是一种人格教育、艺术审美教育;它是知识教育和道德教育的一条重要纽带,显示出教育"以人为本"、面向人的整体素质提高这一总趋向。美育的这一本性与功能,对教师的素质结构也提出了更高要求,即教师必须不断强化自身的审美修养,在知识与技能、趣味与实践、视野与境界等多方面来积极培养、提高自己的审美水平。

可以看出,审美修养是教师整体素质结构当中的重要组成部分,其重要性在当代教育发展中愈来愈显现出来。概括地说,知识、品德和审美修养三要素构成了教师素质结构的完整性。三个要素之间彼此渗透、相互影响和促进。道德修养是老师素质结构的基础和根本,知识修养是核心和重点,而审美修养是它们之间不可或缺的纽带和关键。良好的道德修养可以增强教师的责任心和使命感,助推教师加强业务学习与知识储备,同时又以渴求的心理强化艺术审美修养。这三个要素最终要融会在整个教育过程之中,并制约着具体的教学活动水平和教学目的的完善。

二、教师审美修养的价值

教师审美修养是由个性审美情感与艺术审美修养两方面构成的,因此艺术与艺术教育的发展直接影响着对教师审美素质的要求。目前的情况是:艺术与艺术教育在社会生活中的地位十分突出,其重要程度前所未有,这对教师艺术审美修养的提高提出了新的课题。

2011年,在我国学科目录中新增了艺术门类。艺术门类化,意味着社会文化资源的重新分配,社会文化取向的关键转折,学术结构的重新洗牌,以及艺术审美教育的重大改变。艺术成为门类,说明了当今审美教育的社会、人文环境发生的重大改变。人们称当今的时代为读图时代,又叫信息时代、网络时代、后工业时代、数字时代等等,无论怎么个叫法,都说明了一个现象,即当代与既往时代最大的不同是信息传播方式的改变,用一个词来概括:瞬时性。比如读图自古有之,早期连文字都没有的人类社会,只能借助于图画进行交流,堪称最纯粹的读图时代;然而它与今天的读图时代不可同日而语,今天的读图建立在现代科学技术之上,从图像制作到保存、复制、传播,都实现了科学化、自动化、及时化,让图像真正达到瞬间传递、及时送达、无所不在的程度,读图在生活中已不可或缺。其他艺术也有相似状况:科学技术的强大与现代化,让艺术冲破了围墙、场馆、舞台等的致命性局限,成为百姓生活中的常客。以电视、网络等为基础的网络融合,让艺术真正达到无孔不入的程度。如今电视不仅仅是一种宣传工具,还是一个娱乐工具与资讯平台,人们在电视机前消耗的时间越来越长,其中接受艺术化审美消费所用时间要远远大于看新闻听讲座等所用时间。电视中独立的电影频道、电视剧频道、音乐频道、戏剧频道及美术专题等等,几乎占据了电视频道节目的半壁江山,即使是综合频道,其文化娱乐、艺术审美节目又占据着相当多的时间和黄金时段,更何况,众多的频道当中,收视率最高的仍然是文艺频道。

拓展阅读

2011年春季,国务院学位委员会作出决定:在我国现有学科目录中增加艺术为新的学科门类,这样原来属于文学门类下的一个一级学科的艺术学就从文学中独立出来,成为我国仅有的13个学科门类中的第13个。艺术升格为门类,成为艺术学科发展过程中的一个里程碑,也是学术界与教育史上的一次重大变革,十分引人瞩目。

显然,除了工作之外,如今人们的文化生活主要是艺术娱乐、审美享受。更重要的是,图像化、数字化、网络化等现代艺术传播方式并没有置换掉传统的艺术欣赏方式,影剧院、音乐厅、美术馆、博物馆等通过转型依然活力四射,现代技术将它们有机结合起来,助推各种艺术样式更好发展、广为传播。仍以电影为例,网络与电视媒体并没有使电影票房收入减少,普通百姓在延迟一段时间以后坐在家里就能欣赏到大片,尽享美的生活。音乐厅、剧场剧院的生意也没有由此变得萧条,以这些艺术场所为基地的艺术演出活动,利用现代传媒扩大了影响,实现了生存空间最大化。

另一个值得注意的现象是,在当代,设计艺术同样无孔不入,它实用与审美兼备的特点,使之拥有最为广泛的影响力:从室内外居住环境设计,到各式各样的生活用品设计,设计艺术无所不在,艺术审美无时不有。如今的人们,想进行无艺术的生活都不可能。

作为第三产业的重心,艺术的经济效益日渐凸显,文化艺术产业开始成为热词。一部电影《让子弹飞》已经"飞"出了七八亿元的票房收入,美国影城好莱坞的年收入额,抵得上一个中等国家的国民生产总值,我国 2011 年的电影票房收入达到创纪录的 140 多亿,但与美国相比不能同日而语。我国在"十二五"发展规划中一再强调大力发展文化艺术产业,它不仅是软实力的展现,可以配合国力增强,同时还是硬实力的一个部分,美国的第三产业规模几年前就已经超过了第一、二产业,成为国民经济的重要支柱。

在这种社会背景与文化背景中成长的青少年学生,他们对艺术的感知与学习也是时时刻刻、无处不在,学生自身就有良好的审美修养基础,因此它要求教师不能做艺术与审美的旁观者,不能成为只有知识没有审美的"美盲"。无论从事哪种学科教学的教师,将知识传授与艺术审美相结合,对学科知识"美化",既是时代的要求,又为青少年学生所喜闻乐见。可见,"生活艺术化"、"生活审美化"是时代和社会发展的不可逆转的大趋势,艺术审美修养在教师三大素质结构中的分量越来越重。

第二节 教师审美修养的本质与原则

在现代美育中,教师审美修养的价值与地位日益显现,作为教师素质结构的内在要素,教师的审美修养及其提高,还有着具体的规定和原则。理解这些本质和掌握这些原则,可以从总体上把握教师审美修养的标准尺度,以便于使教师审美修养能够切实有效地提高。

一、教师审美修养的本质

教师审美修养的原则制订与其本质内涵直接相关。所谓"修养"是指个体心理和行为的自我锻炼、陶冶,以及由此所取得的能力、品质和境界。"审美修养"则指个体依据一定时代、社会的审美理想,自觉进行自我心性与艺术审美趣味锻炼、陶冶、塑造和提高的活动,以及通过这些活动所达到的个体审美能力和审美境界,其中包括个体审美心理与艺术审美能力两个方面。

教师的审美修养除了具有一般人审美修养的规定性外,还因其社会角色的特殊性而有着自身的具体特征。

第一,教师的审美修养,其实质在于教师个体审美心理结构的自我塑造、自我完善。它表现为教师依据个人现有的审美水平,以个体自觉的形式而求得审美兴趣的产生、审美需要的形成、审美能力的提高、审美价值意识的确立和审美境界的超越。这其中,既有个体与外在社会相统一的一面,又有个体在内在感性与理性相统一的一面,是在审美修养过程中对自我审美心理结构与审美认知能力的持续调整。鲍列夫在《美学》一书中说:"一个人的审美修养意味着他的审美见解与他的直觉定向和在一切活动中的自我表现保持和谐一致。"这就说明,教师的审美修养是在个体审美心理结构的自我塑造中实现的,自我完善是它主动性的表现。

第二,教师的审美修养是其人格精神的一个重要方面。作为美育的实践者和教育主体,教师的人格形象与人格完善更具有特殊内涵。如前所述,人格是在个体与环境交互作用中所形成的一种具有倾向性的心理特征的总和。由于人格不只是一个纯心理学概念,因此教师的人格修养还涉及道德、理想、信念、价值观、审美观等方面的内容。教师的人格是其性格、气质、能力等特殊性征的综合体现,又往往特指人的道德品质。从传统意义上说,真、善、美是统一的整体,任何一方面的缺失都会造成个体人格的不完整。尤其在现代社会生活中,由于艺术审美影响生活的深度与广度不断加强,教师的审美修养在人格中的比例越来越重,我们所谓的合格教师,最基本内涵是完整的人格,其中又包括高尚的品格、健全的心格、健康的体格、丰富的情感和敏锐的审美能力,后两项可用"美格"来概括。因此在德、智、体、美成为社会普遍标准的时候,缺少"美"这一要素显然是不合时宜的。

第三,教师的审美修养既是一种行为过程,又是一种行为效应。从美的本质上讲,审美带有明显的过程性,无论这一问题在历史上的争论多么持久、多么激烈。马克思认为,美的本质即"人的本质力量的对象化",这就将美的本质置于人的本质基础之上,而人的本质不过是一个自由自觉的实践过程。在这个过程中,人自身不仅不断改造和提升了客观对象,也在这一过程中不

 拓展阅读

美的本质即美是什么,它是从哲学即"自上而下"的角度探讨美的基本问题。在西方美学中始于古希腊的柏拉图,他将美的本质称为"美本身"。此后,西方哲学家几乎都会论及美的本质,而认识角度基本上出于其哲学观念,或者从主观角度阐释,或者从客观角度出发,或者从主客观的结合出发。现代美学力图绕开了美的本质问题,多以"自下而上"的研究方法,从实验的、心理的角度研究美。

断改造提升自身的目的理想。既然人的本质是一个无止境的追求过程,作为它"审美对象化"的美,其实质也是一个没有止境的审美追求过程。在这一过程中,审美者才不断地丰富自身的审美素养、提升审美能力。正是因为人的本质与美的本质的过程性,才使得任何客观审美对象的审美价值永远是相对的,人们不可能将审美行为永远停留在一个对象上、一个目标上。教师的审美修养同样具有这一过程性特征。

教师的审美修养也是一种审美效应。作为教师审美修养的静态表现,这种效应既包括了教师经由自我培育、锻炼、陶冶、提高而形成的更高水准的审美需要、稳定而富于创造性的审美能力,也包括教师自身建立在个体与社会、人类与自然、生活与艺术之间统一基础上的审美价值意识,以及独特的审美实践追求。它们共同体现了教师的个性人格和全面发展水平。

第四,教师的审美修养注重个体的审美实践,注重个体审美能力的自我锻炼、培养和提高。这也是教师审美修养区别于一般人审美修养的一个具体特征。一方面,美育是形象化教育、艺术化教育,是在具体艺术审美活动实践中进行的,如果没有对审美对象的形象感受能力以及基本的表现能力,教师既无法从事美育教学,也无法在其他教学活动中有效地掌握"以美育人"的独特手段。对于教师来说,审美修养的水平,很大程度上反映为其

对艺术形象表现与感受能力的高低。另一方面,具体的艺术操作技能能有效地强化其审美认识与感受能力,俗语有"不通一技莫谈艺"的方法,即说明技术体验可以更好、更深刻地认识艺术。这样它可以进一步强化教师对学生进行美育教学的效果,使学生在形象、直观、专业化的引导下更好地品味美、欣赏美,实现"寓教于乐"的美育效果;又可以激发学生艺术审美创造兴趣,使之在教师指导下进行艺术创作尝试,为日后艺术兴趣的提高打基础。总之,一定的审美技能实践能够使学生通过美的欣赏与创造活动得到美的启迪、充实和升华。

二、教师审美修养的原则

教师审美修养的原则与其本质密切相关,总体上应遵循以下几点:

其一,自觉性原则。由于教师的审美修养的实质是教师个体审美心理结构的自我塑造、自我完善,一切外在因素只能起到引导与推动作用,最根本的动力还是教师主动自觉地加强审美修养,完成自我塑造。即是说,教师自身也需要审美教育,而这种教育的形式是审美的自觉。如果说美育多多少少还是外在的,有着一定的被动性和不自觉性的话,那么,审美修养则总是个体主动、自觉的过程及其效果,是美育由外在向内在的积极转化。高度自觉的审美修养,标志着教师自我美育的发展、深入和成功,体现了教师自身对美的追求的主动性。

自觉原则要求教师首先在认识上强化审美意识,改变既往观念。在现代社会,作为教师,不是只有知识、学问才是合格的、优秀的,审美已经不可或缺。对教师而言美盲与文盲同样可怕。当所教授的学生在艺术修养、审美知识方面超过教师时,作为教育者其局限性就突显出来了。教师应当有一种危机意识,应当自觉强化这方面的修养。同时,审美修养不是一朝一夕能够完成的,它需要日积月累、经常实施、持之以恒,在生活中、学习中、教学工作中不断体味、感受。对于美及其一切美好现象,要善于发现与体悟,作一个审美方面的有心人,并在专业知识传授过程中融会其中。因而,自觉原则是教师审美修养的基础与动力,支持这一原则会起到事半功倍的效果。

其二,全面性原则。教师的审美修养,既包括内在精神层面的审美兴趣、审美需求、审美心理结构、审美价值意识、审美欣赏能力的不断完善,也包括外在操作层面的审美实践、审美创造等技术性表达。也就是说教师在提高审美修养过程中,在认识与实践、境界与能力、内在与外在方面,应该同时并举、相互协调、同时强化,不能偏废。

眼界是审美能力提高的一个标志,常言说"眼高手低",对艺术审美来说这是有道理的,眼界不高,艺术表现能力也高不起来。因此提高审美认识能力是教师审美修养的第一步。审美欣赏是审美认识能力的重要组成部分,多看多识是一种行之有效的方法。同时还要有必要的审美知识储备,掌握一些基本的审美理论。然而,在艺术审美领域,技能表现不仅是艺术形象的支撑,还是形式审美的重要组成部分。显然,艺术实践与审美感知是一对相互关联、彼此促进的两个方面,审美认识如果不能落实到具体的操作能力上,便会缺乏有力的感受体验;而单纯的艺术操作能力的提高,如果没有高水平的审美境界、审美价值意识引导,也将失去存在的具体意义。因此全面而深入的审美认识、积极而高尚的审美价值心理、充分而具体的艺术修养等,是合格教师审美修养的重要组成部分。只有全面认识,主动修为,才能达到有效提高之目的。

其三,持久性原则。教师的审美修养是一个不断积累、提高的过程,在实践中应当注重其持续性与过程性,将审美修养与专业提高一样,作为终生而为的事情。持久性原则与自觉性原则相辅相成,它要求教师在认识上要有持之以恒的精神,不断自我激励、主动追求,自觉地将审美活动融入平时生活与工作之中。提高教师审美修养要有一个长久的计划,要将审美与日常活动结合起来,尤其要在教学过程中加以贯彻,让审美修养产生实效。因此,教师在提高审美修养的过程中,应当保持积极追求、主动接受的精神,不断自觉地贴近时代和社会审美趣向,处处留心,日积月累,坚持不懈,善于从周围生活中发现美、思考美。教师应以此充实自己的审美需要、完善审美心理结构、深化审美价值意识,进而不断走向一个较高的审美境界。

其四,技术性原则。由于教师审美修养的核心是艺术审美,因此,教师应当把艺术欣赏与学习作为加强审美修养的切入点,自觉地贴近艺术、思考艺术、理解艺术,如果能够再掌握一门艺术技巧,作一个艺术审美的内行而不是"门外汉",就会起到更好的效果。只有内在精神层面、认识层面的完善而没有实际的操作感受,艺术审美常常会形成纸上谈兵、隔靴搔痒的尴尬状况,不能更深入地与作者、作品交流,所获得的审美信息量也是有限的。即使是一些基本的、简单的技术训练、实践操作,对艺术、对审美都会大有裨益。人们常说"外行看热闹,内行看门道",的确如此。教师提高审美修养最重要的不是去进行艺术创造,而是通过这种实践训练自己审美的眼光,让审美认识更敏锐,审美欣赏境界更高远,让效果更显著,从而让自己的美育教学活动更具说服力。

古今中外,许多著名的教育家本身就是艺术的内行,是深通艺术的鉴赏家,对艺术审美的重视程度极高。还以孔子为例,他对艺术生活极为重视,他曾说:"兴于《诗》,立于礼,成于乐。"在这里,人生的开端是艺术——《诗》,因为《诗经》就是当时的艺术经典;人生的收获还是艺术——乐;而联结人生两个端点的仍然是艺术——礼。① 就是说艺术是贯穿人生的一条重要线索。据记载:"子谓伯鱼曰:'女为《周南》、《召南》矣乎? 人而不为《周南》、《召南》,其犹正墙面而立也与!'"②孔子认为,一个人如果不懂艺术,不学习《诗经》中的《周南》、《召南》,就像一个面墙而立的呆子一样鼠目寸光。他曾经告诫弟子说:你们为什么不去认真学习《诗经》呢?"《诗》可以兴,可以观,可以群,可以怨",能帮助人更好地理解生活。③《论语》中多处记载孔子学习音乐、学习歌唱的情绪,要么是反复思考,终于悟达,要么是反复练习,乐在其中。总之,艺术修养是教育先师孔子极力提倡的,作为当代教育工作者更没有理由忽视它、疏远它。

---

① 因为在孔子的时代,"礼"的确属于"艺"的范畴,所谓"六艺",居于首位的就是"礼"。
② 杨伯峻:《论语译注》,中华书局1980年版,第185页。
③ 参见贾涛:《"游于艺,成于乐"——孔子艺术审美标准论略》,《河南教育学院学报》,2006年第2期。

第三节　教师审美修养的目标与途径

教师的审美修养有着丰富的内涵,是一个由多种因素结构而成的系统,其特殊性在于审美修养的受教与施教者是同一个主体,具有强烈的自由自觉性。作为人类灵魂的工程师,教书育人是本职工作,也是毕生追求的目标,由于现代生活与学术中艺术审美的分量不断加重,使得教师的审美修养与许多个人因素成正比例上升:即教师的审美修养水平越高,不仅其教学活动质量越高,其自身人性成熟程度也就越高,其人格魅力越大。因此,实现这些目标是教师基本的追求,也有一定的方法可寻。

一、教师审美修养的目标

注重提高自身的审美能力,超越凡俗与平庸,持续地进行自由自觉的审美追求,借以完善个性人格,提升人生质量与教学效果,应该成为每一位教师的基本目标与永恒追求。

1. 个体审美能力的提高

作为审美修养的重要组成部分,教师个体审美能力的提高与发展,主要表现为审美感知能力与审美欣赏能力的提高,附带的还有审美创造力的发展。由于审美修养的核心是艺术审美,因此,对艺术审美对象形式的观照与意蕴的领会,便成为个体审美能力的重要指标。在这种审美观照中让身心都得以净化,让精神不断走向自由,使得多种心理机能组合而成的审美能力不断提升。教师个体审美能力的提高,一方面表现在审美活动的自由观照能力的增强,并能在审美活动中获得深刻而丰富的审美愉悦享受;另一方面表现在对审美对象的感知能力与自由把握能力提高上。这种对审美对象的自由观照能力与把握能力,不仅能以审美的方式鼓舞人、教育人、影响人,更重要的是它可以渗入并转化为人改造世界的创造性实践,成为推动人的物质实践的力量,营造一个符合美的规律的理想世界,从而促进人的生活进步与质量提高。

因此,培养教师自身对审美对象敏锐的感知能力,是审美修养的首要的和根本任务。一个没有敏感、对任何事物皆司空见惯、无动于衷的人,很难想象会在教学中能生动感人、影响至深。敏锐的感受力是作为教师这一特殊职业应有的素质。我国古代思想家、教育家孔子之所以被后世尊为"圣人",正在于他多思善感,不同凡响。孔子游大川,感慨地说:"逝者如斯夫,不舍昼夜。"他由奔腾的大河联想到了生命的短暂与急迫,想到人生的价值与意义,这种洞察力与敏锐性是常人难以企及的。艺术是艺术家敏感思维的结晶,教师要想充分理解认识艺术之美,就要具有艺术家的敏锐与敏感。唐代诗人杜甫有一句著名诗句:"一片飞花减却春,风飘万点正愁人。"意思是热爱春天的人们在繁花似锦的初春不会在意一片落花的飘零,相反会以无限的憧憬寻觅更为灿烂的景致,可诗人却从这一片飞花中感受到了春天将逝的消息,惜春之情、生命之感深邃无比。无独有偶,宋词中也有一句相似的慨叹:"可奈年光似水声,迢迢去不停。"虽然有些直白,像是孔子言论的注脚,可它恰恰却显示出艺术的敏感在一脉相承、长盛不衰。教师肩负着教育人、培养人的重任,敏锐的观察力、感受力不仅是审美所必需的,更是教学工作的基本能力。教师审美感知能力的培养,可以通过理论学习、多看多思等方式加以解决。

2. 审美境界的超越

超越的审美境界的形成与确立,是教师审美修养的又一重要目标。它主要表现为教师个人通过审美修养,形成一种对待生活、对待艺术的审美态度,即摆脱物质功利欲望的束缚、困扰,趋向一定的或暂时的精神超脱。席勒就曾说过,要想摆脱感性冲动和理性冲动的强迫,取得人性的自由完整,进入超越的完美境界,只有通过审美修养才能实现。一个人、一位教师一旦形成了这种超越境界,自觉地以超功利的态度对待生活,就不会仅仅为单纯的生活功利目的所驱使,而能更多地以劳动、工作这一生活本身的创造性活动为乐趣,全身心地投入教学工作,取得更大的成效。超然的生活态度不仅对身心健康有益,还能对所教授的学生产生示范性影响。我们培养学生的目标不仅仅是知识接受,而是一个人格健全的人,是对生活、对社会、对未来充满信心与快乐的人,因此培养与影响他们的人格,是教师经常性的工作。而教师自身乐观、积极、昂扬、向上的超越态度,会直接或间接地影响到他们。同时,以这种态度对待困难与挫折,就可以迎难而上,乐观地面对生活中的各种挑战;以这种态度去对待人与人的关系,就会摆脱人际间的利害考虑,摒弃患得患失的狭隘意识,求得人与人、人与工作与事业之间的和谐共进,推动教师个人与学生、与他人、与社会的广泛交流,营造一个温馨乐观的大环境。

审美境界的超越关键是审美情感的培养。情感可分为功利性与非功利性两种,功利性情感即日常生活中所持有的情感,它与利害得失密切关联;而审美情感却是摆脱了日常情感的束缚,进入到精神享受境界的特殊情感,它不以占有物质为目的,而以分享美的对象为最大快乐。如一个人去影院看电影,他不是要将电影胶片拿回家才满足,而是在观看过程中使身心受到感染与熏陶,这后者即是一种审美情感,是对日常情感的超越。经常持有这样的情感的心理与心境,即可达到人生境界的升华。因此,教师自身的审美修养与审美教育应当经常地、持续地进行。

3. 审美的自由自觉

全面发展的自由个性,是教师审美修养的另一重要目标。自由自觉的能动性是人的本质体现,马克思曾说"美的本质是人的本质力量的对象化",而人的本质不过是合目的性、自由自觉的能动性与不断提高的过程性的综合体。审美与人的本质最相符合之处恰恰就在于这种自由自觉性与过程性,因此,审美的自由自觉不仅是教师审美修养的一个目标,也应当成为所有健全人的追求目标。

审美的自由自觉个性作为教师的审美个性,所追求的是秩序、和谐与统一,而不是欲望的盲目冲动。它是一种个体自由、自觉的生活意志,体现了个体与社会、与自然的统一和谐,从而促使教师个人现实地、创造性地投身于人类社会生活和创造之中,实现主体与客体、感性与理性的多层次融合。尤其是,经由审美修养而实现了个性自觉的教师个人,可以把在心灵中实现的自由渗透、灌注到生活与教学活动之中,化为现实的力量,逐步创造出一个现实的自由人生。这种自由的人生,是心灵转化为现实、精神转化为物质的审美人生,是从"必然王国"走向"自由王国";它不仅带来教师在教学活动中的自由创造,而且将教师个人引入了全面发展的理想境界,成为既身心康健又精神高尚的真正的"人类灵魂工程师"。

4. 完善个性人格

教师的个性人格具有特殊的魅力,它不仅是自由自觉审美境界超越的标志,还是教学影响力的重要方面。因此个性人格的修炼是教师审美修养的最终目标。个性是人的个体特征,每个人都有一个具体的个性,对周围的人们、现象、对象有着这样或那样的态度,在不同的生活情境中有着特定的行为。个性的形成是一个长期的、复杂的和充满矛盾的过程,这个过程从出生开始,一直延续到生命的终了。心理发展的停顿,通常会导致个性的退化和解体,因而不断强化教师审美修养、进行自我艺术教育,应当是教师始终如一的追求。

教师的个性人格形成是上述几个目标综合显现的结果,其最佳的方式是通过自觉参与艺术审美欣赏与审美创造活动,这样可以实现教师审美心理的扩展,提升教师综合审美能力,挖掘其个人特征和心理潜能。由于在艺术审美欣赏与审美创造过程中主体个性的参与,从而使这些活动增加了许多特殊的光彩,每一个个人都会结合自身的心理素质解读与认知审美对象,并从中受到启迪与教育。作为教师审美自我教育的重要途径——艺术教育,其个性特色十分鲜明,"一千个读者就有一千个哈姆雷特"正说明了这个道理。不难想象,如果艺术审美活动中缺少个性色彩,那么它将是多么乏味与单调。艺术审美活动的有效展开,相应地丰富了教师这一审美主体原有的个性色彩,使其个性特征更加鲜明生动性,它可以有效地提高个体心理能力的包容性和承受力,从而相应地扩充了个性心理形式。因此,在艺术审美品读中提升教师审美个性、完善人格,是教师审美修养的重要方式和目标。

二、教师审美修养的途径

教师的审美修养是一种个性化的自觉而持久的事业,具有一定的特殊性,需要特定的方法与策略,从有效与长远计,可以从理论学习、经验积累、艺术实践、技能训练等方面着眼。

1. 加强理论学习

由于知识是教师审美修养的基本组成要素,因此丰富而全面的知识修养对教师来说必不可少。理论学习包括文化知识学习和审美理论学习两个方面,二者是相辅相成的,通过它可以作为塑造、提高自身审美修养水平的基础。

首先,文化知识素养包含多方面的内容,它们总以这样或那样的方式制约着教师的审美修养水平。如果一位教师对基本文化知识不够了解,会局限他的视野与追求层次,往往会有短视行为与偏激认识;如果一位教师缺乏必要的审美常识,那么,他在对这个审美对象进行审美观照时,就很难产生深刻的体验并感受它所带来的审美愉悦,更难以形成强烈的审美情感和心灵震荡,从而也就无法达到具体而有效的审美效果。有时候,由于文化知识素养不够,人们常常"不识庐山真面目",没有敏锐的审美感知能力,误把超功利的审美对象当做实用对象来看待,不仅无法实现加强审美修养的目的,反而阻碍了审美修养活动的开展。这说明,多方面地吸收文化知识营养,"读万卷书",全面学习人类文化的丰富成果,为审美修养活动打下必要的基础,是提高教师审美修养水平的内在条件。

其次,教师的知识素养还包括一定的审美理论专业知识,尤其是艺术专业审美知识。审美有其自身的规律性,掌握审美的专业知识有助于提高审美境界与审美层次。我们知道,艺术与审美密切相关,艺术是美的最集中的体现,审美是艺术的最本质特征,审美追求是艺术的最根本追求,如果不能很好地理解什么是美,什么是美的特征,或者只知其然,不知其所以然,只能是浅层次的感性认识,离有效提高审美能力距离尚远。提高艺术审美认识,弄清它的来龙去脉,理清其发生发展的规律,是提高普通教师艺术修养与审美修养的最佳途径与有效方法,也是教师审美修养的主要任务和基本出发点。

再次,理论学习的范畴还包括一定的美学知识。学习与掌握人类丰富的美学理论成果,是教师培养、提高自身审美修养的专业根据之一。系统而广泛地学习并掌握美学理论,知道什么是审美对象,什么是审美经验,什么是审美范畴,什么是审美标准,什么是审美心理等,将有利于教师进行自我、自觉的审美修养,把握审美对象的性质与审美结构。教师在自我审美修养过程中,如果能秉持积极而昂扬的审美态度,激发起浓厚的审美趣味,切实理解审美对象的属性、特征,深入观照其形式意味,就能正确感受其审美内涵,从而获得超常的审美感受与审美体验。正确的审美态度、高尚的审美趣味、丰富的情感体验、深入的审美感悟,才是教师审美修养持续开展的动力和精神源泉,才能将教师自由自觉的审美修养过程塑造得更丰富多彩。

2. 积累审美经验

教师在个人活动和社会交往中的生活经验积累与丰富,是其审美修养的重要条件,它往往直接或间接地影响着教师的审美修养水平。

教师的审美修养活动,总是在一定的生活过程中展开。没有一定的生活经验,既不可能有审美观赏和审美创造的主体条件,更谈不上审美修养所要求的个体心性的锻炼、陶冶、塑造和提高。可以认为,教师的生活经验越丰富,对审美对象和审美活动的感受就越深,联想和想象的天地就越广阔。有人说经历是最好的财富,那种把自己限定在一个狭小圈子里的人,往往视野不够开阔,境界不够高远,艺术审美修养也谈不上深厚。作为普通人我们尚要求"读万卷书,行万里路",对教师这一点更应当强调。生活阅历的丰富对审美修养的提高有直接的影响作用,因此,它要求教师对社会生活要有饱满的激情和热望。生活应与审美、艺术一样,要有充分的自信、自赏和自强,以一种积极主动的态度去拥抱它、贴近它,展示自己对待生活、对待世界的热爱,享受自己对宇宙、自然、人生的情感和体悟。日常平凡、少变的生活还不足以让教师拥有超越的心境,对于他们而言,如果能够直面真实、鲜活的人生,怀着万般激情和热望去感悟、体验,那么,无论是面对何样的人生,都能保持鲜活的心态和独特的个性,都能让生活修养与审美修养逐步提升。作为人类知识与社会精神的传播者,充实而丰富的生活感受可以向学生传达昂扬的进取精神和创造意识,使之脱离低级趣味与低级庸俗,从而最大可能地发挥美育寓教于乐、潜移默化的独特作用。

因此,对于教师来说,重视实际生活经验的形成与积累,在丰富的生活经验基础上拓展自己的审美边界,是自外而内地提高审美修养水平的必由之路。

3. 坚持审美实践

教师的审美修养，最重要、最根本和最有效的途径是参加审美实践活动。如前文所说，教师审美修养的内涵主要包括审美欣赏能力的增强和审美创造水平的提高，这也是审美实践的两个重要方面。说它是最重要的途径，意味着教师只有亲身参与审美实践活动，才能从根本上提高自己的审美修养水平。

第一，审美欣赏活动是审美的感受和体验过程。它以教师个人对现实和艺术对象审美观照为主要形式，通过教师自身内在审美需要、审美心理结构、审美价值意识之间的协调运动，来培养教师的心灵和性情，借以涵养审美修养。由于审美对象的丰富性、复杂性、具体性与多变性，对于教师来说，以审美欣赏活动为途径，就要在具体的审美欣赏过程中注意选择审美对象，循序渐进，从不同角度、不同层次上加以感受、体验，"春游芳草地，夏赏绿荷池，秋饮黄花酒，冬吟白雪诗"。这样，教师的内心世界才能有效地与对象世界进行深层交流，在相互映衬中得到调节、梳理，受到陶冶。

同时，审美欣赏要求教师注意深入领悟审美对象和审美欣赏过程的深厚意蕴，有所玩味，有所体验，最大程度上形成美的享受。例如，在对自然景观的欣赏中，教师只有深入自然物象的内部，悉心审视，深情体味，才能从自然物象的外在形式中发现其内在的生命流动意味，产生深刻的心灵震荡，获得新的提高。如果教师能够突破对象形式的局限，充分运用联想和想象能力，融情于中，便可得到更高层次的审美感悟和更加深入的心灵陶冶。大海的坦荡、星空的静谧、松的苍劲、竹的高洁……凡此种种，其意味都超越了形式的有限性，直接联系着欣赏者的自由审美态度、审美境界。这种超越而自由的审美交流，有助于教师不断进入审美修养的高层次。

第二，审美创造活动是一个具体的操作性行为活动。它以教师个人的实际操作形式，动态地进入其内在审美需要、审美心理结构、审美价值意识的相互运动过程，在具体行为中实现教师个人内在精神追求与外在客体对象的和谐统一，以此陶冶教师的心性，提高教师的审美能力和审美境界。具体地说，通过文艺、体育、劳动、游戏等有意味、有情感的造形活动，教师一方面可以表现自己的审美创造力，另一方面又在体验、感受自己审美创造性活动及其成果的意义，并且从中获得一种自我满足、自我肯定的喜悦。这样，无论在审美创造力的实际发挥中，还是在体验感受自身创造性的活动过程中，教师个人都可以得到一种心性的锻炼和提高。审美创造活动总是教师个人主动、自觉的行为，是教师个人各种心理机能比较和谐协调发展的过程，也是个人功利、欲望得到净化，形成更高精神追求的过程。因此，它最终将有利于人性自由和人格健康发展。在这个意义上说，不仅文艺，凡是一切具有审美操作性质的活动，都可以起到提高教师审美修养水平的作用。如体育活动，可以综合培养人的力量、韧性、节奏、运动感等，使人的知、意、情结构协调发展；再如游戏，可以培养人灵活、机智、应变、联想能力，尤其是那种不计功利得失的自由超越满足，更能够净化人的物欲动机。

4. 提高审美技能

教师的审美技能修养与上述审美实践创造活动密切相关。教师审美修养的突出特点，在于它总是直接或间接地指向实际教学活动本身，体现了个人素质提高与教学质量提高的统一。教师的审美技能修养主要包括艺术表现技能、批评技能、语言审美化技能、课程审美化设计技能、生活审美化技能等方面。它们这样或那样地联系着教师的"教书育人"工作,关系到具体教学活动的美育效果。

第一,艺术表现和批评技能既是教师以特定艺术形式、利用一定工具和手段表达情感的能力,又是教师对美的事物或艺术品进行审美判断、评价和引导的能力。其中,艺术表现能力是教师所应具备的最基本技能,是教师在具体教学活动中落实美育的基本手段。艺术表现技能的高低,不仅影响到教学活动的美育效果,而且会影响教师个人审美修养的完整提高。艺术批评技能则是对教师艺术表现技能的必要补充。一个有着较强艺术批评能力的教师,既能不断充实、完善自身的整体审美修养,又能有效地指导学生对美的事物、艺术品进行合乎规律的鉴赏、判断,直接化为对学生审美教育。

培养教师的艺术表现技能和批评技能,首先应当从工作实际出发,在教学活动中注意观察并善于捕捉每一个变动中的审美信息,利用一定的艺术手段和工具来加以提炼、塑造。同时还要求教师熟悉特定的教学需要,因为技能提高始终是教学活动的内在组成部分,而非游离于教学之外。其次,应当注意激发教师自身的审美兴趣,在此基础上促进教师艺术表现与批评技能的提高,从而体现教师鲜明的个性风格。再次,由于艺术批评技能主要是一种反思能力,因此,提高这方面的审美技能,需要教师具备一定的美学素养,更要广泛参与审美活动、艺术实践,积累审美和艺术经验,通过比较、鉴别和相互融通,逐步提升。

第二,语言审美化技能是教师在教学活动中按照美的规律,将日常生活语言转化为教学语言的特殊能力。它一方面包括教师在具体教学过程中对语言的规范化能力,即做到教学语言科学、准确、简练、易懂,能给学生以明快感;另一方面又包括教师对教学语言的艺术性处理能力,即善于融情于理,更形象、更生动、富于感染力,使学生在学习过程中始终保持高度愉悦和兴趣,在形象记忆和情感交流中接受知识传授。这种语言的审美化,是通过快慢有序、轻重得法的表达节奏,产生一种富有韵律和运动感的效果,使学生在学习知识的同时自觉进入自由的审美境界。

培养教师的语言审美化技能,首先有赖于教师自身的思想情操、艺术素养和学识水平。这是因为,语言审美化不只是一个形式美的问题,而是在一定内容基础上实现的语言规范和形象美。从提高教师的道德品质修养、文化艺术素养做起,可以使教师的教学语言具有充实而合理的内容,体现出个性魅力。其次,语言的审美化,又要借助一定的

 拓展阅读

造型艺术是与表现艺术相对应的艺术类型,其基本概念是利用物质媒介塑造具有二维空间性或三维空间性的视觉艺术形象,主要艺术样式包括绘画、雕塑、建筑、园林、设计、书法等。造型艺术的主要审美特征包括空间美、静态美、材质美、形式美和寓意美等。

形式来表现。因而,培养教师的语言审美化技能,就离不开对生动活泼、机智幽默的语言形象的提炼和创造。对于教师来说,经常阅读小说、诗歌,欣赏造型艺术、表现艺术、综合艺术,留意大自然的千姿百态和生活中每一个事物的呈现形式,都是培养教师的语言审美化技能所不可缺少的。

第三,课程审美化设计技能是教师以审美的形式来安排课程内容和课程形式的能力。

它包括课程内容和课程形式两方面的审美化设计能力。前者是教师理解、发现课程内容的审美因素,在课程内容构思、传达中追求特定审美效应的能力;后者是教师依据一定的审美方式来策划、调整教学环境、教学实践、教学形式及教师自身形象的能力。这种能力是保证具体教学活动充分体现审美形式规律、完善教学质量并使之产生生动的美育功能的基本手段。它不仅直接关系到教师"传道授业"是否合理合情,是否吸引学生轻松自由地投入学习过程,同时直接影响到学生作为接受主体对教师工作的认同,对所学知识的领会及其与教师的思想交流。

培养教师的课程审美化设计能力,要求教师能够充分理解课程内容,从中提炼出潜在的审美因素进行审美构思和形象表现。所以,在这一方面,一要摒弃单一知识训练的教学模式,着眼于学生整体素质的发展;二要深入教学实践,在具体教学活动中逐步形成一套能够吸引学生兴趣、强化学生自觉意识的课程审美化形式,并在实践中不断加以检验、调整,由此不断提高教师的课程审美化设计技能。例如,可根据课程内容和教学进度,巧妙布置、装点课堂环境,也可利用多样化的现代教学设备如录音、录像、投影、多媒体电脑软件等进行具体课目讲授,还要以请进来、走出去,让教学主体多样化,消除学生的"审美疲劳",在多样化的教学中达到教学与美育相结合的目的。

第四,生活审美化技能是指教师在日常生活中,善于经常性地从普遍而平凡的事物、事件及其活动中发现美、创造美、把美的欣赏与创造融入日常生活、成为生活实践的内在过程的能力。这就是所谓生活审美化和审美生活化的能力。它要求教师对生活充满爱的激情,有一双随时随地能够捕捉到美的"眼睛",并且能以一定的审美价值意识为指导创造生活之美。一句话,爱心、同情心、创造之心及其实践能力,构成了教师生活审美化技能的要素。它引导教师从寻常之中见出深意,激励教师加倍热情地投入日常教学活动,以审美的态度对待教学工作,以自身的生活审美化实践带动学生参与到美的发现与创造过程中去。

教师的生活审美化技能,主要通过感受生活的过程加以培养。当然,感受生活的前提,是确立积极向上、健康正确的人生观。但仅此还不够,还需要教师个人在一定生活的引导下,审美地对待生活,主动参与到现实生活的活跃进程中,从中感受、体验并有所创造。可以说,感受生活的过程,既是教师从生活中发现美的过程,同时也是在生活中创造美的过程。因此,它要求教师在发现与创造的有机统一中去理解、把握生活。与此同时,对生活的感受是一个不断积累、丰富的过程,是在忘却日常物欲功利的基础上所实现的审美精神的升华。对于教师来说,生活感受越丰富,其生活审美化的技能越高。可以在日常生活细节上多动脑筋、多动手,如经常亲手制作生活装饰品,亲手整理、布置家居环境,亲手为自己设计服饰等等。这些日常性活动能使人在细微之处深切体会创造性生活的无穷意味,感受到生活中的盎然生趣,从而使生活热情转化为生活审美化技能,提高内在审美动力。

本章小结

　　教师的审美修养是教师整体素质结构中一个重要内容。作为教师的自我审美教育，它既是一个动态的行为过程——教师自我心性的锻炼、塑造、陶冶、培养，又是一个不断提升的追求目标——教师个体审美能力和审美境界的提高。教师的审美修养要遵循一定的原则，其中包括自觉性原则、持久性原则、全面性原则和技术性原则。四者之间相互关联，相辅相成。其中，自觉性原则是教师审美修养提高的动力，持久性原则是保障，全面性原则是基础，而技术性原则是根本。在此基础上确立的教师审美修养目标具有既总体又具体、既重内又修外、既高远又切实可行的特点。注重提高自身的审美能力，超越凡俗与平庸，持续地进行自由自觉的审美追求，最终达到完善个性人格、提升人生境界与提高教学效果，即成为每一位教师的基本目标和不懈追求。由于教师的审美修养最终要落实到具体的课程教学与美育活动之中，因此，应从学习审美理论、积累审美经验、参与审美实践、提高审美技能等四个方面来培养、提高。教师的审美技能是审美修养提高的具体方法，具有极强的可操作性，因此它自然成为培养教师个人审美修养水平的重要途径，这些审美技能包括艺术表现与批评技能、语言审美化技能、课程审美化设计技能和生活审美化技能等。这些原则与方法，才是提高教师审美修养水平、完善教师个性人格、最终走向全面自由发展审美之境的根本保证。

思考练习

1. 教师修养的基本内涵有哪些？
2. 试述艺术在生活与审美教育中的特殊地位。
3. 教师审美修养的本质是什么？
4. 谈谈如何理解"不通一技莫谈艺"这一观点。
5. 怎样认识教师审美修养的原则？
6. 试述实现教师审美修养目标的途径。

参考书目

1. 李范等：《美育新论》，北京师范大学出版社1993年版。
2. 姚全兴：《审美教育的历程》，上海社会科学院出版社1992年版。
3. 蒋冰梅：《教师美育手册》，湖南文艺出版社1992年版。
4. 贾涛：《艺术导论》，上海交通大学出版社2009年版。

后 记

《美育学概论》1996年立项为国家教委重点建设教材,1997年由高等教育出版社出版,后来又被教育部列为全国中小学教师继续教育用书。有的高校选用此书作为本科生或者研究生教材,部分省份将此书指定为自考教材。高等教育出版社几乎每年都重印,但印数不多。

2012年初,河南大学出版社联系我,提出把此书的版权转给该社,然后扩大发行。我同意了,并根据原先和高等教育出版社的约定,向高等教育出版社提出了终止合同的要求。

2012年暑假,我邀请教材的编写者到河南商量修订教材事宜,本来想好好修订一下。可是,有的作者已经退休;有的则出国多年,联系不上了;有的则是联系上了,但是本人学术兴趣已经转移,没兴趣也没时间再参加本教材的修订。于是,我决定能修订几章就修订几章,等以后条件允许再好好重写一本美育理论教材。

这个修订版的绪论和第五章由我和宋民分别增写了部分内容,第六章、第十章、第十二章分别由我、叶碧和贾涛重写,其他章节只是请原作者修改了一些格式,阮小波帮助我在多数章节中增加了一些标注。各章编写者是:绪论——杜卫,第一章——樊美筠,第二章——李西建,第三章——王德胜,第四章——周跃良,第五章——宋民,第六章——杜卫,第七章——龚钢,第八章——李永燊,第九章——刘顺利,第十章——叶碧,第十一章——周跃良,第十二章——贾涛。

感谢河南大学出版社热情关心这部教材,感谢责编的辛勤劳动。

杜卫
2013年5月30日